MINISTÈRE DE LA GUERRE

RÈGLEMENT

DE

MANŒUVRE DE L'ARTILLERIE DE CAMPAGNE

Approuvé
par le Ministre de la guerre le 8 juin 1903.

2ᵉ PARTIE

PARIS

Henri CHARLES-LAVAUZELLE
Éditeur militaire
10, Rue Danton, Boulevard Saint-Germain, 118
(MÊME MAISON A LIMOGES)

1903

RÈGLEMENT

DE

MANŒUVRE DE L'ARTILLERIE

DE CAMPAGNE.

MINISTÈRE DE LA GUERRE

RÈGLEMENT

DE

MANŒUVRE DE L'ARTILLERIE DE CAMPAGNE

Approuvé
par le Ministre de la guerre le 8 juin 1903

2ᵉ PARTIE

PARIS
Henri CHARLES-LAVAUZELLE
Éditeur militaire
10, Rue Danton, Boulevard Saint-Germain, 118
(MÊME MAISON A LIMOGES)

1903

RÈGLEMENT

DE

MANŒUVRE DE L'ARTILLERIE
DE CAMPAGNE.

2ᵉ PARTIE.

TITRE Iᵉʳ.
BASES GÉNÉRALES DE L'INSTRUCTION.

CHAPITRE Iᵉʳ.
ORGANISATION DE L'ARTILLERIE.

1. A l'intérieur, les principales attributions de l'artillerie sont les suivantes :

1° Instruction et organisation des troupes de l'artillerie ;

2° Fabrication de toutes les armes, des munitions et de tout le matériel roulant de l'armée, à l'exception du matériel roulant du service du génie et du matériel technique des boulangeries de campagne (fours roulants et chariots-fournils) ;

3° Vérification et conservation du matériel et des munitions de guerre ;

4° Construction et entretien des établissements spéciaux de l'artillerie et des magasins à poudre, dans les conditions d'attribution fixées pour l'arme ;

5° Études qui se rattachent à l'organisation de la défense des places et des côtes (concurremment avec le génie).

Aux armées, l'artillerie est chargée :

1° Du service général des bouches à feu, de l'établissement et de la construction de toutes les batteries, et, concurremment avec le génie, des reconnaissances qui se rattachent à l'attaque et à la défense des places;

2° De l'approvisionnement de l'armée en armes et en munitions de guerre et des réparations du matériel de l'artillerie et des équipages militaires.

Organisation de l'artillerie en temps de paix.

2. En temps de paix, l'artillerie française comprend :

1° 18 bataillons à pied.
Les batteries sont réparties dans les divers bataillons selon les nécessités du service ;

2° 40 régiments de campagne.
Les batteries montées, les batteries à cheval et les batteries de montagne sont réparties dans les régiments selon les nécessités du service;

3° 10 compagnies d'ouvriers;

4° 3 compagnies d'artificiers;

5° Un état-major particulier, qui a pour mission d'assurer le service des états-majors de l'artillerie, la direction générale des services de l'arme et le fonctionnement des établissements.

Batteries à pied. — Les batteries à pied sont destinées au service des bouches à feu dans la guerre de siège, la défense des places et celle des côtes ; les officiers seuls sont montés.
En temps de paix, elles n'ont pas, en principe, de matériel qui leur soit spécialement affecté.
Un certain nombre de bataillons d'artillerie à pied ou de groupes de batteries à pied est affecté au service des batteries de 155 court de l'artillerie lourde d'armée.

Batteries montées. — Les batteries montées comprennent des servants à pied pour le service des bouches à feu et des conducteurs chargés d'atteler les voitures. La possibilité qu'elles ont de faire monter les servants sur les coffres leur permet de se déplacer en employant l'allure du trot.

Ces batteries sont, en général, armées de canons de 75 millimètres.

Le matériel nécessaire à leur service de guerre leur est affecté en permanence.

Batteries à cheval. — Dans ces batteries, les hommes destinés au service de la bouche à feu sont montés sur des chevaux de selle.

Elles sont plus mobiles que les batteries montées, par suite de leur faculté d'employer les allures vives. Elles peuvent accompagner en toutes circonstances la cavalerie.

Le matériel nécessaire à leur service de guerre leur est affecté en permanence.

Batteries de montagne. — Les batteries de montagne sont armées de canons de 80 millimètres de montagne. Le matériel peut être porté à dos de mulet.

Elles comprennent des servants pour le service des pièces et des conducteurs pour la conduite des mulets.

Ces batteries sont employées dans la guerre en pays de montagne ou dépourvus de routes.

Le matériel nécessaire à leur service de guerre leur est affecté en permanence.

Compagnies d'ouvriers. — Les compagnies d'ouvriers sont chargées de la construction et de la réparation du matériel dans les arsenaux et dans les établissements de l'artillerie.

Compagnies d'artificiers. — Les compagnies d'artificiers assurent le service dans les établissements dans lesquels on prépare les munitions et artifices, ainsi que dans les commissions d'expériences.

État-major particulier de l'artillerie. — L'état-major particulier de l'artillerie comprend un personnel de direction formé par les officiers et un personnel d'exécution composé des officiers d'administration du service de l'artillerie, des officiers d'administration contrôleurs d'armes, et d'employés classés dans les catégories suivantes : ouvriers d'état et gardiens de batterie.

CHAPITRE II.

COMPOSITION ET FRACTIONNEMENT INTÉRIEUR DE LA BATTERIE SUR LE PIED DE PAIX.

—

3.   Composition de la batterie.

	BATTERIES		OBSERVATIONS.
	MONTÉE.	A CHEVAL.	
1° OFFICIERS.			(A) Dans chaque régiment, l'un des maîtres maréchaux de batterie est premier maître maréchal des logis.
Capitaine commandant.....	1	1	
Capitaine en 2°............	1	1	
Lieutenants ou sous-lieutenants.................	3	3	
TOTAL des officiers...	5	5	
2° TROUPE.			
Adjudant.................	1	1	
Maréchal des logis chef.....	1	1	(B) Dont un ouvrier tailleur et un ouvrier bottier.
Maréchaux des logis, dont un sous-chef mécanicien..	7	7	
Maréchal des logis fourrier.	1	1	
Brigadier fourrier.........	1	1	(c) Montés.
Brigadiers.................	7	7	(D) Dont un monté.
Maîtres pointeurs..........	4	4 (c)	
Maître ouvrier (en fer).....	1	1 (c)	
Ouvriers en fer............	2	2 (D)	
Ouvrier en bois	1	1	
Brigadier maître maréchal ferrant.................	1 (A)	1	
Aide-maréchal.............	1	1	
Bourreliers................	2	2	
Trompettes................	2	2	
TOTAL des hommes de cadre.	32	32	
Canonniers { servants......	26 (B)	32 (B)	
Canonniers { conducteurs...	45	41	
EFFECTIF TOTAL des hommes de troupe................	103	105	
3° CHEVAUX.			
Chevaux... { d'officiers.....	7	7	
Chevaux... { de selle.......	22	52	
Chevaux... { d'attelage	32	28	
EFFECTIF TOTAL des chevaux.	61	87	

Répartition du personnel de la batterie sur le pied de paix.

4. Le personnel de la batterie sur le pied de paix est réparti en pelotons de pièce commandés chacun par un maréchal des logis.

Les quatre premières pièces ont, au minimum, la même composition en hommes que les pièces correspondantes de la batterie sur le pied de guerre.

Elles sont toujours tenues au complet.

Elles forment deux sections de deux pièces commandées chacune par un lieutenant ou sous-lieutenant.

Le personnel non compris dans les quatre premières pièces est réparti, suivant son effectif, en un ou deux pelotons de pièce formant une troisième section, sous les ordres de l'adjudant. Les employés permanents sont, en principe, classés dans la troisième section, ainsi que le personnel désigné pour passer à une autre unité en cas de mobilisation. Si l'effectif des pièces de la 3º section est supérieur à celui des premières, l'excédent peut être réparti sur l'ensemble des pièces.

Lorsqu'il existe trois lieutenants présents dans la batterie, l'un d'eux peut être mis à la disposition du commandant de groupe. Cet officier supérieur l'emploie comme adjoint, et, notamment, pour les instructions communes du groupe et la préparation des exercices à l'extérieur.

Les chefs de corps provoquent au besoin les mutations nécessaires pour que, dans chaque groupe, le chef d'escadron puisse ainsi disposer d'un officier, tout en laissant à chaque batterie au moins deux lieutenants disponibles

Sous cette dernière réserve, la désignation des officiers que le chef de groupe veut garder à sa disposition est faite par lui. Il en est rendu compte au chef de corps.

Les officiers de réserve appelés pour un an peuvent être désignés comme adjoints des chefs d'escadron s'ils présentent des aptitudes spéciales à cet emploi, et à partir du moment où leur instruction pratique est jugée complète.

Les chevaux d'attelage sont, en principe, classés dans les deux premières sections.

CHAPITRE III.

MOBILISATION (1).

§ 1ᵉʳ. — CONSIDÉRATIONS GÉNÉRALES.

5. La mobilisation est le passage du pied de paix au pied de guerre.

Armée active. — Certaines unités du pied de guerre n'existent pas en temps de paix; ces unités nouvelles reçoivent des unités du pied de paix, qui sont dési-

---

(1) Ce chapitre ne contient que des indications générales sur la mobilisation. Les sous-officiers devront recevoir dans leurs batteries respectives des instructions sur le détail des opérations qu'ils auront à diriger ou à l'exécution desquelles ils devront coopérer.

gnées pour contribuer à leur formation, un certain nombre de grades, d'hommes et de chevaux appartenant à l'effectif de paix de celles-ci. L'ensemble des éléments actifs ainsi passés à chaque unité de nouvelle formation s'appelle le noyau de cette unité.

La mobilisation de l'artillerie de l'armée active consiste :

1° A créer les unités de nouvelle formation et à leur passer leur noyau;

2° A porter à l'effectif de guerre toutes les unités, aussi bien les unités actives que celles de nouvelle formation, par l'appel à l'activité des officiers, des cadres et des hommes de la réserve et par l'incorporation des chevaux de réquisition.

Armée territoriale. — L'armée territoriale fournit, en cas de mobilisation, des batteries, des sections de munitions et des sections de parc et comprend en outre des batteries de dépôt.

La mobilisation de l'artillerie territoriale consiste à organiser toutes ces unités au complet de guerre par l'appel à l'activité des officiers, des cadres et des soldats de l'armée territoriale et par l'incorporation des chevaux de réquisition.

§ 2. — PRÉPARATION DE LA MOBILISATION.

6. Hommes. — Tout Français astreint au service militaire, soit dans la réserve de l'armée active, soit dans l'armée territoriale, est affecté dès le temps de paix à l'unité dont il doit faire partie en cas de mobilisation. Cette affectation est mentionnée sur son livret matricule et sur son livret individuel.

En outre, un ordre de route est placé en tête du livret individuel. Cet ordre de route, imprimé sur papier rose pour les hommes voyageant par chemin de fer, et sur papier vert clair pour les hommes voyageant par voie de terre, indique les mesures que doit prendre l'homme pour rejoindre son corps, lorsque la mobilisation est annoncée. Les indications portées sur cet ordre de route font connaître le numéro du jour de la mobilisation et l'heure auxquels l'homme doit être rendu, soit au lieu de mobilisation de son corps, s'il est astreint à voyager par voie de terre, soit à une gare de chemin de fer indiquée sur l'ordre, s'il doit voyager en chemin de fer. Le transport en chemin de fer est gratuit; il suffit de montrer son ordre de route à la gare de départ.

Chaque unité active conserve dès le temps de paix les livrets matricules des réservistes qui lui sont affectés en cas de mobilisation, ainsi que ceux des réservistes affectés à celles des unités de nouvelle formation dont elle est chargée de préparer la mobilisation. En outre, il est établi, par classe et pour chaque unité, des listes nominatives, extraites des répertoires généraux tenus au bureau du major, et sur lesquelles les réservistes sont portés par grade. Le numéro d'inscription sur le répertoire, précédé d'un zéro, constitue le numéro matricule du réserviste et est reporté sur ces livrets.

Dans chaque unité, les réservistes sont répartis par pièce suivant leur grade et leurs aptitudes, et chaque chef de pièce est chargé de tenir, dès le temps de paix, un carnet sur lequel sont inscrits tous les hommes de l'armée active ou de la réserve qui compteront à sa pièce en cas de mobilisation. Les sous-officiers doivent profiter des périodes d'instruction pour faire connaissance avec leurs réservistes, et étudier leurs qualités militaires et leur caractère.

Chevaux. — A des époques périodiques, des commissions procèdent, sur toute l'étendue du territoire, au classement des chevaux, désignent ceux qui sont propres au service de guerre et les classent dans différentes catégories. D'après ces données, des tableaux de classement sont établis et, en cas de mobilisation, les propriétaires des animaux portés sur ces listes doivent les conduire dans des localités déterminées où ces animaux sont examinés et, s'il y a lieu, requis par des *commissions de réquisition*. Des sous-officiers de l'armée active, de la réserve ou de l'armée territoriale sont appelés à exercer les fonctions de secrétaires des commissions de réquisition. Ils sont désignés nominativement dès le temps de paix.

Les chevaux de réquisition sont expédiés sur les différents corps par les soins des présidents des commissions de réquisition, qui les forment en détachements; les animaux sont conduits soit par des hommes de l'armée territoriale ou des services auxiliaires, convoqués directement par les soins du recrutement, soit exceptionnellement par des hommes de l'armée active. Les cadres de conduite sont formés de gradés appartenant soit à l'armée active, soit à la réserve, soit à l'armée territoriale. Les chefs des cadres de conduite, s'ils appartiennent à l'armée active, reçoivent à leur départ du corps un ordre de service leur indiquant ce qu'ils ont à faire et une avance de fonds. Avant de mettre leur détachement en route, ils reçoivent les instructions du président de la commission, ainsi que les fonds nécessaires pour assurer le payement des indemnités dues aux conducteurs et pour faire face aux dépenses éventuelles du voyage; ils reçoivent aussi les bons de fourrage pour les chevaux.

A leur arrivée au corps, les chevaux sont présentés à des *commissions de réception* qui les livrent aux diverses unités après avoir fait établir leurs livrets matricules et compléter leur marquage. Des sous-officiers sont chargés, dans chaque unité, de conduire auprès des commissions de réception les hommes désignés pour prendre livraison des chevaux et d'assurer la conduite de ces animaux jusqu'au lieu de mobilisation de l'unité. Chacun d'eux reçoit, avant de se rendre auprès de la commission, un ordre de service indiquant la manière dont il doit s'y prendre pour exécuter sa mission.

Matériel. — Le matériel de mobilisation de chaque unité de campagne est entièrement chargé dès le temps de paix et est conservé dans des magasins.

Harnachement (1), ferrures, armes, vivres du sac et de débarquement, habillement. — En temps de paix, ces divers approvisionnements sont conservés dans des magasins et classés par unités; les sous-officiers doivent connaître les emplacements de ces magasins et les itinéraires à suivre pour s'y rendre. Ces approvisionnements sont entretenus, les uns par les soins des établissements dans lesquels ils sont déposés, les autres par les soins du corps.

Carnets de mobilisation. — Chaque capitaine commandant possède, pour chacune des unités dont il est chargé de préparer la mobilisation, un carnet de mobilisation sur lequel sont portés les renseignements relatifs à la mobilisation de l'unité, et un tableau des opérations à exécuter chaque jour. En outre, les ordres de service nécessaires aux chefs des diverses corvées sont préparés dès le temps de paix et réunis sous écrous. Les détails de ces opérations peuvent donc être facilement étudiés à l'avance par les sous-officiers qui seront chargés de les diriger, et tous les sous-officiers peuvent être exercés à se servir de ces ordres pour exécuter une mission quelconque.

§ 3. — EXÉCUTION DE LA MOBILISATION.

7. Ordre de mobilisation. — Toutes les opérations de la mobilisation sont réglées par jour; il suffit donc de connaître la date du premier jour de la mobilisation.

Cette date est indiquée par *l'ordre de mobilisation* qui est affiché dans toutes les communes de France.

Opérations de la mobilisation. — Les principales opérations de la mobilisation à l'exécution desquelles

---

(1) Les effets de harnachement sont de trois tailles, plus une taille dite exceptionnelle.

lcs sous-officiers ont tous à concourir dans les limites de leurs attributions respectives sont, outre la conduite des détachements de chevaux dont il a été question ci-dessus et les corvées journalières de vivres et de fourrages :

La distribution de la collection n° 1 des effets d'habillement aux hommes de l'armée active;

Le remplacement des effets qui ne sont pas en état d'être emportés en campagne;

L'installation dans le cantonnement de mobilisation;

La réception des réservistes et leur répartition entre les pièces;

La perception du lot d'habillement de réserve, l'habillement des réservistes et le marquage de leurs effets;

La perception des armes et des cartouches et leur distribution;

La réception des chevaux de réquisition, leur classement dans les pièces; .

La mise en état de leur ferrure;

La perception du harnachement de réserve et son ajustage;

La perception et le graissage du matériel;

La perception des vivres du sac et de débarquement;

La confection des paquetages;

Le versement au magasin des effets civils des réservistes, s'il y a lieu, et celui des effets de toute sorte qui ne doivent pas être emportés en campagne.

Les sous-officiers d'approvisionnement sont, en outre, employés, sous les ordres des officiers d'approvisionnement, au chargement des trains régimentaires.

CHAPITRE IV.

PROGRAMME DE L'INSTRUCTION.

----

§ 1er. — PREMIÈRE PÉRIODE.

INSTRUCTION INDIVIDUELLE DE L'HOMME DE TROUPE.

8. Instruction à pied. — 1re et 2e parties, titre II.

Instruction d'artillerie. — École du canonnier servant; École de la pièce (1re partie, titre III, chapitres 2 et 3); Étude du matériel (2e partie, titre III, chapitre 1er).

Les conducteurs ne reçoivent que l'instruction relative aux postes de pourvoyeur et de chargeur.

Pour les servants : Démontage, montage et entretien du matériel; définitions et généralités sur le pointage et le tir; description et emploi des instruments dans la préparation et l'exécution du tir (2º partie, Titre III, chapitres 2, 3 et 4, moins l'article 6 du chapitre 4).

Nota. — Les différentes instructions contenues dans ces chapitres sont données aux servants selon leur intelligence, leur degré d'instruction et leur spécialisation probable. Seuls, les servants destinés à devenir *pointeurs* doivent les recevoir intégralement.

Instruction à cheval. — Ecole du canonnier à cheval; Ecole du canonnier conducteur (1ʳᵉ partie, titre IV) ; Présenter un cheval ; Extérieur du cheval ; Soins à donner aux chevaux ; Description, montage, ajustage et entretien du harnachement (2º partie, titre IV, chapitres 4, 5, 6, 7 et 8).

Manœuvre des batteries attelées : Ecole de la pièce attelée (1ʳᵉ partie, titre V, chapitre 2, article 2).

Exercices préparatoires d'embarquement en chemin de fer (servants et conducteurs).

Série complète des **instructions intérieures** et des instructions sur le **service dans les places.**

§ 2. — DEUXIÈME PÉRIODE.

INSTRUCTION DE LA BATTERIE ET DU GROUPE.

9. Instruction d'artillerie. — Ecole de batterie (1ʳᵉ partie, titre III, chapitre 4).

Instruction à cheval. — Conduite en guides (quatre conducteurs par batterie chaque année). — 2º partie, titre IV, chapitre 10

Manœuvre des batteries attelées : Ecole de batterie; Ecole de groupe (1ʳᵉ partie, titre V, chapitres 2 et 3).

Instruction pratique sur le service de l'artillerie en campagne. — Marches, cantonnements et bivouacs (1ʳᵉ partie, titre VI, chapitres 2 et 3).

Exercices de **mobilisation**, Exercices d'**embarquement en chemin de fer.**

§ 3. — FORMATION DES CADRES.

1° ÉLÈVES BRIGADIERS.

10. *Instruction pratique.*

Toutes les manœuvres et instructions de la première période.

Instruction théorique.

Bases générales de l'instruction. — 1re partie, titre I, chapitre 1er.

Instruction à pied. — 1re partie : titre II, chapitre 1er.

2e partie : titre II, chapitre 1er (Armement); chapitre 2 (Tir).

Instruction d'artillerie. — 1re partie : titre III, chapitre 1er (Principes généraux) ; chapitre 2 (Ecole du canonnier servant). — 2e partie : titre III, chapitre 1er (Description du matériel); chapitre 2 (Démontage, remontage et entretien du matériel); chapitre 3 (Définitions et généralités sur le pointage et le tir) ; chapitre 4 (Description et emploi des instruments dans la préparation et l'exécution du tir, moins l'article 6 : réglette).

Instruction à cheval. — 1re partie : titre IV, chapitre 1er (Instruction pour harnacher les chevaux) ; chapitre 2 (Ecole du canonnier à cheval); chapitre 3 (Ecole du canonnier conducteur). — 2e partie : titre IV, chapitres 5, 6 et 7 (Présenter un cheval, Extérieur du cheval, Soins à donner aux chevaux); chapitre 8 (Description, montage, ajustage et entretien du harnachement).

Service intérieur et service dans les places. — Articles concernant les canonniers et les brigadiers.

2° CANDIDATS SOUS-OFFICIERS.

11. *Instruction théorique et pratique.*

Revision de l'instruction donnée au peloton des élèves brigadiers.

Complément.

Instruction à pied. — 1re partie : titre II, chapitre 2 (Instruction d'ensemble).

Instruction d'artillerie. — 1re partie : titre III, chapitre 3 (École de la pièce).

Instruction à cheval. — 2e partie : titre IV, chapitre 1er (Principes généraux); chapitre 2 (Progression de l'instruction) ; chapitre 9 (Généralités sur les voitures).

Manœuvre des batteries attelées. — 1re partie : titre V, chapitre 1er (Dispositions générales); chapitre 2, articles 1 et 2 (Organisation de la batterie de guerre ; École de la pièce attelée).

Service intérieur et dans les places. — Articles concernant les sous-officiers.

En outre, les candidats sous-officiers reçoivent, dans leur propre batterie, des instructions sur :

Le rôle et les fonctions des sous-officiers dans la batterie et dans le groupe (Instruction d'artillerie, manœuvre des batteries attelées) ;

Le cours spécial ;

Les fonctions et devoirs des sous-officiers en campagne (marches, cantonnements, bivouacs, alimentation, service sur le champ de baatille).

CHAPITRE V.

RÈGLES D'INTONATION.

12. Le ton du commandement doit être animé, distinct et d'une étendue de voix proportionnée à la troupe que l'on commande.

On prononce le *commandement d'avertissement :* GARDE A VOUS, dans le haut de la voix, en appuyant sur la première syllabe, et en prolongeant et baissant sur la dernière.

Les *commandements préparatoires* ne doivent pas être entamés trop haut dans la voix, parce qu'il faut ensuite pouvoir monter pour le commandement d'exécution. Pour déterminer leur intonation, on a pris comme types la première partie des commandements : *En avant* = MARCHE ; *Canonniers à droite* = DROITE ; *Reposez* = ARME.

Le commandement : *En avant* sert de type à tous les commandements préparatoires terminés par une consonne ou par une syllabe pleine. Le ton, d'abord uniforme, s'élève sur la dernière syllabe, sur laquelle on appuie un instant, pour descendre ensuite graduellement. Exemple : *Marquez le pas; En batterie; Par pièce doublée.*

Le commandement : *Canonniers à droite* sert de type à tous les commandements préparatoires terminés par une syllabe muette. Le ton, d'abord uniforme, s'élève sur la dernière syllabe pleine, sur laquelle on appuie un instant sans redescendre. Exemples : *A droite par quatre; En bataille.*

La première partie du commandement : *Reposez= armes* sert de type à la première partie des commandements du maniement des armes. Il se prononce sur un ton uniforme, en soutenant la voix sur la dernière syllabe.

Lorsqu'un commandement préparatoire est suivi d'une indication d'allure : *Au trot* ou *Au galop*, la voix s'élève pour attaquer la syllabe *au* et s'infléchit ensuite en descendant graduellement sur les mots *trot* ou *galop*.

Les *commandements d'exécution* sont prononcés d'un ton plus ferme et dans une note plus haute, mais d'après les mêmes principes d'intonation que les commandements préparatoires. Ils sont plus brefs aux exercices à pied et d'artillerie que dans les manœuvres à cheval; dans ces dernières, on les prolonge parce que, le mouvement qui doit suivre un commandement devant se communiquer des hommes aux chevaux et aux voitures, on évite ainsi les à-coups que produirait une exécution brusque.

Les commandements employés pour les assouplissements et pour certains mouvements de l'école du canonnier à cheval et du service des bouches à feu dans le tir sont prononcés sur le ton d'indication, qui est moins élevé que celui du commandement et ne comporte pas d'intonation. Exemples : *Elévation des cuisses; Commencez; Doublez; Tir percutant.*

CHAPITRE VI.

13. **SONNERIES.**

Pour le service intérieur.

1. Le réveil.
2. L'appel.
3. Le boute-selle.
4. A cheval.
5. A l'étendard.
6. L'ouverture du ban.
7. La fermeture du ban.
8. Quatre appels consécutifs.
9. A l'ordre.
10. Aux officiers.
11. Aux maréchaux des logis chefs.
12. Aux maréchaux des logis de semaine.
13. Aux fourriers.
14. Aux brigadiers de semaine
15. Aux malades.
16. La soupe.
17. Les corvées.
18. Les distributions.
19. Le rassemblement de la garde.
20. L'appel des consignés.
21. Aux trompettes.
22. La retraite.
23. L'extinction des feux.
24. La générale.

Pour les routes et pour les manœuvres.

25. Garde à vous.
26. Sabre à la main.
27. Remettez le sabre.
28. Pied à terre.
29. En avant.
30. Halte.
31. A gauche.
32. A droite.
33. Demi-tour.
34. Contre-marche.
35. Ralliement.
36. Exécution.
37. Au pas.
38. Au trot.
39. Au galop.
40. En batterie.
41. Cessez le feu (demi-appel).
42. Faire monter les servants sur les coffres.
43. Faire descendre les servants des coffres.
44. Mettre les manteaux.
45. La marche (défilé au pas).
46. Défilé au trot.
47. Défilé au galop (batteries à cheval).

1. Le réveil.

3. Le boute-selle.
Allegretto
Allegretto

Moderato
6. L'ouverture du ban.
Moderato
7. La fermeture du ban.
8. Quatre appels consécutifs.
(Pour le rassemblement du régiment à pied.)
Allegro
4 fois
9. A l'ordre.
Allegro
10. Aux officiers.
Allegro
1a
2a

11. Aux maréchaux des logis chefs.

Allegro

12. Aux maréchaux des logis de semaine.

Allegro

13. Aux fourriers.

Allegro

14. Aux brigadiers de semaine.

Allegro

15. Aux malades.

Allegretto

16. La soupe.

Prestissimo

SONNERIES.

17. Les corvées.

18. Les distributions.

19. Le rassemblement de la garde.

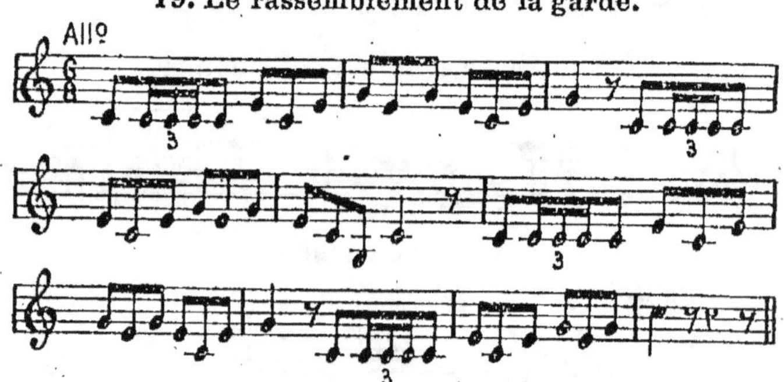

20. L'appel des consignés.

21. Aux trompettes.

22. La retraite.

Allº ma non troppo

23. L'extinction des feux.

Moderato

24. La générale.

Vivace

25. Garde à vous
Allegro
26. Sabre à la main.
Allº vivo
27. Remettez le sabre.
Allº vivo
28. Pied à terre.
Allegretto
29. En avant.
Allegro
30. Halte.
Moderato
31. A gauche.
Allegro
32. A droite.
Allegro
33. Demi-tour.
Allegro
34. La contre-marche.
35. Le ralliement général.
Presto
36. Exécution.
Allegro
37. Au pas.
(Étant au trot ou au galop.)
Moderato

38. Au trot.

(*A pied*, au pas gymnastique.)

39. Au galop.

40. En batterie.

41. Le demi-appel.

(*Pour cesser le feu.*)

42. Monter sur les coffres.

43. Descendre des coffres.

44. Pour mettre les manteaux.

45. La marche (défilé au pas.)

46. Défilé au trot.

Trompettes à l'unisson ou trompette seule.

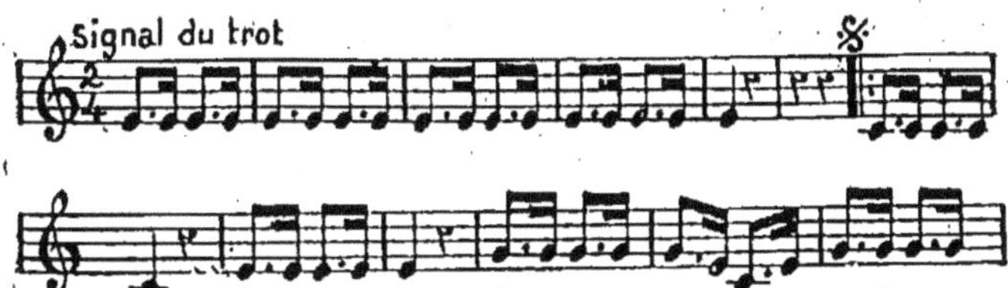

47. Défilé au galop.

Trompettes à l'unisson ou trompetto seule.

TITRE II.
ARMES PORTATIVES.

CHAPITRE I.
ARMEMENT.

---

14. L'armement des troupes d'artillerie comprend :

Un *mousqueton* et un *sabre-baïonnette* pour les hommes non montés ;

Un *revolver* et un *sabre* pour les hommes montés. En campagne, les conducteurs n'emportent que le revolver.

15. Il ne sera jamais demandé aux canonniers aucune récitation de nomenclature de l'armement. Leur instruction à ce sujet doit être exclusivement pratique et avoir uniquement pour objet de les mettre en état de comprendre les explications relatives au maniement de leurs armes, de les démonter, de les remonter et de les entretenir.

L'instruction intérieure sera généralement dirigée de manière que les canonniers soient familiarisés avec leurs armes au moment où ils commenceront le travail en armes. Dans tous les cas, avant d'exposer la théorie d'un mouvement, l'instructeur montrera et nommera aux canonniers les parties de l'arme dont il devra faire mention dans ses explications.

ARTICLE I.

PROCÉDÉS GÉNÉRAUX D'ENTRETIEN DES ARMES.

§ 1er. ACCESSOIRES POUR L'ENTRETIEN DES ARMES.

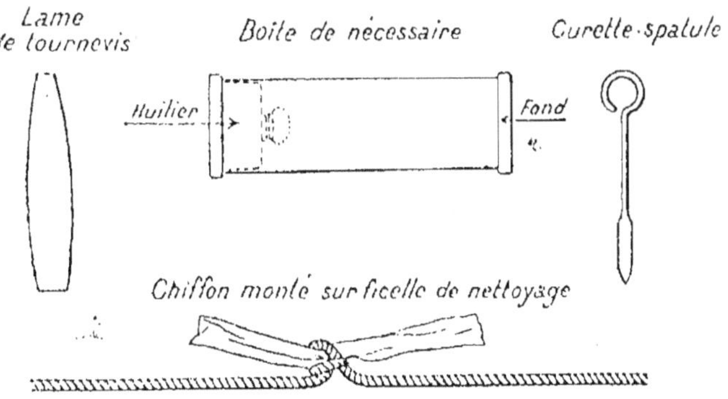

Fig. 1. Nécessaire d'armes.

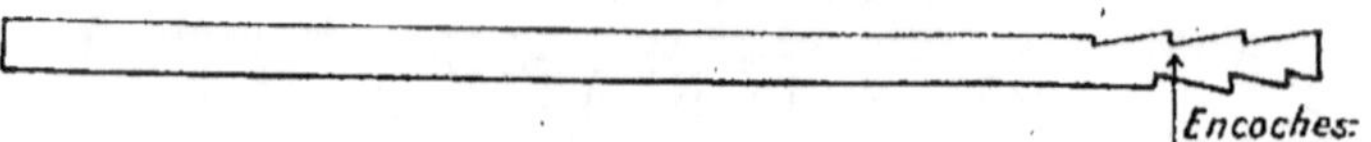

Fig. 2. Baguette en bois pour revolver M^{les} 1873 et 1874.

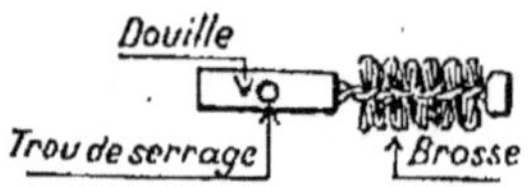

Écouvillon de revolver.

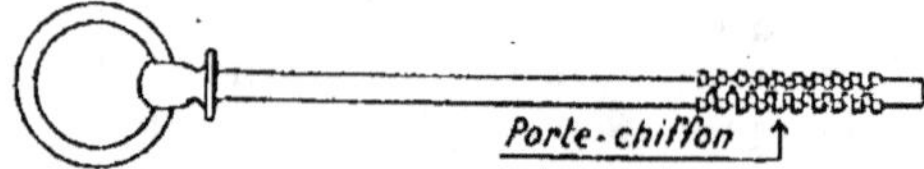

Fig. 3. Baguette pour revolver M^{le} 1892.

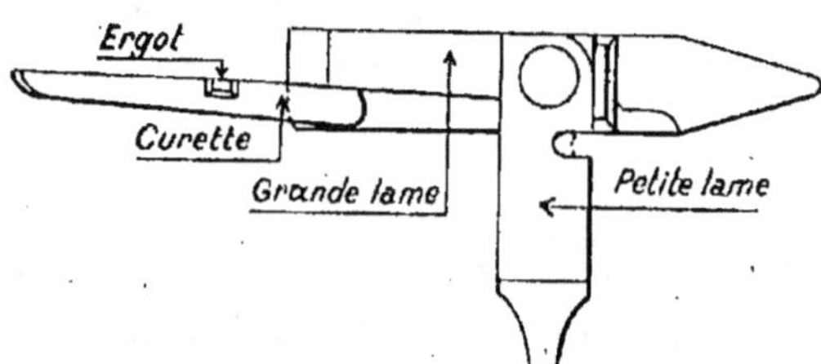

Fig. 4. Tournevis pour revolver M^{le} 1892.

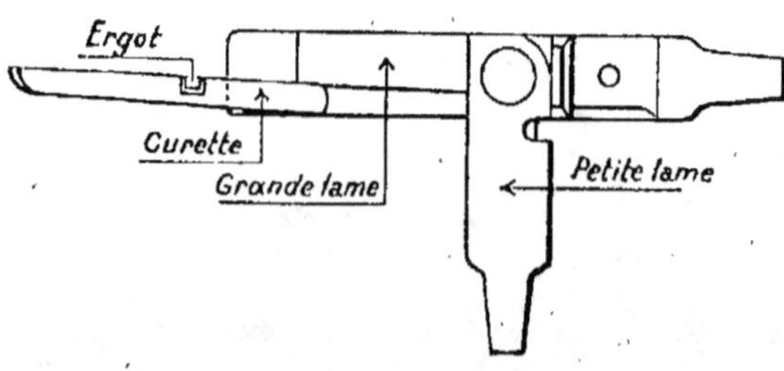

Fig. 5. Tournevis mixte M^{le} 1898.

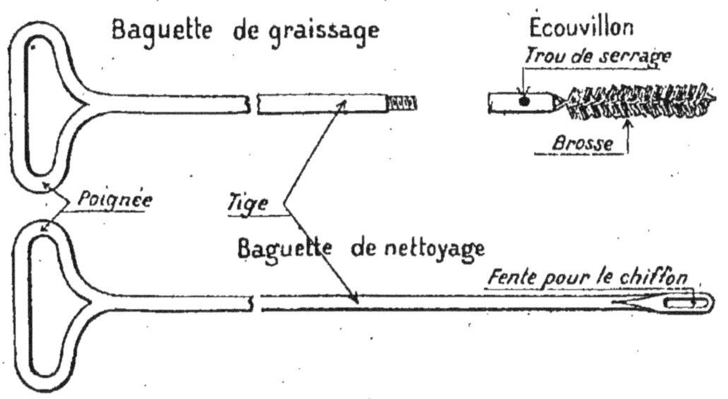

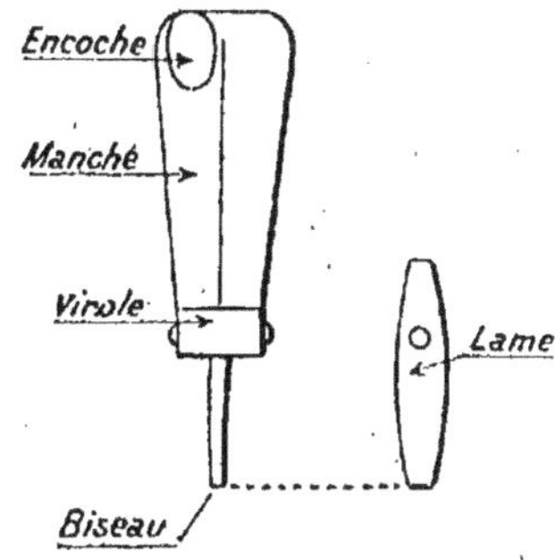

Fig. 6. Nécessaire de chambrée M^{le} 1896.

L'entretien des armes nécessite les opérations suivantes :

1° *démontage* ; 2° *nettoyage* ; 3° *graissage* ; 4° *remontage*.

16. Les accessoires que l'on emploie dans tous les cas et avec toutes les armes sont :

La *boîte à graisse* contenant de la graisse (1) et une pièce grasse ;

La *brosse pour armes* ;

Des *chiffons* de vieux linge et de drap ;

Eventuellement, des *curettes* en bois tendre, de l'*huile* (1), de la *brique pilée* ou de la *brique anglaise*.

---

(1) On peut employer pour l'entretien des armes : la graisse d'armes réglementaire, les graisses minérales, les huiles minérales, l'huile d'olive épurée, l'huile de pied de bœuf. Les graisses et huiles minérales doivent remplir les conditions fixées par la circulaire ministérielle du 26 octobre 1899. — *B. O.* p. r. 2° semestre. — N° 68.

17. Pour l'entretien des armes à feu **en campagne et aux manœuvres,** on emploie en outre :

Pour le mousqueton :

Le *nécessaire d'armes* (1) renfermant la *lame-tournevis* et la *curette-spatule* réunies dans une *trousse* en drap ;

La *ficelle de nettoyage* (1), dont la longueur ne doit pas descendre au-dessous de 2 mètres.

Pour le revolver modèle 1873 :

Les mêmes accessoires que pour le mousqueton, sauf la ficelle, à la place de laquelle on emploie une *bande de toile* de longueur et de largeur convenables.

Pour le revolver modèle 1892 :

Le *tournevis pour revolver modèle 1892* (officiers) ou le *tournevis mixte modèle 1898* (hommes de troupe) ; une *bande de toile* comme pour le revolver modèle 1873, mais de dimensions plus faibles.

18. Pour l'entretien des armes à feu dans le **service de garnison** on se sert des accessoires d'emploi général.

Pour le mousqueton :

Le *nécessaire de chambrée modèle 1896* (2), comprenant : une *baguette de nettoyage*, une *baguette de graissage* avec son *écouvillon* vissé (3) ; deux *tournevis-chassoirs* identiques.

Pour le revolver modèle 1873 :

Le *nécessaire de chambrée modèle 1896* ; ou, pour les unités dans lesquelles ce nécessaire n'est pas en service, le *nécessaire d'armes* et une *baguette en bois* de 8 à 9 millimètres de diamètre et de 20 à 25 centimètres de longueur.

Pour le revolver modèle 1892, on emploie soit le *jeu d'accessoires pour revolver modèle 1892*, comprenant une *baguette pour revolver* munie d'un *écouvillon* et un *tournevis*, soit le *tournevis-mixte modèle 1898* et le *nécessaire de chambrée modèle 1896*.

---

(1) Le nécessaire d'armes et la ficelle de nettoyage sont emportés toutes les fois qu'une troupe doit rester en dehors de son casernement plus de quarante-huit heures. En cas de besoin, ces ustensiles peuvent être employés dans le service de garnison pour l'entretien des armes, lorsque l'ordre en est donné.

(2) Les nécessaires de chambrée ne sont jamais emportés hors de la garnison.

(3) Les canonniers ne doivent pas séparer l'écouvillon de la baguette ; s'il se défait, ils le resserrent fortement au moyen d'une pointe introduite dans le trou de serrage.

19. Pour l'entretien des armes blanches dans le service de garnison, on utilise avec avantage, en dehors des accessoires d'emploi général, une *brosse dure* et une *planchette de bois* présentant une face légèrement cintrée et recouverte de peau, sur laquelle on étale la brique.

§ 2. — PROCÉDÉS GÉNÉRAUX DE NETTOYAGE.

20. Pièces en acier non bronzées. — Lorsque ces pièces ne sont pas rouillées, les frotter fortement avec un linge ou un morceau de drap sec et propre.

Si elles présentent des taches de rouille, répandre d'abord un peu d'huile sur les taches et laisser la rouille s'imbiber quelques instants. Enlever ensuite les taches au moyen d'un linge propre huilé. Les taches qui ne peuvent être enlevées par ce moyen, SAUF TOUTEFOIS CELLES QUI SE TROUVENT A L'INTÉRIEUR DU CANON DES ARMES A FEU (1), doivent être frottées avec de la brique délayée dans la graisse, appliquée, suivant le cas, sur un linge, sur une brosse ou sur une curette en bois.

Les pièces étant nettoyées et essuyées, les graisser légèrement.

On ne doit pas, dans cette opération, chercher à obtenir le poli brillant ; on s'attachera à conserver le plus possible aux pièces leur poli en évitant d'employer la brique pour leur nettoyage, tant que leur état d'oxydation ne rend pas cette opération indispensable.

21. Pour nettoyer les filets de vis, se servir d'un fil qu'on enroule de deux ou trois tours dans le filetage ; pour les ressorts à boudin, employer une bande de linge très étroite à laquelle on donne dans les spires un mouvement de va-et-vient. Avoir soin de ne laisser ni brique, ni aucune autre substance dans les trous de vis et dans les encastrements. Mettre une goutte d'huile sur les filets de vis.

22. Pièces en acier mises en couleur. — Tout frottement dur ou prolongé ayant pour effet d'enlever à ces pièces la couche préservatrice, l'emploi de la brosse dure et de la brique est interdit. On ne doit se servir que de chiffons de linge ou de morceaux de drap exempts de poussière.

Si la pièce n'est pas rouillée, la laver au besoin avec un linge mouillé, puis l'essuyer avec un linge sec. Si elle est rouillée, la frotter avec un linge ou un morceau de drap légèrement gras.

---

(1) Lorsqu'il existe dans un canon des taches de rouille que le linge huilé n'a pu enlever, l'arme doit être portée chez l'armurier.

Les pièces étant nettoyées et essuyées, les passer à la pièce grasse.

23. Pièces en bronze ou en laiton. — Ces pièces se nettoient avec du tripoli ou de la brique anglaise et un peu de vinaigre ou d'alcool. Frotter avec un linge ou un morceau de drap, mais jamais avec une brosse ou une curette. Une fois nettoyées, ces pièces ne doivent être ni graissées ni huilées ; il suffit de les essuyer avec un morceau de linge ou de drap sec.

24. Pièces en bois. — Lorsqu'elles sont simplement humides ou souillées de poussière, les essuyer avec un linge sec.

Si elles présentent des taches de rouille, enlever ces dernières avec un morceau de drap imbibé d'huile.

Si, sous l'action de la pluie, le bois a pris un aspect rugueux, le frotter avec un chiffon huilé.

§ 3. — OBSERVATIONS GÉNÉRALES.

a) Démontage et remontage.

25. Il est sévèrement interdit aux canonniers de démonter aucune des pièces qui ne sont pas mentionnées par les instructions sur le démontage. Ces pièces doivent être nettoyées en place.

Les officiers eux-mêmes ne doivent pas donner l'ordre de séparer ces pièces.

26. Les ustensiles d'entretien et de démontage sont toujours entretenus en bon état ; ils ne doivent présenter ni bavures, ni déformations graves, ni brèches. Il est interdit d'employer une lame de tournevis ébréchée ou tordue.

27. Pour défaire ou remettre une vis, placer l'arme ou la partie d'arme à plat sur une table ou sur une surface horizontale résistante. Avant de faire effort, surtout pour le démarrage ou le serrage à fond de la vis, saisir la pièce de la main gauche dans le voisinage de la vis, et maintenir le tournevis dans la fente avec le pouce de cette main convenablement tournée.

Il faut, pour remettre une vis, engager à la main les premiers filets, en tournant au besoin en sens inverse du vissage, si la prise du filet ne se fait pas commodément.

Toutes les vis doivent être serrées à fond. Le plus grand soin et la plus grande surveillance doivent être apportées à l'observation de cette prescription, dont l'oubli peut donner lieu à des défectuosités de fonctionnement, à des dégradations et même à des accidents.

Pour mettre à découvert ou recouvrir la platine des revolvers, modèle 1873 et modèle 1892, les canonniers sont autorisés à employer comme tournevis une pièce de 5 centimes.

28. Il est interdit de se servir de la boîte du nécessaire d'armes pour frapper sur aucune pièce en bois ou en métal.

29. On ne doit pas se servir non plus de la lame des tournevis pour faire levier sur des pièces métalliques, sauf pour soulever la plaque de recouvrement du revolver modèle 1873.

b) Nettoyage et graissage.

30. Le canonnier doit, toutes les fois que cela est possible, nettoyer son arme immédiatement après s'en être servi. Tout retard rend le nettoyage plus long et plus difficile à exécuter.

Le nettoyage ne doit jamais amener l'usure, et par suite un changement de forme ou de dimensions des pièces.

Toutes les armes ou pièces d'armes qui n'ont pu être dérouillées par les moyens réglementaires doivent être portées chez l'armurier.

L'emploi de l'émeri ou du grès pour le nettoyage de n'importe quelle pièce d'arme est interdit.

Les parties des pièces difficiles à atteindre doivent être nettoyées à l'aide de curettes en bois tendre et de chiffons peu épais et jamais avec des lames de tournevis ou autres objets métalliques. Il faut nettoyer avec soin les vis et leurs logements, les axes et les trous d'axe, de façon à enlever la rouille, la crasse et les corps étrangers qui peuvent occasionner des duretés de manœuvre.

31. Pendant le nettoyage et le graissage, on doit éviter, pour ne pas les fausser, de placer en porte-à-faux les pièces en acier, telles que les ressorts, les percuteurs des mousquetons, les baguettes, les lames et les fourreaux de sabre, et, en général, toutes les pièces un peu longues par rapport à leur épaisseur.

32. Il est absolument interdit d'employer au nettoyage des canons la baguette de graissage séparée ou non de l'écouvillon.

Quand on ne dispose pas, pour le graissage, d'une baguette à écouvillon, on remplace le chiffon de nettoyage par un chiffon gras, avec lequel on graisse l'intérieur du canon et la chambre.

Avant de nettoyer le canon avec la ficelle, s'assurer que la surface de cette dernière est exempte de poussières adhérentes.

La substitution de fils métalliques à la ficelle et l'emploi de la baguette en acier fixée à l'arme sont interdits.

33. Avant le remontage de toutes les pièces présentant des parties frottantes ou pivotantes, on doit mettre une goutte d'huile sur ces parties. Il en est de même de toutes les vis et de leurs écrous.

Avant de graisser une pièce quelconque, avoir soin d'enlever la vieille graisse.

34. Toutes les pièces en acier des armes remontées doivent toujours être graissées de façon à être légèrement onctueuses, et le canonnier doit, avant de se servir de ses armes, avoir soin de les essuyer avec un linge sec.

Le graissage des armes doit être renouvelé au moins une fois par quinzaine. On ne doit jamais graisser sans avoir préalablement procédé au nettoyage.

35. Les officiers de batterie passent une fois par mois la visite détaillée des armes. Pour ces revues mensuelles, les armes complètement nettoyées, exemptes de graisse et d'huile, sont disposées sur les lits dans l'état de démontage qui sera indiqué pour chaque arme, au paragraphe : Nettoyage mensuel.

ARTICLE II.

MOUSQUETON MODÈLE 1892.

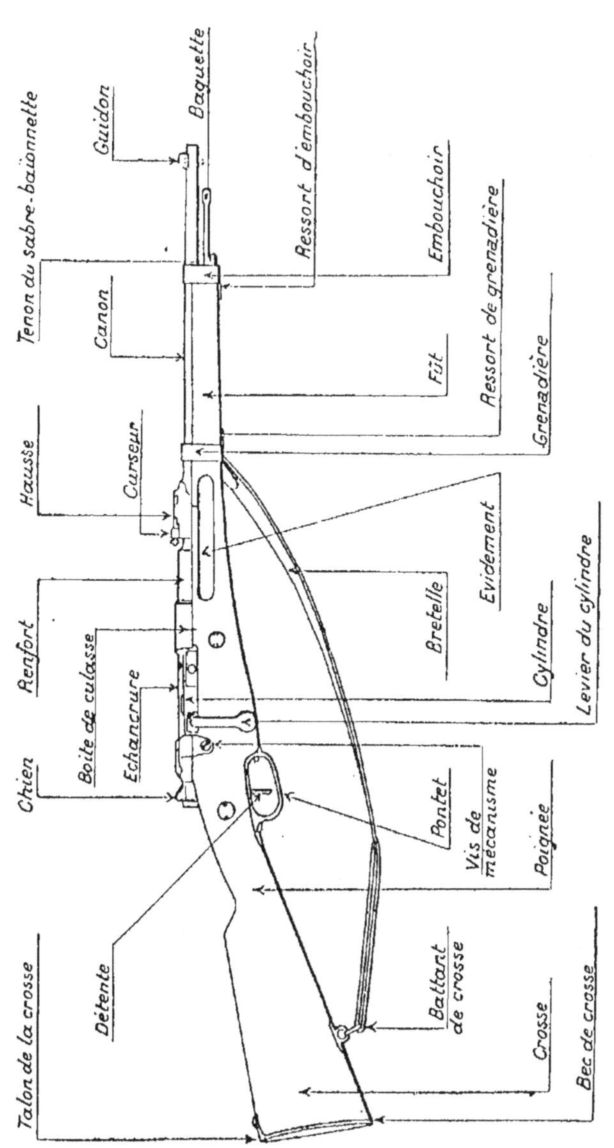

Fig. 7. Mousqueton d'artillerie M^{le} 1892 (vue d'ensemble).

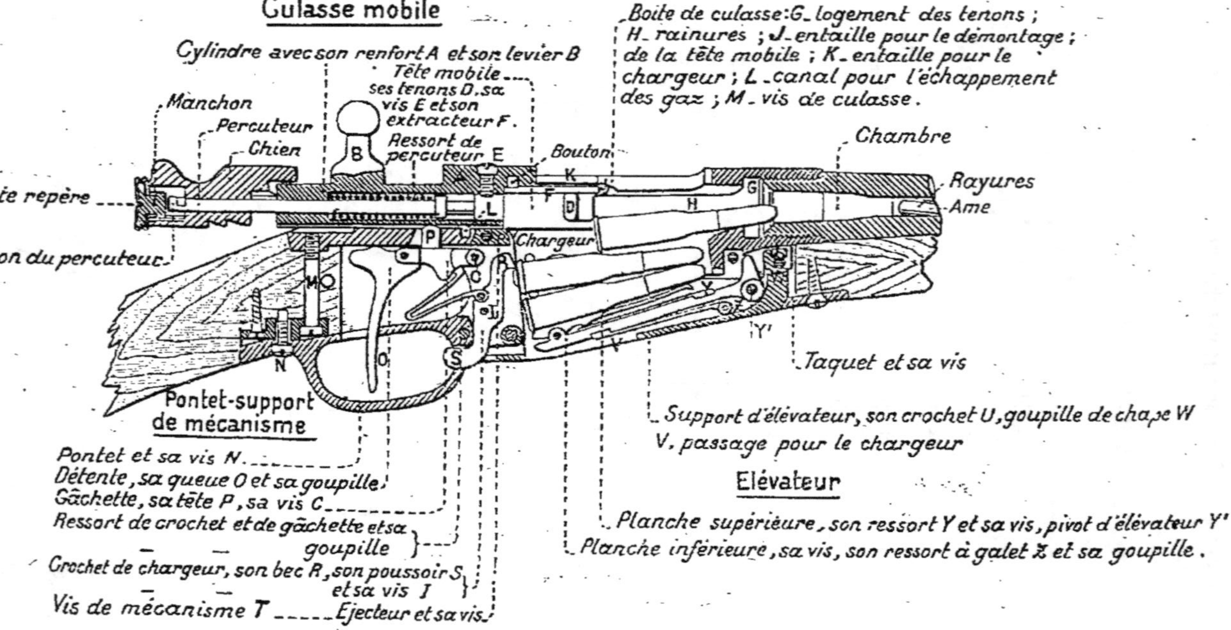

Fig. 8. Mousqueton d'artillerie M^lo 1892
(mécanisme de culasse).

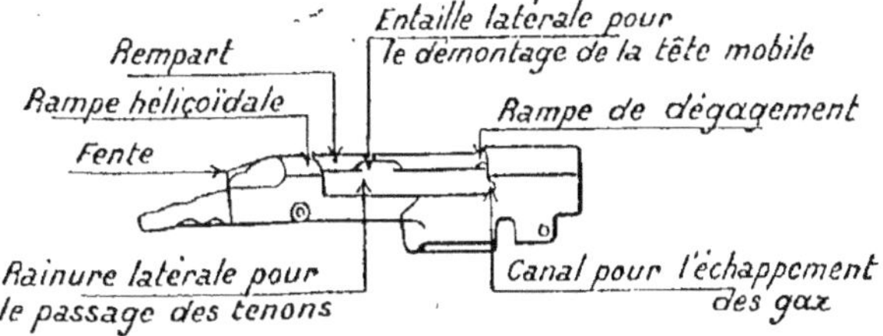

Fig. 9. *Mousqueton d'artillerie M^le 1892*
(boîte de culasse).

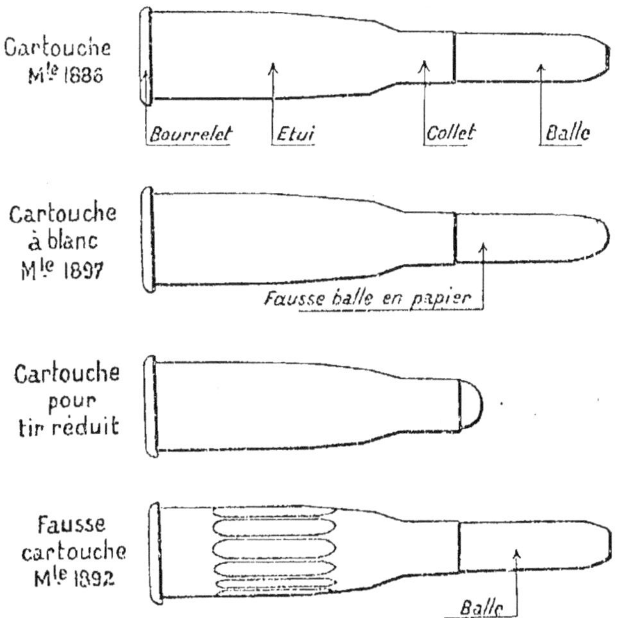

Fig. 10. *Cartouches pour mousqueton M^le 1892 (1).*

---

(1) L'instruction sur les cartouches en service pour mousqueton mod. 1892 devra être chaque année et dans chaque batterie donnée par un officier à tout le personnel de troupe, d'après les indications du placard approuvé par le ministre le 10 novembre 1899.

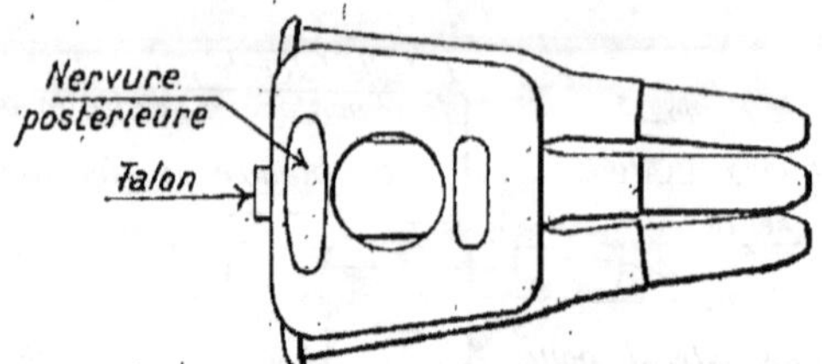

Fig. 11. Chargeur M^{le} 1890.

Fourreau.   Sabre-baïonnette.

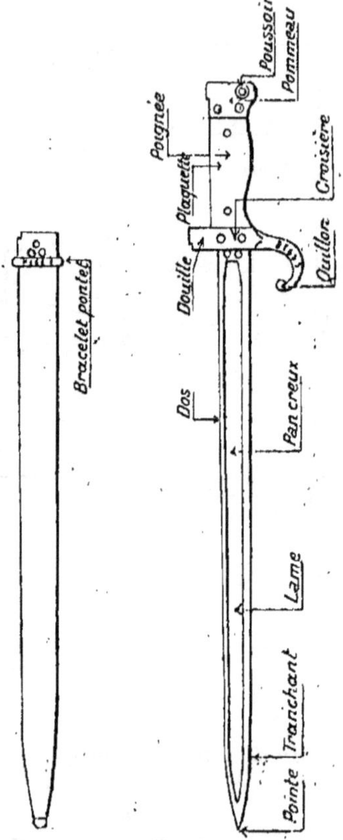

Fig. 12. Sabre-baïonnette.

Renseignements.

36. 1° **Mousqueton :**

Calibre de l'arme.		8 mm.
Poids de l'arme sans sabre-baïonnette.	non chargée.	3 k 100
	chargée avec un chargeur.	3 k 200
Poids du sabre-baïonnette.	sans fourreau.	0 k 425
	avec fourreau.	0 k 640

2° **Cartouches :**

Le mousqueton d'artillerie emploie quatre sortes de cartouches.

La cartouche à balle modèle 1886 et la *cartouche à blanc modèle 1897* du mousqueton d'artillerie modèle 1892 sont les mêmes que celles du fusil d'infanterie modèle 1886.

Dans la cartouche à balle, la balle est formée d'un noyau de plomb durci avec enveloppe de maillechort.

Poids de la balle, 15 gr.

Poids de poudre, 2 gr. 75.

Poids total de la cartouche, 29 gr. environ.

3° **Chargeurs :**

Remplissage des chargeurs d'instruction :
Introduire une première cartouche par l'avant du chargeur, le long des arrondis d'un des bords; amener le culot au contact du fond du chargeur et faire descendre la cartouche contre les arrondis de l'autre bord. Introduire successivement de la même manière les deux cartouches suivantes, en ayant soin que les bourrelets soient bien en arrière des nervures postérieures.

§ 1er. — DÉMONTAGE ET REMONTAGE.

A. Démontage.

37. La bretelle ayant été retirée, le démontage s'opère dans l'ordre suivant :

1° *Culasse mobile ;* 2° *mécanisme ;* 3° *canon.*

38. Culasse mobile. — Pour retirer la culasse mobile de la boîte, ouvrir la culasse, amener la culasse mobile en arrière jusqu'à ce que le tenon gauche de fermeture soit au milieu de l'entaille pour le démontage de la tête mobile, desserrer la vis d'assemblage du cylindre et de la tête mobile de la quantité nécessaire pour séparer ces deux pièces (la dévisser de trois ou quatre filets jusqu'à ce que la tête de la vis soit complètement visible hors de son trou) ; rabattre la tête mobile à droite en faisant tourner le manchon uniquement avec la main jusqu'à ce que le bouton soit dégagé de son logement dans le cylindre ; faire sortir la culasse mobile de la boîte de culasse ; enlever la tête mobile restée dans la boîte.

Il est interdit de dévisser la vis d'assemblage tant que la tête mobile demeure engagée à la position de fermeture dans l'avant de la boîte de culasse.

La culasse mobile étant séparée de la boîte, pour la démonter complètement, mettre le chien à l'abattu, faire tourner avec la main, sans jamais se servir du tournevis, le manchon de manière à mettre sa fente de repère dans le prolongement de celle du chien ; appuyer la pointe du percuteur sur un morceau de bois dur ou dans le trou de la tête de baguette, en maintenant le cylindre aussi verticalement que possible ; faire effort sur le levier du cylindre pour comprimer le ressort du percuteur et faire sortir le manchon de son logement ; dégager le manchon du T du percuteur et laisser le ressort se détendre librement ; séparer le cylindre, le chien, le percuteur et le ressort du percuteur.

39. Mécanisme. — Dévisser la vis du pontet, puis la vis du mécanisme, en maintenant d'une main le pontet dans son logement pendant que l'on retire la vis de mécanisme avec l'autre main. Saisir le pontet de la main droite et le faire pivoter vers l'avant pour dégager le crochet de support d'élévateur ; séparer le mécanisme de la monture.

Pour démonter entièrement le mécanisme (1) :

1° Dévisser la vis pivot d'élévateur et l'enlever en maintenant la tête d'élévateur en place avec le pouce de la main gauche ; retirer l'élévateur ;

2° Enlever la vis de gâchette et la gâchette réunie à la détente ;

3° Enlever la vis de crochet de chargeur ; saisir le ressort de crochet et le tirer en arrière et vers le haut pour faire sortir le crochet de son logement.

40. Canon. — Dévisser et enlever la baguette ; dévisser la vis de culasse ; enlever l'embouchoir, puis la grenadière.

---

(1) Le mécanisme ne doit être démonté qu'exceptionnellement en cas de mauvais fonctionnement ou d'oxydation des parties engagées dans le corps du mécanisme, et seulement sur l'ordre d'un officier.

En garnison, quand l'embouchoir et la grenadière ne peuvent être chassés ou remis en place commodément, on agit sur eux dans le sens convenable avec le manche du tournevis-chassoir, en appliquant l'une des encoches le long du canon.

En campagne ou aux manœuvres, on doit se servir, comme chassoirs, de cales en bois, sur lesquelles on agit avec un marteau ou un objet lourd.

Séparer le canon du bois : à cet effet, renverser l'arme dans la main gauche, le canon en dessous ; saisir la monture de la main droite à la poignée et donner quelques saccades jusqu'à ce que le canon soit dégagé de son logement.

B. Remontage.

41. Le remontage s'opère dans l'ordre inverse de celui qui vient d'être indiqué pour le démontage et en tenant compte des recommandations suivantes :

42. Canon. — En remontant le canon, placer l'anneau de grenadière et le canal de baguette de l'embouchoir du côté opposé à l'échancrure de boîte de culasse.

43. Mécanisme. — En remontant la gâchette avec la détente, avoir soin d'engager d'abord la queue de celle-ci dans la fente du pontet. Pour replacer la vis d'élévateur, appuyer fortement sur la tête de la planche inférieure. Pour replacer le mécanisme : introduire l'avant du support d'élévateur de manière que le crochet antérieur vienne emboîter sa goupille dans la boîte de culasse, faire pivoter le mécanisme autour de cette goupille pour le mettre à fond dans son logement et le maintenir pendant qu'on replace la vis de mécanisme.

44. Culasse mobile. — Assembler sur le cylindre : le percuteur, son ressort et le chien, celui-ci à la position de l'abattu ; comprimer le ressort du percuteur comme pour le démontage ; engager le manchon sur le T du percuteur ; l'amener en face de l'entrée de son logement dans le chien et laisser le percuteur et le ressort se détendre lentement.

Les pièces de la culasse mobile étant ainsi réunies à l'exception de la tête mobile, et la vis d'assemblage étant placée sur le cylindre à la position de démontage (engagée de trois ou quatre filets seulement), mettre le chien au cran de l'armé et tourner le manchon de façon que sa fente de repère soit perpendiculaire à celle du chien. Placer la tête mobile dans la boîte de culasse, le bouton à droite appuyé contre le rempart ; engager la culasse mobile dans sa boîte en faisant pénétrer le percuteur dans la tête mobile ; faire tourner cette dernière

à gauche en tournant le manchon dans le même sens
pour amener le bouton dans son logement ; serrer à fond
la vis d'assemblage du cylindre et de la tête mobile.

§ 2. — ENTRETIEN.

Nettoyage mensuel.

45. Faire le démontage complet tel qu'il est prescrit
au paragraphe précédent : nettoyer et graisser séparément chaque pièce en se conformant aux prescriptions
contenues dans l'article 1er et complétées par les suivantes :

46. Canon. — La manière de procéder au nettoyage
de l'intérieur du canon est différente suivant que l'on
dispose ou non du nécessaire de chambrée.

a) NETTOYAGE A L'AIDE DU NÉCESSAIRE DE CHAMBRÉE.
— Pour nettoyer l'intérieur du canon, passer dans la
fente de la baguette de nettoyage une bande de toile de
0 m. 10 à 0 m. 15 de longueur et de 5 à 7 centimètres de
largeur, suivant l'épaisseur de la bande. L'employer
sèche ou imbibée de graisse suivant le cas.

Enlever la culasse mobile et le mécanisme. Introduire
la baguette dans l'âme par la bouche du canon. Saisir
la poignée de la baguette à pleine main, la tige passant
entre l'index et le doigt du milieu ; imprimer sans brusquerie à la baguette un mouvement de va-et-vient sur
toute la longueur du canon et la laisser en même temps
tourner en suivant le sens des rayures. Avoir soin à
chaque passe de faire sortir le chiffon hors de l'âme.
Cinq ou six passes suffisent ordinairement pour nettoyer l'intérieur du canon.

L'intérieur du canon étant nettoyé, le graisser légèrement à l'aide de la baguette de graissage. A cet effet,
imprégner légèrement de graisse la brosse de l'écouvillon ; engager l'écouvillon dans l'âme et faire une seule
passe aller et retour.

b) NETTOYAGE A LA FICELLE. — Enlever la culasse mobile et le mécanisme ; prendre un chiffon choisi comme
il a été dit pour le nettoyage à la baguette, l'engager
dans un nœud gansé (voir fig. 1) formé au milieu de
la ficelle et l'introduire à forcement dans le canon. Le
manœuvrer en agissant alternativement sur les deux
bouts de la ficelle, l'arme étant maintenue aussi immobile que possible, et en faisant sortir le chiffon entièrement du canon à chaque mouvement alternatif.

Cette opération doit, autant que possible, être exécutée par deux canonniers, qui maintiennent l'arme horizontalement. Quand le nettoyage est fait par un homme seul, celui-ci doit soutenir l'arme de la main gauche
sous l'arrière du fût pour tirer le chiffon de la bouche

vers la culasse et la faire reposer sur la crosse pour le mouvement inverse. Il est formellement interdit d'attacher un des bouts de la ficelle à un support fixe et d'exécuter le nettoyage en donnant à l'arme un mouvement de va-et-vient le long de la ficelle.

Pour le graissage, remplacer par un chiffon gras le chiffon employé pour le nettoyage.

Le canon des mousquetons ne doit jamais être lavé à l'eau, même après le tir réduit, qui laisse un dépôt plus adhérent que le tir de la cartouche de guerre.

47. Quand la culasse mobile est remise en place, mettre une goutte d'huile sur la rampe de la tranche postérieure de l'échancrure de la boîte et sur la rampe de dégagement, puis faire marcher plusieurs fois le mécanisme de fermeture.

48. Faire jouer le curseur de la hausse pendant le graissage de la planchette et mettre une goutte d'huile à la charnière.

Nettoyage sommaire après les exercices.

49. Une arme ne doit jamais être replacée au râtelier sans être en parfait état de nettoyage et de graissage. Si l'arme a été nettoyée à fond depuis peu, et si le temps a été beau et sans poussière pendant les exercices, on peut se contenter d'un nettoyage sommaire.

Dans ce cas, le canon n'est pas séparé du fût ; la culasse mobile n'est pas retirée ; on la graisse légèrement en la déplaçant de façon à en atteindre toute la surface.

Si l'arme a été mouillée, procéder comme dans le cas du nettoyage mensuel.

En outre, si, pendant la manœuvre, on a retiré le sabre-baïonnette du fourreau, faire égoutter aussi complètement que possible l'eau qui peut avoir pénétré dans ce dernier.

Nettoyage après le tir.

50. Après le tir, procéder comme pour le nettoyage mensuel.

51. Les mousquetons remontés et replacés dans les chambres doivent avoir la culasse mobile fermée, le chien à l'abattu et ne doivent jamais contenir de cartouches. Il en est de même dans toutes les circonstances du service autres que le maniement des armes et le tir.

La bouche du canon ne doit jamais être obturée, ni au râtelier, ni à l'extérieur.

La culasse ne doit jamais être entourée de chiffons, ni de gaines en cuir ou tissus.

§ 3. — INSPECTION DES ARMES.

52. Toutes les fois que la troupe prend les armes, les sous-officiers doivent s'assurer qu'elles sont en bon état, et vérifier, s'il y a lieu, que les cartouches dont les hommes sont détenteurs sont bien du type approprié à l'exercice ou au genre de tir que l'on va exécuter. Avant les tirs, ils doivent vérifier soigneusement l'état du canon et des pièces du mécanisme.

L'attention des gradés qui passent l'inspection se portera particulièrement :

Sur l'*âme*, qui ne doit pas contenir de corps étrangers (1) ; sur la *chambre*, qui ne doit pas présenter de bavures et doit être très légèrement onctueuse pour les exercices et complètement essuyée si l'on se rend au tir ; sur la *vis de culasse* et la *vis du pontet*, qui doivent être serrées à fond ; sur le *percuteur*, qui ne doit pas être émoussé ni présenter de bavures ; enfin, sur la *planche supérieure d'élévateur* et sur les *ressorts d'élévateur :* en appuyant sur cette planche en plusieurs points, elle doit s'abaisser et se relever franchement.

Après le tir, on s'assure, en faisant ouvrir la culasse mobile et introduire la baguette, qu'aucune arme n'est chargée, et l'on examine spécialement celles qui n'ont pas fonctionné régulièrement ; en règle générale, une arme signalée comme défectueuse doit être soumise à l'examen du commandant de la batterie et envoyée, le cas échéant, chez le chef armurier.

---

(1) Pour s'en assurer, il faut introduire doucement la baguette dans le canon, jusqu'à ce qu'elle vienne reposer sur la cuvette de la tête mobile, puis, après avoir retiré la baguette, il faut ouvrir la culasse et mettre le chien à l'abattu pour faire sortir le percuteur.

ARTICLE III.

REVOLVER MODÈLE 1873.

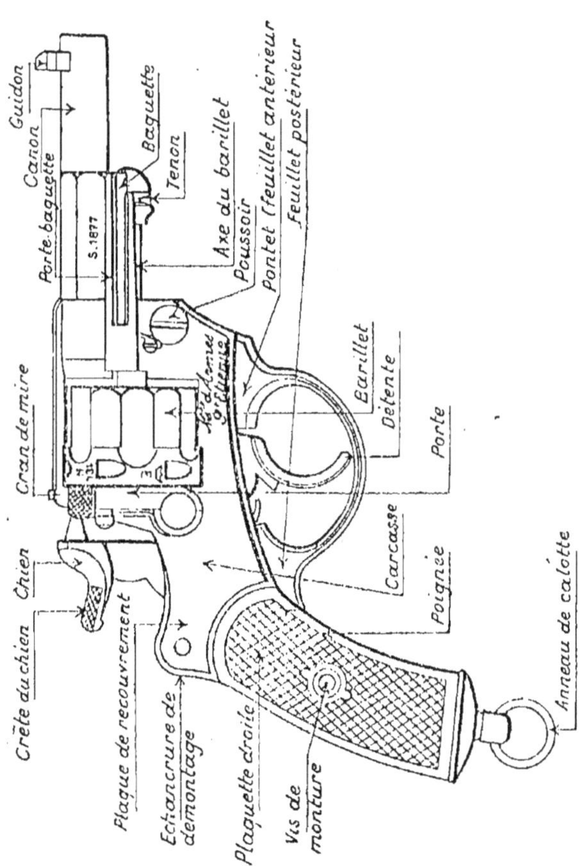

Fig. 13. Revolver M^{le} 1873 (vue du côté droit).

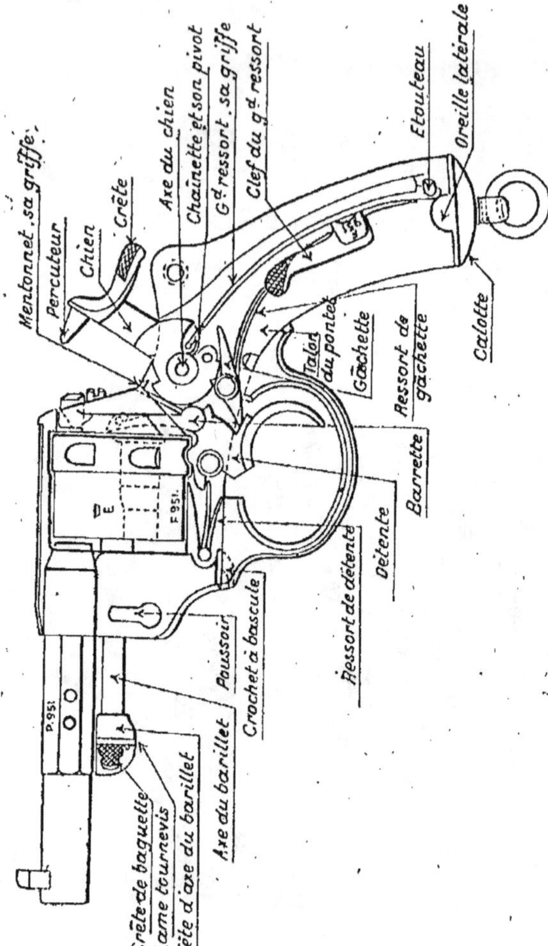

Fig. 14. Revolver M^{le} 1873 (vue d'ensemble du mécanisme).

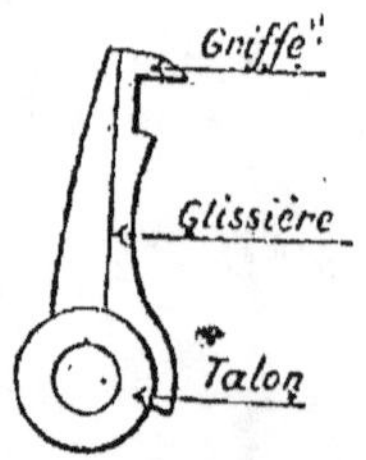

Fig. 15. Mentonnet.

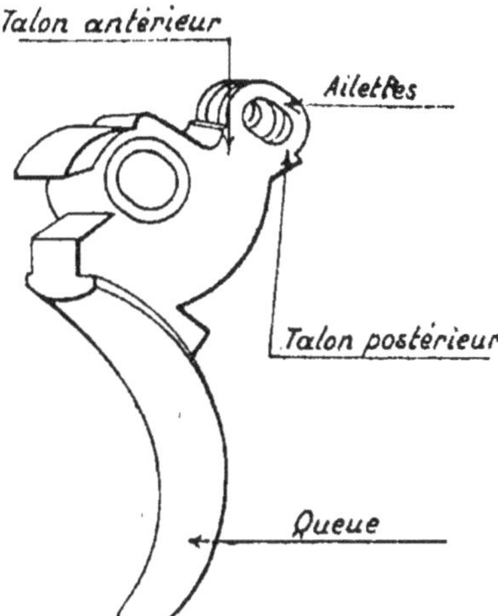

Fig. 16. Détente.

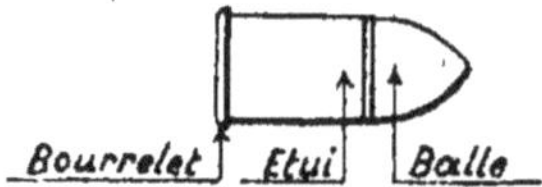

Cartouche M^le 1873-1890.   Cartouche à blanc M^le 1890-1900.

Fig. 17. Cartouches pour revolver M^le 1873.

Renseignements.

53.

1° Revolver :

Calibre de l'arme. .... 11 mm.

Poids de l'arme $\left\{\begin{array}{l}\text{non chargée. . ... 1 k 200}\\\text{chargée à 6 cartouches...... 1 k 300}\end{array}\right.$

2° Cartouches :

Le revolver modèle 1873 tire deux sortes de cartouches (voir fig. 17).

Poids de la balle, 11 gr.

Poids de la poudre (poudre de chasse superfine), 0 gr. 80.

Poids de la cartouche de guerre modèle 1873-90, 16 gr.

§ 1er. — DÉMONTAGE ET REMONTAGE.

54. Le démontage s'opère dans l'ordre suivant :

1° *Barillet ;* 2° *plaque de recouvrement et plaquette gauche ;* 3° *platine ;* 4° *porte ;* 5° *plaquette droite de la monture.*

De plus, mais seulement en cas de nécessité absolue et sur l'ordre d'un officier ou d'un sous-officier :

6° *baguette, poussoir, anneau de calotte, clef de grand ressort.*

Barillet.

55. Démontage. — Placer le revolver à plat dans la main gauche, la baguette en dessus, le pouce sur le poussoir ; faire effort avec le pouce de la main droite sur la crête de la baguette, la pousser en avant jusqu'à ce que le pivot d'axe du barillet soit dégagé et la rejeter à gauche ; presser avec le pouce de la main gauche sur le poussoir, et appuyer en même temps avec le pouce et le premier doigt de la main droite sous la tête de l'axe du barillet pour le dégager de son canal.

Amener la face plane de la tête de baguette au-dessus et contre l'entaille de la lame-tournevis, de manière à faire rentrer complètement la vis de baguette dans son logement. Mettre le chien au cran de sûreté. Ouvrir la porte. Avec le pouce et l'index de la main gauche, soulever le barillet, l'enlever avec la main droite.

Remontage. — Engager l'axe du barillet jusqu'à ce que la griffe du poussoir tombe dans le cran postérieur. Amener la face plane de la tête de baguette au-dessus et contre l'entaille de la lame-tournevis, de manière à faire rentrer complètement la vis de baguette dans son logement. Mettre le chien au cran de sûreté. Ouvrir la porte. Laisser le barillet descendre librement dans sa cage (son canal se place de lui-même dans le prolongement de l'axe, si l'on évite de déranger le barillet avec la main gauche). Pousser l'axe à fond avec la main droite ; coiffer le pivot avec la tête de baguette ; fermer la porte ; mettre le chien à l'abattu.

Nota. — Le simple démontage du barillet n'oblige pas à dégager l'axe entièrement ; il suffit de le tirer jusqu'au cran postérieur.

Plaque de recouvrement et plaquette gauche.

56. Pour mettre la platine à découvert, dévisser la vis de plaque de recouvrement ; introduire la lame du tournevis dans l'échancrure du démontage ; soulever la plaque en maintenant la monture avec la main gauche ; enlever la plaquette gauche.

Platine, porte et monture.

57. Démontage. — Pour retirer le grand ressort, mettre le chien à l'abattu ; ouvrir doucement la clef de dedans en dehors, en appuyant sur sa crête ; dégager le ressort de l'étouteau et la griffe des pivots de chaînette ; enlever le ressort.

Conduire le chien au cran de l'armé ; appuyer sur la détente de manière à supprimer tout contact de la gâchette et du mentonnet avec le chien ; enlever le chien et cesser d'appuyer sur la détente.

Engager le pouce de la main droite dans le pontet et presser sur le feuillet postérieur pour dégager le T de son logement.

Retirer la gâchette de son axe.

Faire tourner le ressort de gâchette autour de son pivot pour faire sortir le tenon de son encastrement ; enlever le ressort.

La détente étant ramenée en avant contre le corps de platine, tenir l'arme à plat dans la main gauche, la poignée en avant ; appuyer sur la barrette pour retirer sa tête de son logement et amener en même temps le talon postérieur du nœud de la détente en contact avec le talon du mentonnet ; il ne reste plus qu'à soulever la détente pour la retirer. Séparer la barrette et le mentonnet.

La porte étant fermée, desserrer la vis du ressort de trois tours environ et dégager la porte de son pivot, sans presser sur le ressort.

Dévisser la vis de monture et enlever la plaquette droite, sans chercher à séparer la rosette de monture qui peut être nettoyée en place.

Remontage. — Remettre en place la plaquette droite et, s'il y a lieu, la rosette de monture (l'oreille postérieure et son logement sont marqués chacun d'un coup de pointeau) ; replacer la vis de monture.

Replacer la porte sur son pivot, la fermer et resserrer la vis.

Introduire l'œil du mentonnet entre les deux ailettes de la détente, le talon du mentonnet touchant le talon postérieur du nœud de la détente ; enfoncer le pivot de barrette dans les trous de la détente et du mentonnet ; faire porter le ressort de la barrette contre la glissière du mentonnet, engager la détente sur son axe, la barrette en avant et le mentonnet en arrière de l'axe du chien ; ramener la queue de détente d'abord vers l'avant, ensuite vers l'arrière de l'arme, pour conduire le bec de barrette dans son logement et faire passer le mentonnet en avant de l'axe du chien.

Placer le ressort de détente, les deux branches sous la griffe de la détente.

Le pivot du ressort de gâchette étant mis en place, faire tourner le ressort pour amener le tenon au fond de son encastrement.

Engager la gâchette sur son axe, le cran en avant, la queue en arrière et contre l'axe du chien, et, lorsqu'elle rencontre l'épaulement de la carcasse, la faire tourner en comprimant son ressort pour la descendre à fond.

Placer la queue de détente dans une direction perpendiculaire à celle du canon, la griffe du mentonnet s'appuyant sur l'axe du chien ; introduire le crochet à bascule dans le logement du feuillet antérieur du pontet ; presser avec la paume de la main droite sur le corps du pontet pour chasser le T dans son logement.

Saisir la poignée avec la main gauche, le premier doigt sur la détente, pousser en même temps la queue de gâchette en arrière ; agir sur la détente de manière à soulever autant que possible la tête de gâchette appuyée sur le talon de départ. Engager le chien sur son axe et le conduire à l'abattu avant d'abandonner la détente.

Maintenir avec le pouce de la main gauche les pivots de chaînette en arrière, pour introduire aisément la griffe du grand ressort ; pousser ensuite la chaînette en avant, en agissant sur le ressort, dont l'épaulement vient se placer contre l'étouteau.

Fermer la clef du grand ressort progressivement et sans à-coup, le pouce de la main droite sur le méplat postérieur.

Remettre en place la plaquette gauche, la plaque de recouvrement et la vis de plaque.

**Baguette, poussoir, anneau de calotte,
clef de grand ressort.**

58. Pour ôter ou remettre la baguette, enlever la vis de baguette ; à cet effet, conduire la tête de baguette jusqu'au fond de la fente du porte-baguette.

Pour enlever le poussoir, le maintenir avec l'index de la main gauche, les autres doigts embrassant la carcasse, pendant qu'on agit avec le tournevis sur le bouton du poussoir. Dans le remontage, il est essentiel de mettre le bouton bien à fond, pour ne pas diminuer l'action du ressort à boudin.

Pour enlever ou remettre l'anneau de calotte, tourner le pivot de manière que la tête de la vis-goupille soit du côté opposé à l'oreille latérale.

La clef du grand ressort se démonte en chassant sa goupille.

§ 2. — ENTRETIEN.

Nettoyage mensuel.

59. Démonter le barillet, la plaque de recouvrement et, si l'ordre en est donné par un officier, les autres pièces dont le démontage a été indiqué au paragraphe précédent.

Faire le graissage de chaque pièce en se conformant aux prescriptions contenues dans l'article 1er et complétées par les suivantes :

Prendre une bande de linge de 0 m. 10 à 0 m. 15 de longueur et d'une largeur telle qu'elle ne force que modérément dans le canon. Monter ce chiffon sur la baguette de nettoyage ou sur la baguette en bois. Maintenir le chiffon sec ou l'imbiber d'huile, suivant le cas. Introduire par la bouche l'extrémité entourée du chiffon, imprimer à la baguette un mouvement de va-et-vient sur toute la longueur du canon et la faire en même temps tourner en suivant le sens des rayures.

60. A défaut de baguette, employer simplement un chiffon, qu'on engage dans le canon à l'aide d'une ficelle attachée à l'un de ses coins.

Nettoyer les chambres du barillet comme il vient d'être dit pour le canon.

Employer une curette en bois pour le nettoyage du canal de l'axe et des dents de la crémaillère.

Graisser l'intérieur du canon et les chambres du barillet avec la baguette à écouvillon ou avec un chiffon gras enroulé sur la baguette en bois.

Lorsque la platine est démontée, nettoyer les trous du chien, de la gâchette et de la détente avec un linge humide et les essuyer ensuite avec un linge sec.

Pour huiler l'axe de la porte, ouvrir à moitié celle-ci et la faire jouer ensuite dans les deux sens.

Nettoyage sommaire après les exercices.

61. Après les exercices, le canonnier doit essuyer soigneusement avec un linge sec, puis graisser les parties extérieures ainsi que la cage du barillet, qu'il enlève à cet effet.

Si l'arme a été mouillée, il doit essuyer également et graisser le canon et les chambres du barillet.

Nettoyage après le tir.

62. Après le tir, le canon et le barillet doivent toujours être lavés à l'eau. A cet effet, exécuter ce qui est prescrit pour le nettoyage mensuel de ces parties de l'arme, mais en se servant d'abord d'un chiffon mouillé de façon à enlever par lavage les résidus de la poudre. Tant que le chiffon sort sale du canon et des chambres, le rincer dans l'eau et recommencer l'opération. Remplacer le chiffon de lavage par un chiffon propre pour l'essuyage et terminer comme il est dit au nettoyage complet.

Quand on exécute le lavage de l'âme du canon, mettre le chien au cran de sûreté, tenir la bouche de l'arme dirigée vers le sol et éviter d'introduire de l'eau dans le porte-baguette.

63. Les revolvers remontés sont suspendus au râtelier dans les chambres par l'anneau de calotte, la bouche du canon en bas, le chien à l'abattu. Ils ne doivent jamais contenir de cartouches. Il en est de même dans toutes les circonstances du service, en dehors du maniement d'armes et du tir.

La bouche du canon ne doit jamais être obturée.

§ 3. — INSPECTION DES ARMES.

64. Toutes les fois que la troupe prend les armes, les sous-officiers doivent s'assurer que les revolvers sont en bon état ; avant chaque tir, ils doivent vérifier que les armes ne contiennent ni cartouches, ni corps étrangers, et que le mécanisme de la platine fonctionne régulièrement.

A cet effet, chaque homme démonte le barillet et présente à l'instructeur le revolver placé horizontalement dans la main gauche et le barillet dans la main droite. Le barillet est ensuite remonté, et, dans un second passage, l'instructeur fait jouer le revolver plusieurs fois de suite, au tir intermittent et au tir continu.

Dans le cas seulement où le fonctionnement n'est pas régulier et facile, mettre la platine à découvert et la faire jouer pour reconnaître les causes qui entravent sa marche. Mais, en général, il faut éviter de manœuvrer la platine sans que la plaque de recouvrement soit en place.

Les opérations que le canonnier peut faire pour rendre à l'arme son jeu régulier sont exécutées immédiatement par lui ; dans le cas contraire, l'arme est portée chez le chef armurier.

ARTICLE IV.

REVOLVER MODÈLE 1892.

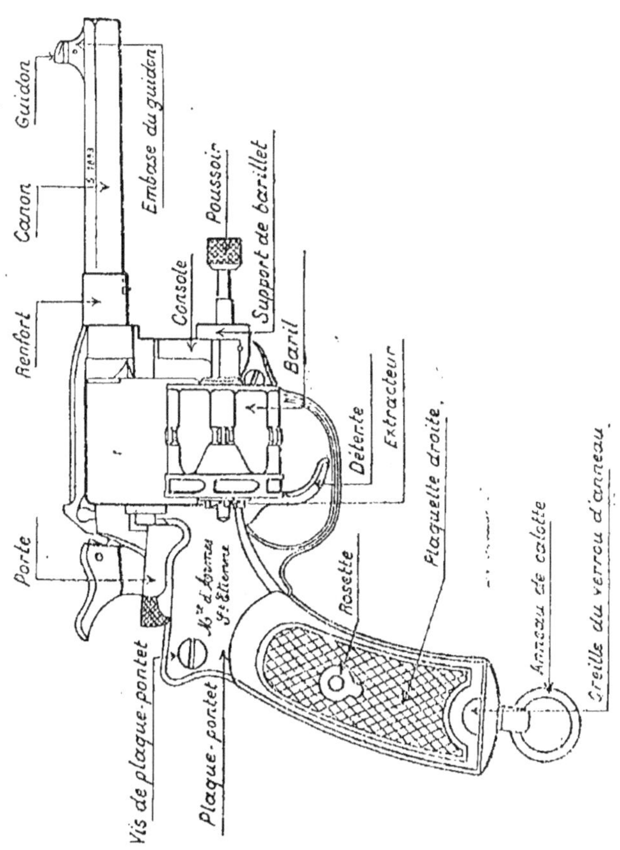

Fig. 18. Revolver Mle 1892
(vue du côté droit, le barillet rabattu).

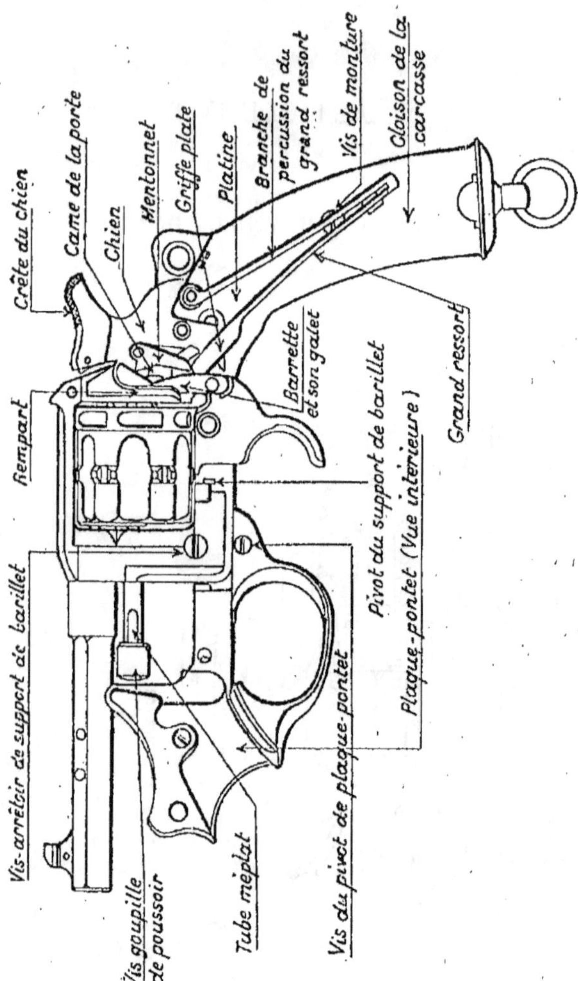

Fig. 19. Revolver Mle 1892
(vue du côté gauche, la platine à découvert).

Fig. 20. Cartouches pour revolver Mle 1892.

Renseignements.

65.

1° Revolver :

Calibre de l'arme. . ...: 8 mm.

Poids de l'arme { non chargée. . ... 0 k 840

{ chargée à 6 cartouches. .... 0 k 915

2° Cartouches :

Le revolver modèle 1892 tire deux sortes de cartouches (voir figure 20).

Dans la cartouche à balle, la balle est formée d'un noyau de plomb durci et d'une enveloppe de cuivre.

Poids de la balle.. 8 gr.

Poids de la poudre (poudre noire spéciale). 0 gr. 75

Poids de la cartouche de guerre................. 12 gr.

§ 1ᵉʳ. — DÉMONTAGE ET REMONTAGE.

66. Le démontage (1) s'opère dans l'ordre suivant :

1° *Plaquette gauche* (mise à découvert de la platine) ; 2° *platine ;* 3° *support du barillet ;* 4° *Extracteur* (démontage complet du barillet) ; 5° *Plaquette droite et anneau de calotte ;* 6° *plaque-pontet. — Vis de plaque-pontet.*

Mise à découvert de la platine.

67. Démontage. — Dévisser la vis de plaque-pontet jusqu'à ce que la plaque soit complètement dégagée; rabattre la plaque-pontet vers le bout du canon; enlever la plaquette gauche.

Remontage. — Engager la plaquette sous l'oreille du verrou d'anneau; l'appliquer contre la cloison, rabattre la plaque-pontet vers la poignée et la maintenir appuyée contre la vis de plaque pendant qu'on visse celle-ci.

Platine.

68. Démontage. — La platine étant à découvert, *ouvrir la porte;* disposer la plaque-pontet à peu près

---

(1) Les vis sont démontées et remontées uniquement avec le tournevis pour revolver modèle 1892 ou le tournevis mixte modèle 1898. Le biseau large sert pour la vis de plaque-pontet, le petit biseau pour les autres vis, à l'exception de la vis-poussoir qui ne doit être démontée que par l'armurier.

Pour se servir d'un de ces tournevis, ouvrir la curette en appuyant sur l'ergot, mettre la petite lame en croix sur la grande et ramener la curette dans son logement.

perpendiculairement à la face gauche de l'arme pour dégager la console; faire reposer le revolver à plat dans la main gauche, la platine en dessus, le pouce par-dessus la console, les deux premiers doigts sous le barillet, les deux derniers doigts contre l'arrière de la détente. Enlever ensuite les pièces de la platine dans l'ordre des numéros qu'elles portent, saisir le grand ressort un peu en avant du tenon entre le pouce et les deux premiers doigts de la main droite; le pousser à droite en le soulevant légèrement pour dégager le tenon de son encastrement; laisser le ressort se détendre librement et l'enlever. Chasser en arrière la crête du chien, enlever le chien. Pousser la détente en avant, dégager la barrette de son logement, la séparer de la détente; enlever la détente. (On peut retirer à la fois ces deux pièces en agissant sur la queue de la détente.)

Remontage. — *La porte étant ouverte,* engager la détente sur son axe et replacer la barrette sur la détente ou remettre les deux pièces en place à la fois après avoir d'abord assemblé la barrette sur la détente. Engager le bec de barrette dans son passage en arrière du rempart, et ramener la queue de la détente le plus possible vers l'arrière; remettre le chien en place en pressant un peu, s'il y a lieu, sur le mentonnet pour éviter la came de la porte. Placer ensuite le revolver dans la main gauche, comme il est dit pour le démontage du grand ressort, en ayant soin de ramener vers l'avant le plus possible, avec les doigts qui les maintiennent, la détente et le chien. Saisir le grand ressort par-dessus et en avant du tenon avec la main droite, engager la griffe plate dans son logement en l'appuyant contre le galet de barrette; comprimer la branche de percussion avec les deux premiers doigts, de manière à amener son galet au contact du chien dans l'évidement d'appui; en même temps, pousser le ressort à droite jusqu'à ce que le tenon rentre dans son encastrement. Fermer la porte.

On observera que, lorsque la porte est ouverte, le barillet restant dans sa cage, la détente fait tourner le barillet sans actionner le chien.

Support de barillet.

69. Démontage. — *La porte étant ouverte,* dévisser la vis-arrêtoir de support de barillet; retirer cette vis; rabattre un peu le barillet en plaçant le bras du support en demi à droite par rapport à la console. Pousser le barillet vers l'avant de deux millimètres environ jusqu'à ce qu'on sente un arrêt; à ce moment, mettre le bras du support en croix sur la console. Saisir à pleine main le barillet et son support pour les maintenir réunis et achever de faire sortir le pivot de support de barillet. Enlever le ressort de support.

Remontage. — La vis-arrêtoir de support de barillet étant enlevée et la *porte ouverte*, prendre de la main droite le barillet réuni à son support, l'axe complètement enfoncé dans son canal. Engager le bout du pivot de support dans son logement, le méplat contre la partie externe de la grande branche du ressort; faire glisser le barillet en arrière le long de son axe jusqu'à l'arrêt du mouvement (1); à ce moment, faire tourner l'ensemble du barillet et de son support en engageant le barillet dans sa cage, jusqu'à ce que le bras du support se trouve en demi à droite par rapport à la console. Le ressort étant ainsi bandé, enfoncer complètement le pivot de support de barillet, en appuyant sur le bras du support et en maintenant le barillet de la main gauche.

Si l'on éprouve quelque résistance, faire varier un peu l'angle du bras du support de la console jusqu'à ce qu'on sente le pivot céder à la pression.

Rabattre complètement le barillet dans sa cage et remettre en place la vis-arrêtoir.

Barillet et extracteur.

70. Démontage. — Dévisser et retirer la vis-goupille de poussoir; dévisser le poussoir, retirer le support de barillet, puis le tube relié au ressort d'extracteur, faire sortir par l'arrière du barillet l'extracteur goupillé sur sa tige.

Remontage. — Exécuter en ordre inverse les opérations du démontage; avoir soin d'appliquer les méplats du tube contre ceux de la tige et d'arrêter le poussoir quand on le revisse, de façon que les trois trous de la vis-goupille se correspondent.

Plaque-pontet et sa vis.

71. Dévisser la vis-goupille du pivot et dégager la plaque-pontet. Dévisser la vis-arrêtoir de plaque-pontet et retirer cette dernière vis.

Plaquette droite et anneau de calotte.

72. Démontage. — Le grand ressort étant enlevé, dévisser la vis de monture, enlever la rosette et la plaquette. Pour retirer la rosette de son encastrement, utiliser, au besoin, la vis de monture que l'on visse par l'extérieur.

---

(1) Dans les revolvers de première fabrication qui ont le méplat postérieur plus long, faire glisser le barillet en arrière, le long de son axe, jusqu'à la butée de barillet, et éviter soigneusement de laisser cette butée s'engager dans une entaille du renfort.

Faire glisser le verrou d'anneau de gauche à droite, en frappant, s'il est nécessaire, à petits coups sur l'oreille gauche avec un manche en bois, jusqu'à ce que l'épaulement du pivot corresponde au trou rond. Enlever l'anneau et achever de retirer le verrou par la droite.

Remontage. — Quand on remonte la plaquette, la maintenir contre la cloison de carcasse pendant le vissage des premiers filets dans la rosette.

73. La mise à découvert de la platine, jointe au rabattement du barillet sur le côté, est ordinairement suffisante pour l'entretien courant de l'arme et même pour le nettoyage après le tir.

Les autres pièces ne sont démontées que sur l'ordre des officiers.

En particulier, le démontage complet du barillet, le démontage de la plaque-pontet et de sa vis, de la plaquette droite et de l'anneau de calotte, doivent être aussi rares que possible.

§ 2. — ENTRETIEN.

74. Le revolver modèle 1892 doit être nettoyé, entretenu et suspendu au râtelier, d'après les mêmes principes que le revolver modèle 1873; on remarquera, toutefois, que le mouvement de rabattement du barillet hors de sa cage donne de grandes facilités pour l'entretien du revolver modèle 1892.

Ainsi, après le tir, on pourra laver et nettoyer l'âme du canon et les chambres du barillet, nettoyer et graisser l'extracteur sans faire aucun démontage. Il n'y aura lieu de démonter le barillet que s'il a été fortement encrassé et si son mouvement de rabattement ne s'exécute pas avec facilité.

De même, il n'y aura pas lieu, en général, de démonter la platine, soit après le tir, soit après les exercices. Il suffira de nettoyer les pièces en place et de mettre une goutte d'huile aux galets de barrette et de grand ressort, pour assurer le bon fonctionnement du mécanisme.

§ 3. — INSPECTION DES ARMES.

75. Procéder comme pour le revolver modèle 1873, sauf que la préparation à l'inspection du canon et du barillet se fait en exécutant la première opération du chargement : ouvrir la porte et rabattre le barillet à droite hors de sa cage.

L'homme présente le revolver placé horizontalement dans la main gauche.

ARTICLE V.

SABRE.

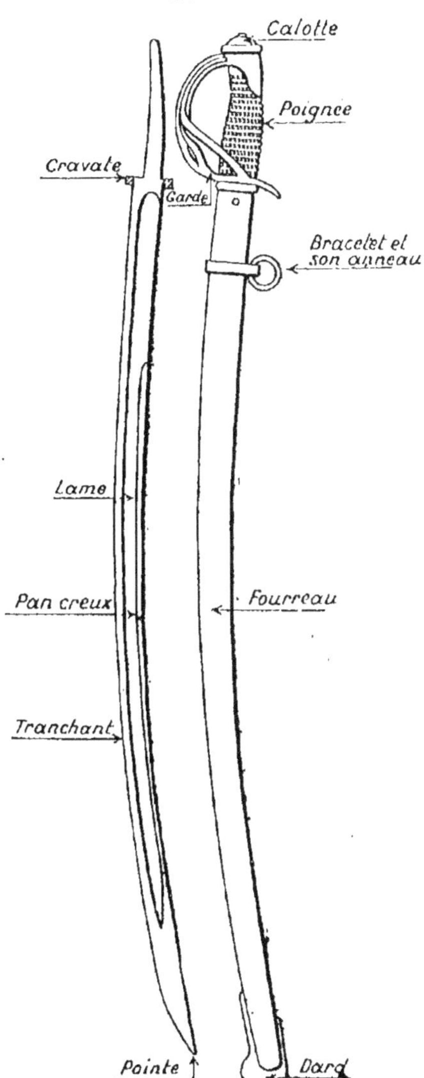

Fig. 21. Sabre de cavalerie légère.

Entretien.

76. Les pièces en acier et cuivre sont nettoyées comme il a été dit à l'article 1er.

La cravate en buffle ne doit jamais être blanchie.

La basane qui recouvre la poignée du sabre doit être simplement essuyée avec un linge.

CHAPITRE II.

TIR.

ARTICLE Ier.

MOUSQUETON.

77. Les tirs avec le mousqueton sont exécutés par les gradés, les élèves brigadiers et les hommes armés du mousqueton.

§ 1er. — TIR RÉDUIT.

78. Le tir réduit est exécuté au moyen du mousqueton modèle 1892, conformément aux prescriptions qui suivent :

La charge et le tir de l'arme avec la cartouche de tir réduit s'exécutent comme avec la cartouche réglementaire; toutefois, la cartouche de tir réduit ne permet pas le tir avec chargeur. Chaque soldat doit, en principe, tirer avec l'arme dont il est détenteur.

Si, pendant le tir, une balle reste dans le canon, on l'enlève avec la baguette et, avant de reprendre le tir, on passe dans l'âme un chiffon gras. Après le tir, on nettoie les armes en se conformant aux prescriptions réglementaires.

Il est alloué annuellement :

36 cartouches de tir réduit à chaque homme de l'armée active, armé du mousqueton modèle 1892;

12 cartouches de tir réduit à chaque homme de la réserve de l'armée active ou de l'armée territoriale, ayant ce même armement et convoqué pour une période d'instruction.

79. Les tirs doivent être exécutés, conformément au tableau ci-après, sur des visuels carrés de 18 centimètres de côté, présentant deux cercles de 6 et de 10 centimètres de diamètre. Ces visuels sont collés sur les cibles de 2 mètres servant aux tirs d'instruction. Les cibles sont disposées conformément aux prescriptions de l'Instruction sur l'organisation du tir réduit pour armes de 8 millimètres du 18 février 1902.

NUMÉRO DU TIR.	DISTANCE.	POINT A VISER.	OBSERVATIONS.
1	15	Bas du cercle de 10°.	Ligne de mire de 200 mètres : 6 car-
2	15	Bas du cercle de 10°.	touches à chaque tir.
3	15	Bas du cercle de 10°.	
4	30	Centre de la cible...	N. B. Le tir réduit doit toujours
5	30	Centre de la cible...	être exécuté avant le tir à la cible.
6	15	Bas du cercle de 10°.	

Les hommes de la réserve et de l'armée territoriale exécutent les 1er et 4° tirs.

80. On marque une unité quand l'homme a mis une balle dans le cercle de 10 centimètres à 15 mètres, ou dans le carré de 18 centimètres à 30 mètres.

Le résultat de chaque séance est inscrit et conservé jusqu'au moment de l'exécution des tirs à la cible ; mais il n'est tenu aucune comptabilité du tir réduit.

§ 2. — TIR A LA CIBLE.

81. Le nombre des cartouches allouées pour le tir à la cible est fixé chaque année par le Ministre de la guerre.

Les exercices de tir s'exécutent conformément aux indications du tableau suivant.

Le chargement est toujours exécuté avec des chargeurs (1).

NUMÉRO DU TIR.	DISTANCE.	GENRE DE TIR.	NOMBRE de cartouches.	OBSERVATIONS.
1	100 m.	Tirs ⎰ sur appui...	3	On ne doit jamais tirer plus de 12 balles dans la même séance.
2	100 m.	préparatoires ⎱ à bras francs	3	
3	200 m.		6	Le 6° tir ne sera pas exécuté si l'allocation n'est pas supérieure à 24.
4	200 m.	Tirs d'instructíton .... ⎰	6	
5	200 m.		6	
6	200 m.		6	

82. Les tirs sont exécutés sur des cibles de 2 mètres de côté, à cadre en bois, sur lesquelles on trace deux

---

(1) Si on ne dispose que de cartouches libres en paquets, on emploiera les chargeurs d'instruction.

axes, l'un horizontal et l'autre vertical, de 5 centimètres de largeur, se coupant au centre de la cible.

Pour le tir à 100 mètres, on trace au centre de la
cible deux circonférences ayant respectivement 25 et 50
centimètres de diamètre. Le cercle de 25 centimètres est
complètement noirci (1).

Pour le tir à 200 mètres, on trace deux circonférences, l'une de 50 centimètres, l'autre de 1 mètre de diamètre.

83. Le tir à la cible est individuel; il s'exécute par
batterie, sous la direction des capitaines commandants.

Une demi-heure avant la séance, la retraite est son-
née sur le terrain, un pavillon rouge est hissé au sommet de la butte, les cibles sont mises en place.

Deux marqueurs sont affectés à chaque cible, savoir :
un porte-fanion et un tamponneur. Un sous-officier
est chargé de la surveillance des marqueurs dans la
tranchée. Tous les hommes qui sont dans la tranchée
sont munis d'une paire de lunettes de cantonnier.

Avant de faire commencer le feu, le capitaine fait
sonner la *retraite;* à ce signal, les marqueurs rentrent
dans la tranchée, les porte-fanions lèvent leurs fanions pour montrer qu'ils se tiennent prêts.

Quand tous les fanions sont en vue, le capitaine fait
sonner un *demi-appel,* puis *exécution;* les fanions sont
immédiatement abaissés.

La batterie est fractionnée suivant son effectif et le
nombre des cibles qui lui sont affectées. Un gradé est
préposé à la surveillance du tir de chaque fraction. La
fraction qui doit tirer demeure l'arme au pied en arrière de l'emplacement réservé au tireur. Les fractions
qui attendent leur tour sont maintenues plus en arrière
et forment les faisceaux.

A l'avertissement du chef de fraction, le canonnier
désigné se dirige vers l'emplacement réservé au tireur,
charge son arme, et tire de suite ses balles dans la
même position, en s'attachant à constater le résultat
de son tir après chacun de ses coups; il se retire après
avoir ouvert la culasse et s'être assuré qu'il ne reste
pas de cartouches dans la chambre; puis il va s'établir
l'arme au pied en arrière de la fraction à laquelle il
appartient.

Le sous-officier chef de fraction est placé près du
tireur pour rectifier avec calme les irrégularités de sa
position, pour prévenir toute maladresse de sa part et
inscrire le résultat de son tir.

Dès qu'une balle arrive dans la cible, le fanion se
lève. Le porte-fanion l'agite de droite à gauche et de

---

(1) Viser au bas du cercle pour la distance de 100 mètres.

gauche à droite lorsque la balle a frappé dans le cercle intérieur. Si la balle a touché dans le cercle extérieur, le fanion est agité de haut en bas et de bas en haut. Enfin, le fanion est levé, mais maintenu immobile si la balle a frappé la cible en dehors de la surface à atteindre.

Les trous de balles sont bouchés immédiatement et indiqués à l'aide du tampon ; tant que dure cette opération, le signal fait par le porte-fanion doit continuer. Le tampon ne doit donc jamais être sorti de la tranchée sans être accompagné du fanion.

Les marqueurs reconnaissent les balles mises par ricochet à la forme irrégulière et allongée des empreintes qu'elles produisent dans la cible et ne les signalent pas. Ces empreintes ne sont bouchées qu'à la fin de la séance de tir.

Les cartouches qui ont donné lieu à des ratés, même après plusieurs percussions, sont remplacées.

Si, pendant la durée du tir, un accident ou toute autre cause oblige les marqueurs à demander la suspension du feu, le chef des marqueurs fait lever les fanions. A ce signal, le capitaine fait sonner :

CESSEZ LE FEU (1) ;

le feu cesse et les armes sont déchargées. Le capitaine fait sonner ensuite un second demi-appel ; à cette sonnerie seulement, les marqueurs peuvent sortir de la tranchée.

Les fanions rouges ne sont abaissés que lorsque l'incident qui arrêtait le tir a pris fin ou que le capitaine a fait sonner successivement : la *retraite*, puis : un *demi-appel* et *exécution*.

Afin d'éviter toute confusion pouvant amener des accidents, les sonneries dont il vient d'être parlé sont seules permises pendant le tir. On s'abstiendra également de toute sonnerie aux abords du champ de tir, soit à l'arrivée, soit au départ.

§ 3. — CLASSEMENT DES TIREURS.

84. Les tirs préparatoires ont pour but de confirmer les recrues dans l'exactitude du pointage, de les habituer à la détonation et au recul, et de donner à chaque homme une idée des déviations particulières à son arme.

Ces tirs ne sont ni comptés pour le classement des tireurs, ni mentionnés sur les livrets.

A la fin des tirs d'instruction, dans chaque batterie, les sous-officiers, brigadiers, artificiers, candidats des

______

(1) Un demi-appel.

pelotons d'instruction et canonniers sont répartis en trois classes de tireurs.

On prend pour base de ce classement les règles suivantes :

1° On marque deux points pour toute balle ayant atteint la zone intérieure de chaque cible ;

2° Un point pour toute balle ayant touché dans la zone extérieure ;

3° Zéro pour toute balle ayant frappé la cible en dehors des cercles.

La balle ayant touché le trait de séparation de deux zones est considérée comme étant dans la zone intérieure.

Les balles mises par ricochet sont notées zéro.

La **première classe** se compose des tireurs qui ont obtenu un nombre de points égal ou supérieur au nombre des cartouches allouées à chacun d'eux pour les tirs d'instruction.

La **deuxième classe** se compose des tireurs qui ont obtenu un nombre de points égal ou supérieur à la moitié du nombre de cartouches allouées à chacun d'eux pour les tirs d'instruction, et qui ne sont pas compris dans la première catégorie.

La **troisième classe** se compose des tireurs qui ont obtenu un nombre de points inférieur à la moitié du nombre de cartouches allouées à chacun d'eux pour les tirs d'instruction.

Les tireurs qui ont tiré la moitié de leurs cartouches sont classés d'après le nombre de points obtenus comme s'ils avaient fait tous les tirs. Ceux qui n'ont pas tiré la moitié de leurs cartouches ne sont pas classés.

§ 4. — MIROIR DE POINTAGE (1) POUR MOUSQUETON MODÈLE 1892.

85. Pour disposer le miroir de pointage sur le mousqueton, on fait glisser de l'avant vers l'arrière les deux branches du ressort à fourche (voir figure 22) le long des faces latérales du pied de hausse jusqu'à ce que le coude du ressort vienne buter contre l'arrière du pied.

L'emploi de cet appareil permet de contrôler le pointage dans les exercices préparatoires. Le canonnier prend la position prescrite pour pointer et diriger la ligne de mire sur le but ; l'instructeur placé sur le

---

(1) L'emploi du miroir de pointage permet de proscrire d'une façon absolue le procédé qui consiste, au cours des exercices préparatoires de tir, à viser dans l'œil de l'instructeur pour permettre à celui-ci de reconnaître si le canonnier pointe correctement.

flanc gauche du pointeur, face au mousqueton, cherche dans le miroir les images réfléchies du cran de mire, du guidon et du but, suit des yeux les mouvements imprimés à la ligne de mire par le canonnier et constate si ce dernier la dirige correctement sur le but et l'y maintient au moment du départ du coup.

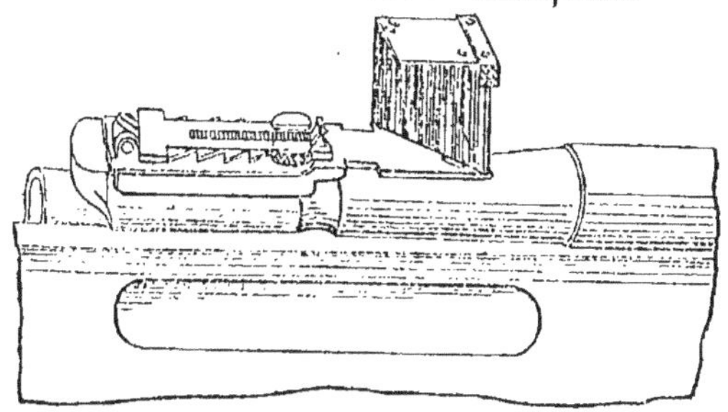

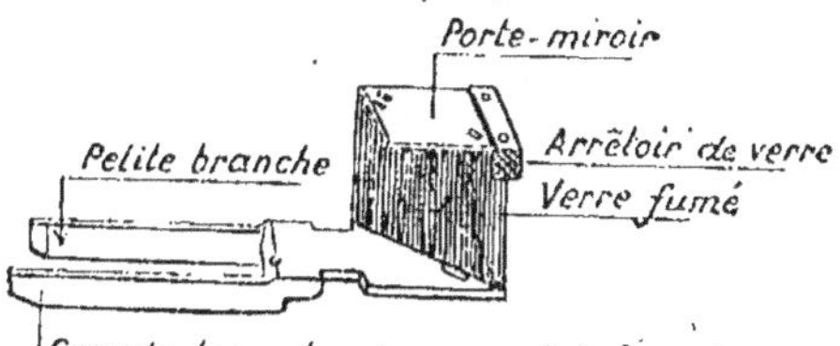

Fig. 22. Miroir de pointage pour mousqueton M^{le} 1892.

Il y a lieu de remarquer que la position relative des objets vus dans le miroir est inversée dans le sens latéral, c'est-à-dire que, si le canonnier pointe bas et à gauche, l'instructeur apercevra bas et à droite le point où aboutit la ligne de mire.

ARTICLE II.

REVOLVER.

---

§ 1er. — TIR A LA CIBLE.

86. Les tirs avec le revolver sont exécutés par les gradés, les élèves brigadiers et les hommes armés du revolver.

Le nombre des cartouches allouées pour le tir à la cible est fixé chaque année par le Ministre de la guerre.

Les tirs sont exécutés à 20 mètres. On ne doit jamais tirer plus de 12 balles dans la même séance.

On emploie des cibles de 2 mètres de côté, au centre desquelles on trace un cercle noir plein de 5 centimètres de diamètre et deux circonférences ayant respectivement 25 et 40 centimètres de diamètre.

87. Les observations relatives à la pratique du tir avec le mousqueton sont applicables au tir avec le revolver.

Le tireur de chaque fraction se porte à l'emplacement réservé pour le tir et prend la position de haut le revolver. Lorsque tous les tireurs sont en place, l'officier qui dirige le tir commande :

COMMENCEZ LE FEU.

A ce commandement, chaque tireur exécute son tir conformément à ce qui est prescrit par le règlement (première partie). Quand il croit avoir tiré ses six coups, il fait un tir continu de six coups en continuant à viser la cible et en comptant à haute voix : 1, 2, 3, 4, 5, 6 et prend la position de *haut le revolver*. Puis, en conservant l'arme dans cette position, il se rend à l'emplacement qui a été désigné pour décharger les armes et décharge son revolver sous la surveillance d'un gradé.

Dès que tous les tireurs d'une même série ont terminé leur tir, l'officier qui dirige le tir commande :

CESSEZ LE FEU ;

les marqueurs se portent aux cibles, constatent et annoncent à haute voix les résultats obtenus, bouchent rapidement les trous et reviennent en arrière des fractions qui doivent tirer.

On recommence la même opération pour chaque série de tireurs.

§ 2. — CLASSEMENT DES TIREURS.

88. A la fin des exercices, les tireurs sont répartis en trois classes, conformément aux principes admis pour le tir avec le mousqueton, sauf que le nombre de points (balles mises), afférent à chaque classe, est réduit de moitié.

ARTICLE III.

INSCRIPTIONS RELATIVES AU TIR

89. Pour chaque séance de tir et pour chaque distance, le commandant de batterie fait préparer autant de situations qu'il y a de cibles affectées à la batterie :

ces situations sont conformes au modèle A. On y inscrit les noms de tous les hommes comptant à l'effectif de chaque fraction, mais on barre les noms de ceux qui, pour un motif quelconque, ne peuvent assister au tir, et l'on indique en regard, dans la colonne *Résultats*, la cause de l'absence.

Les résultats obtenus sont inscrits sur les livrets individuels.

MODÈLE A.

FORMAT :
1/4 de feuille
de
papier écolier.

* RÉGIMENT
D'ARTILLERIE.

* batterie.

TIR individuel à 200 mètres, le   190 .

Tireurs :   . — Indisponibles :   .

NOMS.	GRADES.	RÉSULTATS EN POINTS.						TOTAUX	
		1.	2.	3.	4.	5.	6.	des balles mises	des points

En outre, il est tenu dans chaque batterie un registre modèle B sur lequel on inscrit les résultats du tir.

MODÈLE B.

FORMAT
du registre
de
comptabilité.

REGISTRE DE BATTERIE.

CONTROLE pour l'inscription des tirs individuels.
Mousqueton. — Distance 200 mètres. — Position debout.

NOMS.	GRADES.	NOMBRE DE BALLES MISES et de points.								TOTAUX des		CLASSEMENT.
		1er TIR		2e TIR		3e TIR		4e TIR				
		Balles.	Points.	Balles.	Points.	Balles.	Points.	Balles.	Points.	Balles.	Points.	

Des situations et des tableaux analogues sont établis pour le tir au revolver.

TITRE III.

INSTRUCTION D'ARTILLERIE.

—

CHAPITRE Ier.

DESCRIPTION DU MATÉRIEL.

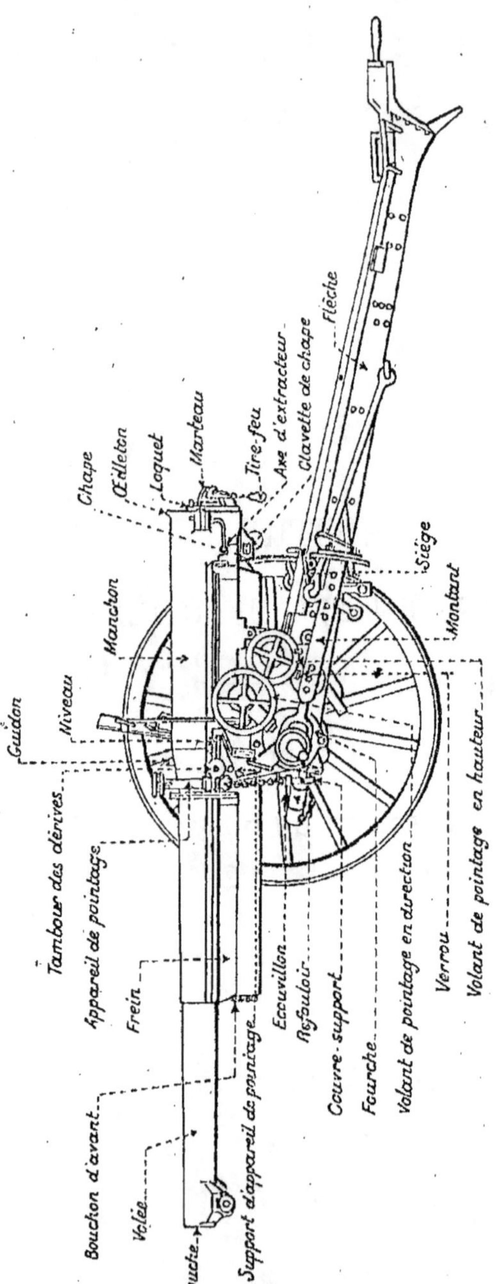

Fig. 23. Canon, côté gauche (la roue gauche enlevée).

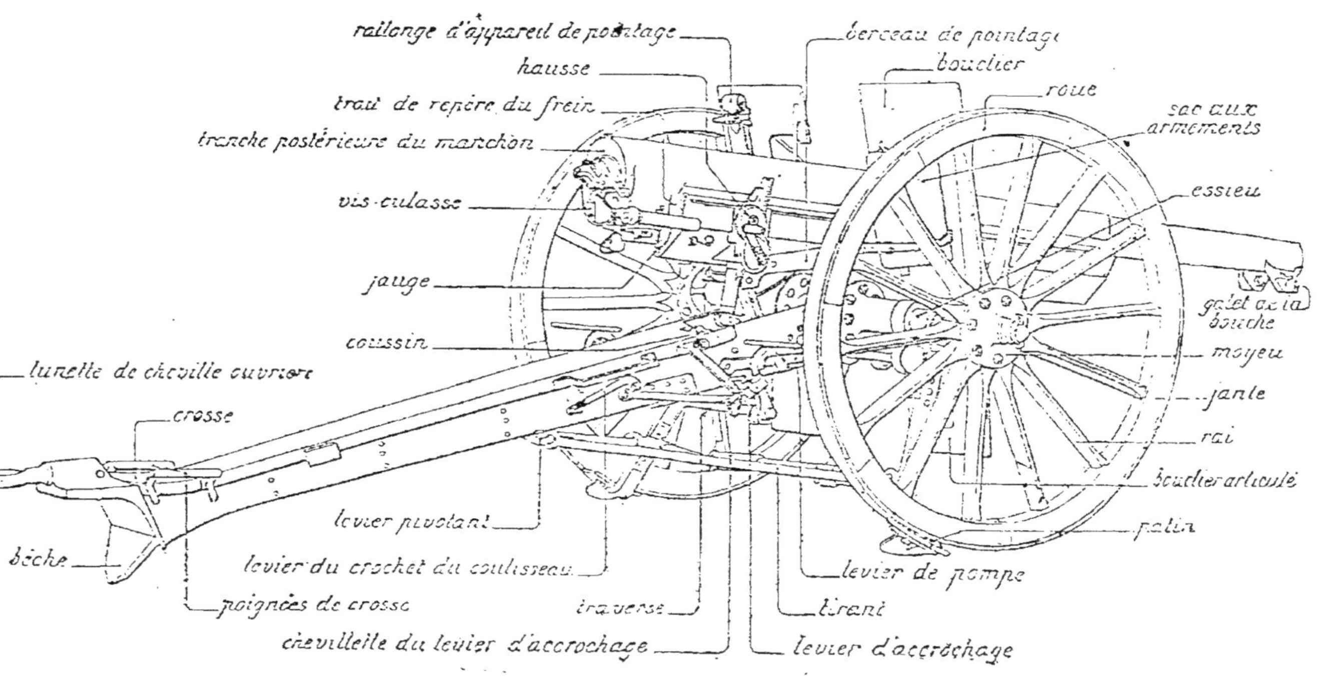

Fig. 24. Canon, côté droit.

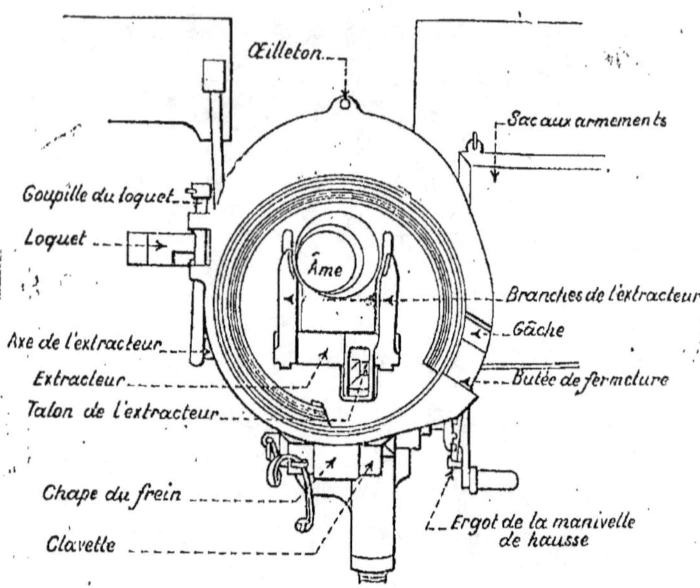

Fig. 25. Culasse et extracteur.

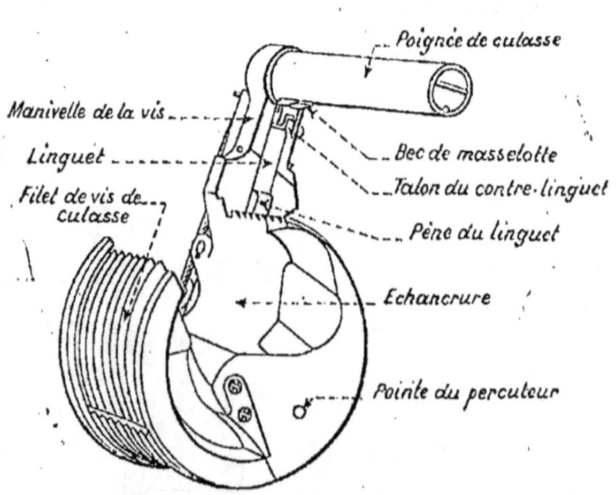

Fig. 26. Vis de culasse.

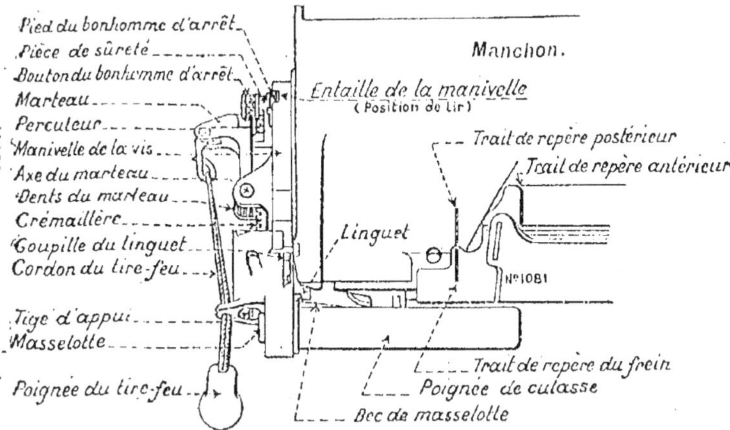

Fig. 27. Mécanisme de mise de feu et appareil de sûreté.

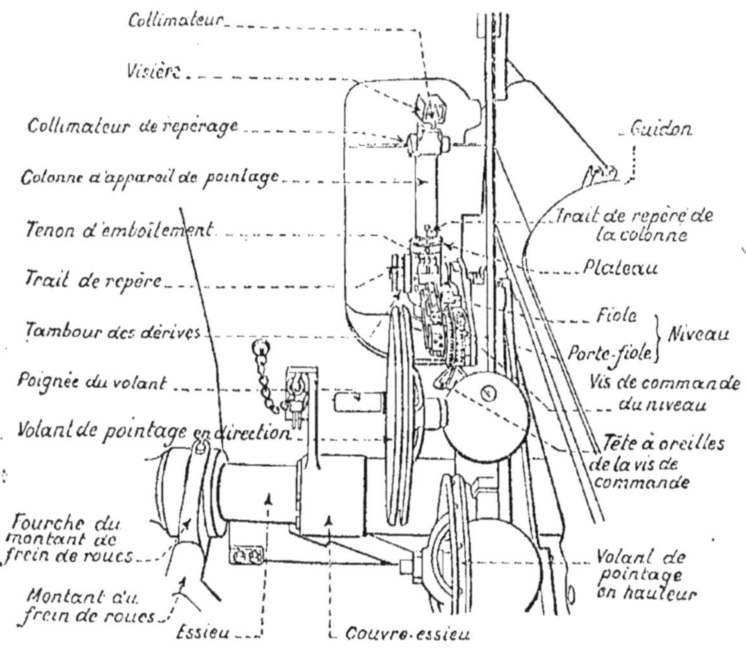

Fig. 28. Appareils de pointage et de repérage.

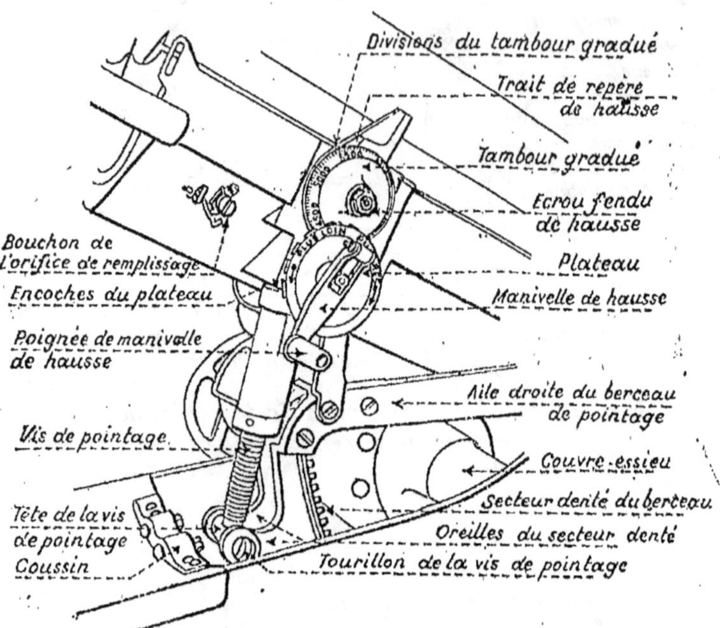

Fig. 29. Hausse et berceau de pointage.

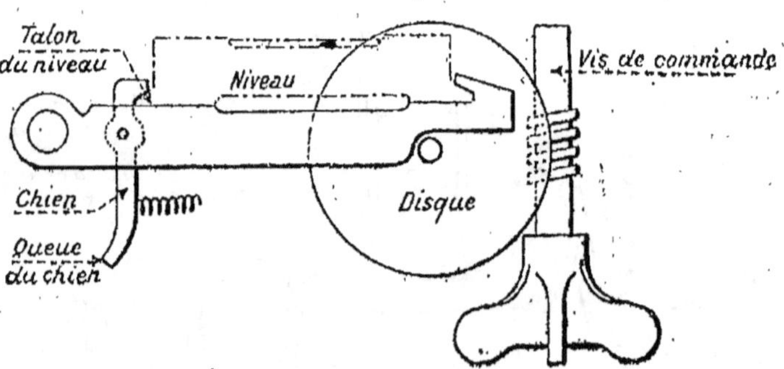

Fig. 29 bis. Niveau.

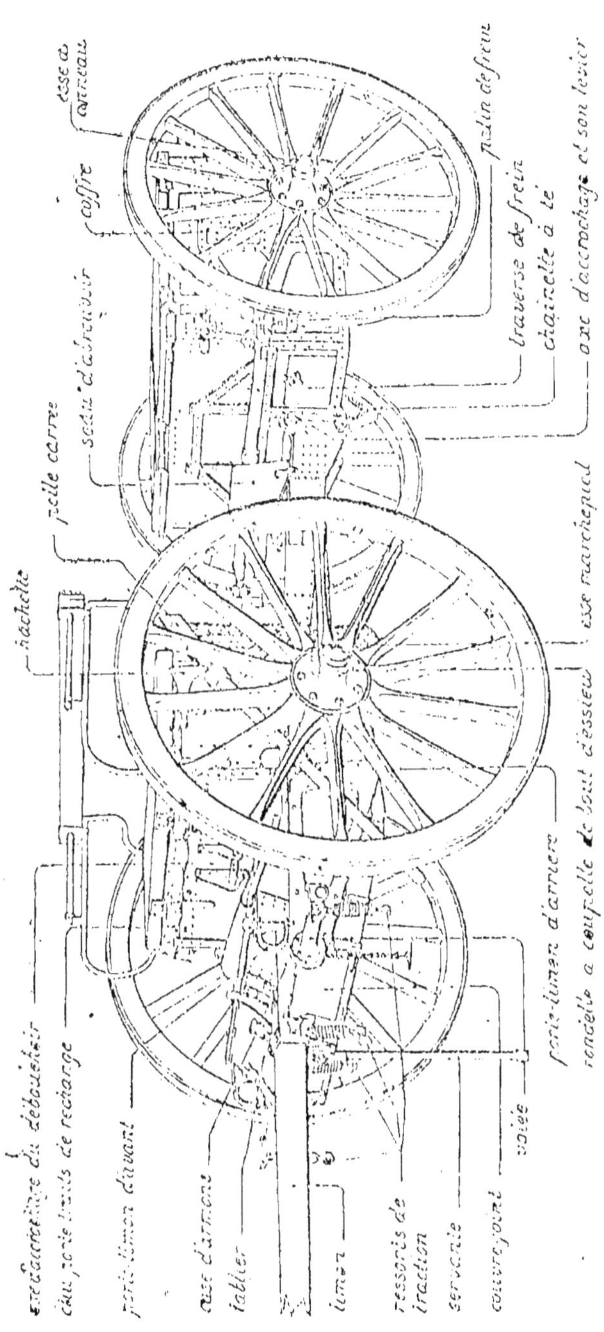

Fig. 30. Caisson de 75, M^{le} 1897 (vue avant).

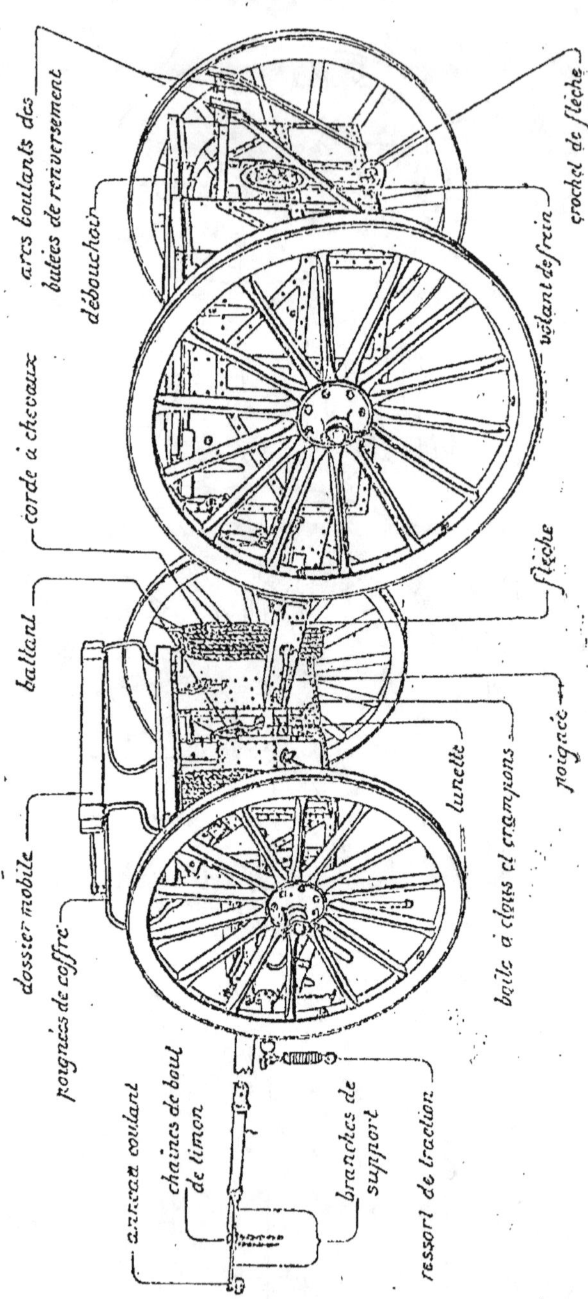

Fig. 31. Caisson de 75, M^{le} 1897 (vue arrière).

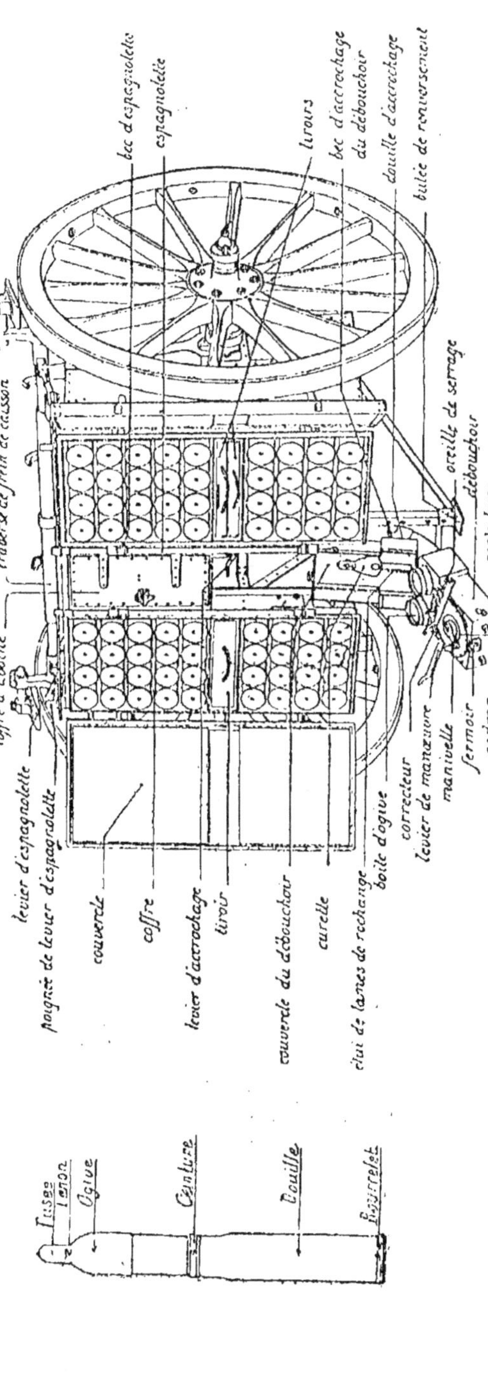

Fig. 32. Caisson en batterie.

Fig. 33. Cartouche de 75.

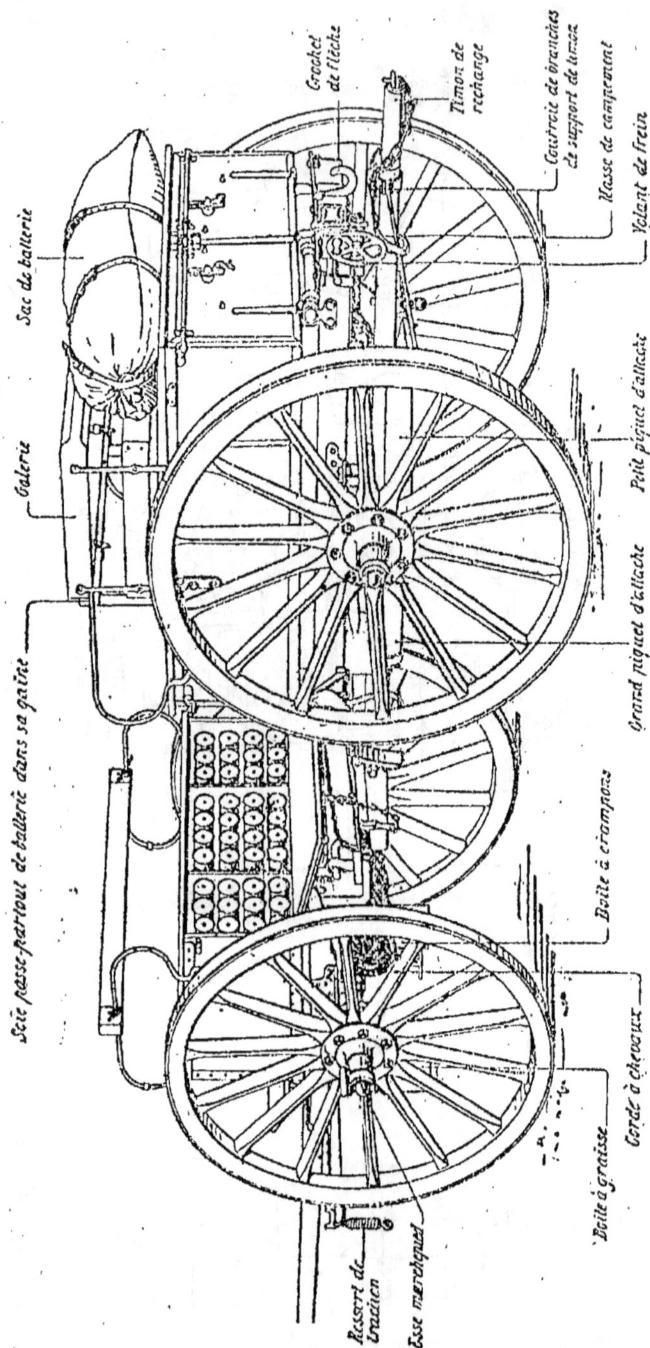

Fig. 34. Caisson de 90 transformé pour munitions du canon de 75.

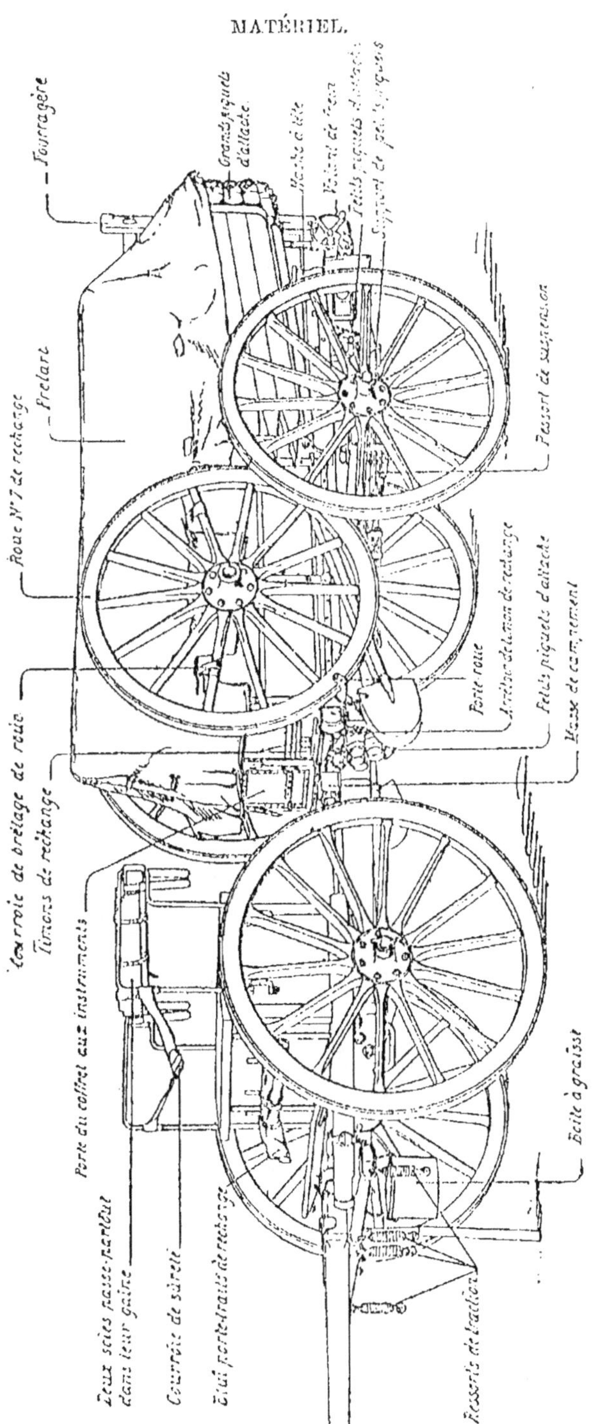

Fig. 35. Chariot de batterie pour matériel de 75.

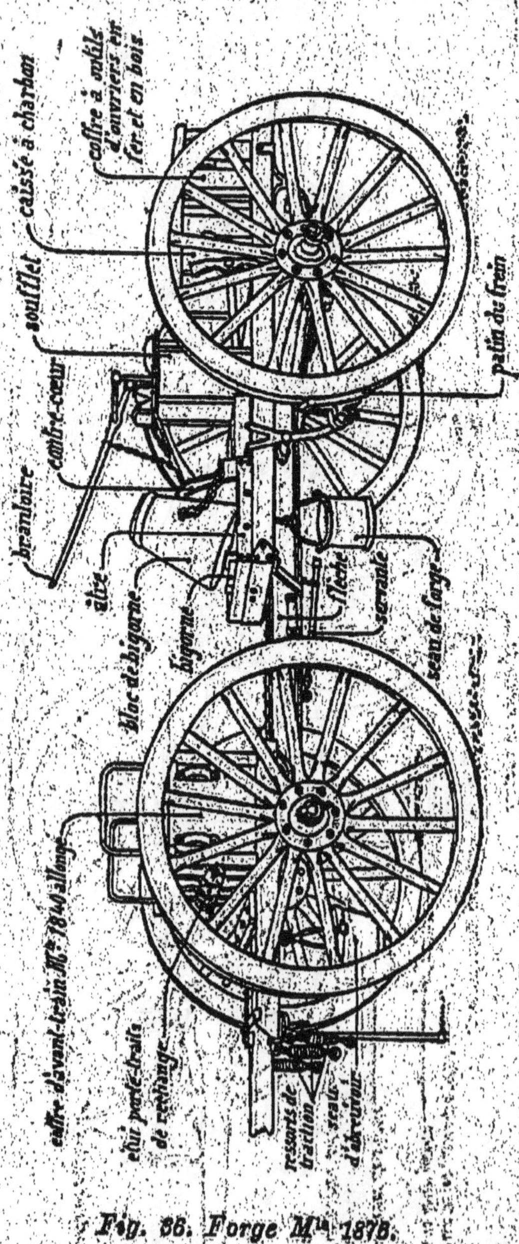

Fig. 86. Forge Mle 1878.

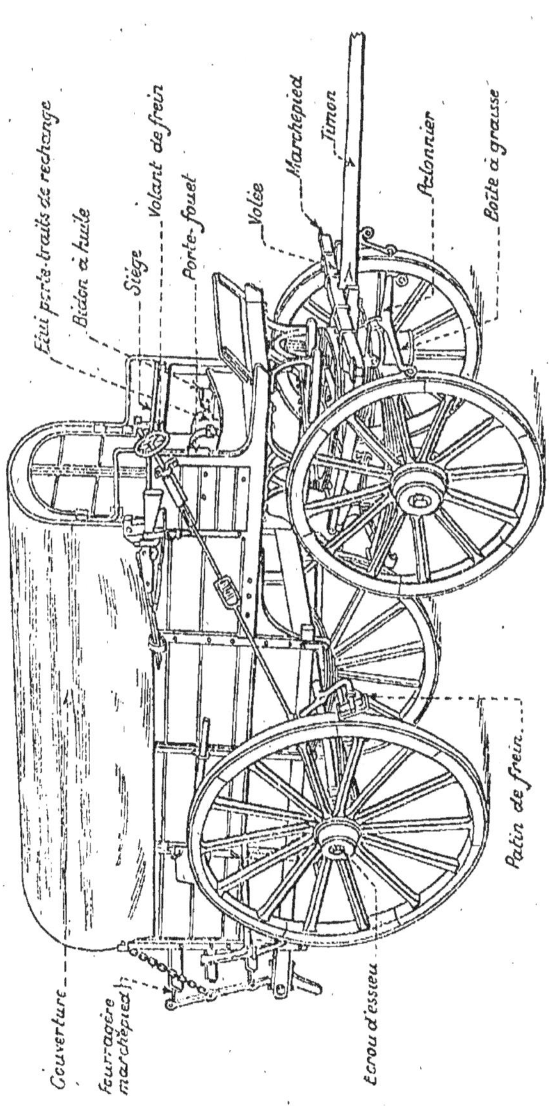

Fig. 37. Fourgon M^{le} 1887.

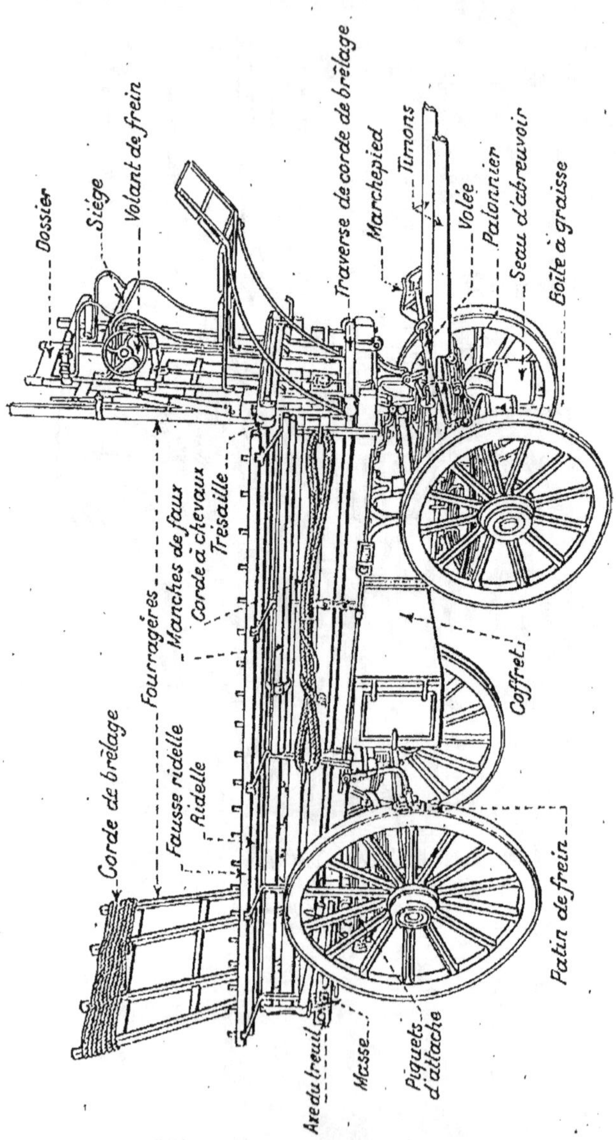

Fig. 38. Chariot-fourragère M^{lo} 1900.

CHAPITRE II.

DÉMONTAGE, REMONTAGE, VISITES
ET ENTRETIEN DU MATÉRIEL.

90. Les capitaines sont autorisés à procéder, à l'aide du personnel dont ils disposent, au remplacement des objets de rechange contenus dans le chargement des voitures, mais à la condition que la mise en place de ces objets ne comporte aucune des opérations suivantes :

Réglage des lignes de mire ;
Ajustage à la lime ;
Travail de forge et rivetage ;
Démontage non autorisé.

Ils peuvent faire exécuter également, par les bourreliers, les menues réparations aux parties en cuir (sacs aux armements, tabliers et couvre-joints de cases d'armons, étuis porte-traits de rechange, couvre-bouche, couvre-culasse, etc.).

ARTICLE Ier.

DÉMONTAGES ET REMONTAGES

91. Les seules parties du matériel, dont le démontage dans les corps de troupe soit autorisé, sont les suivantes :

1° *Mécanisme de culasse :* dévisser la culasse et séparer du canon et de la vis les éléments indiqués aux nos 98 à 103 ;

2° *Organes qui relient le canon au frein :* enlever la clavette et son verrou ; faire reculer le canon dans la glissière ;

3° *Frotteur :* enlever le frotteur complet et son coulisseau ;

4° *Parties accessoires du frein :* bouchon d'avant et bouchon de l'orifice de remplissage ;

5° *Vis de pointage et son tourillon ;*

6° *Demi-bagues des ailes du berceau de pointage ;*

7° *Niveau ;*

8° *Sac aux armements :* séparer le sac aux armements du bouclier ;

9° *Débouchoir :* séparer le débouchoir du caisson.

92. *Il est formellement interdit d'essayer d'autres démontages, ou d'employer, pour les démontages et remontages, d'autres procédés que ceux qui sont prévus dans le présent article.*

Tout incident, auquel on ne pourrait remédier par les moyens réglementaires, entraînera l'intervention de l'équipe de réparation.

Les démontages autorisés suffisent pour assurer l'entretien proprement dit du matériel et pour permettre la mise en place des objets de rechange courants.

1° MÉCANISME DE CULASSE.

93. Le démontage du mécanisme de culasse comprend l'enlèvement de la vis et de l'extracteur et le démontage d'un certain nombre d'organes portés par la vis-culasse.

Vis-culasse.

94. La culasse étant fermée :

Rabattre le loquet :

Soulever la goupille du loquet jusqu'à l'arrêt du mouvement, après l'avoir tournée convenablement.

Faire pivoter le loquet autour de son axe et le rabattre contre le manchon.

Ôter le talon de l'extracteur :

Abattre la poignée de l'axe d'extracteur ; dégager l'axe juste assez pour qu'en appuyant sur le talon, ce dernier tombe de son logement ; retirer le talon. Repousser à fond l'axe d'extracteur et en relever complètement la poignée à sa position ordinaire, sans replacer le loquet ; si elle ne faisait pas assez ressort pour s'y maintenir, la faire reposer sur la chape de fixation du couvre-culasse pour qu'elle ne puisse pas retomber et par suite se fausser lors du démontage ou du remontage de la culasse.

Nota. — Pour replacer la poignée de l'axe de l'extracteur, avoir soin, en la relevant, de pousser l'axe bien à fond dans son logement.

Le talon d'extracteur ne doit jamais être mis en place quand la culasse est dévissée.

Dévisser la culasse :

Se placer face à la culasse, à cheval sur l'affût.
Armer le linguet.
Dévisser la culasse en ayant soin de réarmer le linguet, dès qu'il a été désarmé par son passage sur l'œilleton ; pendant le septième tour, dès que la poignée de culasse est près d'arriver vers le bas, la saisir à pleine main avec la main droite passant sous le manchon et soutenir en même temps la culasse avec la main

gauche engagée dans l'échancrure. Achever ainsi le dévissage.

95. *Remonter la culasse :*

Remettre en place l'extracteur et son axe, ce dernier fixé comme il a été dit pour le démontage.

Se placer dans l'axe du canon, à cheval sur l'affût, la culasse dans les deux mains comme à la fin du dévissage, la poignée sous le manchon; la main gauche soutient la vis et l'appuie contre l'écrou tandis que la main droite la présente bien d'aplomb. Visser complètement la culasse en ayant soin de repousser les branches de l'extracteur pendant l'avant-dernier tour.

Remettre le talon d'extracteur après avoir dégagé l'axe de la quantité nécessaire; replacer cet axe et le fixer au moyen du loquet et de sa goupille. On ne doit avoir aucun effort à faire pour replacer le loquet quand la poignée de l'axe d'extracteur est remontée bien à fond.

Extracteur.

96. La culasse étant enlevée (1) :
Ôter l'axe d'extracteur.
Enlever l'extracteur.

Le remontage se fait dans l'ordre inverse; fixer la poignée de l'axe comme il est dit au n° 94.

Organes portés par la vis-culasse.

97. Il est plus commode, pour les opérations des n°s 98 à 103, de ne pas séparer complètement la vis du canon. Dans chaque démontage ou remontage compris dans un même numéro du texte, on doit se conformer à l'ordre indiqué; mais, sauf les exceptions formulées, chacun de ces démontages est indépendant des autres. Par exemple, on ne devra pas s'astreindre à enlever la crémaillère quand on n'a besoin que de changer de linguet. Quand le démontage aura pour but le nettoyage des différents organes, il sera préférable de l'exécuter dans l'ordre des numéros et le remontage dans l'ordre inverse.

98. Pièce de sûreté et percuteur. — La pièce de sûreté étant à la position de tir :
Maintenir le marteau en arrière en l'accrochant au moyen du tire-feu.
Dévisser la pièce de sûreté en tirant en arrière le bouton d'arrêt.
Extraire le percuteur.

---

(1) Il est formellement interdit d'ôter l'axe d'extracteur quand la culasse n'est pas enlevée.

Le remontage s'opère dans l'ordre inverse ; prendre la pièce de sûreté à pleine main pour visser le premier filet et avoir soin de la ramener à la position de tir avant d'abandonner le marteau.

99. Tire-feu, marteau de percussion et axe de marteau. — La pièce de sûreté et le percuteur étant enlevés :

Décrocher et ôter le tire-feu.

Appuyer sur l'axe du marteau, tout en rabattant le marteau dans l'entaille ménagée à cet effet dans la vis-culasse, de façon à trouver la position pour laquelle l'axe tombe sans difficulté.

Enlever le marteau.

Pour le remontage, placer le secteur denté du marteau dans les dents de la crémaillère, le marteau à l'abattu (un petit tenon porté par la crémaillère empêche de se tromper de dent).

Introduire l'axe du marteau de dessous en dessus, en orientant convenablement son ergot ; on ne doit constater aucune dureté. Ramener le marteau en arrière et le fixer dans cette position au moyen du tire-feu préalablement remis en place.

100. Tige d'appui et ressort de percussion. — Dégager les tenons de la tige d'appui de leurs repos en repoussant celle-ci et en la faisant tourner d'un quart de tour (au moyen d'un tournevis ou d'une pièce de monnaie) ; elle sort alors facilement de son logement ainsi que le ressort de percussion.

Pour le remontage, la crémaillère étant en place, replacer le ressort de percussion et la tige d'appui en faisant décrire à cette dernière un quart de tour pour faire pénétrer ses tenons dans leurs repos.

101. Crémaillère. — Le marteau et sa tige d'appui étant enlevés, la crémaillère se retire et se remet sans précaution spéciale.

102. Linguet et goupille du linguet. — La vis-culasse étant dévissée d'environ trois tours :

Faire tourner la goupille du linguet d'un quart de tour en arrière, en agissant sur la crête quadrillée (au besoin en se servant d'un morceau de bois dur) ; l'enlever en maintenant le linguet pour l'empêcher de tomber.

S'il est nécessaire, faire tomber le linguet en appuyant sur le poussoir de la masselotte.

Pour le remontage, le ressort du linguet étant bien en place :

Tirer à fond le bec de masselotte vers l'arrière.

Introduire le linguet, le bec du contre-linguet le premier, à fond dans son logement. Faire effort avec l'index de la main droite sur le talon du contre-linguet pour comprimer son ressort et avec la main gauche sur le pène du linguet pour l'introduire dans son logement.

Maintenir le linguet avec cette main pendant que l'on replace sa goupille par les opérations inverses de celles qui sont indiquées pour le démontage; la goupille doit entrer sans forcer.

Nota. — On ne doit jamais chercher à séparer du linguet le contre-linguet ni son ressort.

102. Ressort du linguet. — Le linguet étant enlevé :

Retirer le ressort; dans ce but, si la crémaillère n'est pas en place, engager la tige de la goupille du linguet dans le trou de démontage; dans le cas contraire, l'extraire au moyen de cette tige ou d'un morceau de bois dur introduit dans une des deux encoches pratiquées à cet effet dans le logement du linguet.

Pour remettre en place le ressort du linguet, engager le sommet du V du ressort dans son entaille avant d'introduire les branches dans leur logement.

2° ORGANES QUI RELIENT LE CANON AU FREIN.

104. Prescriptions importantes. — *Les opérations qui font l'objet des numéros 105 à 108 ne doivent être exécutées qu'en présence d'un officier.*

On ne doit jamais déclaveter sans que le canon soit complètement rentré en batterie et le frein paré.

Avant de procéder aux opérations des numéros 105 à 108, séparer les deux trains, s'ils ne le sont déjà (1); mettre le canon sensiblement horizontal (2); assurer les sus-bandes, vérifier que les lanières des clavettes sont en place (3); ouvrir la culasse (4).

---

(1) Pour éviter le basculement de l'avant-train pendant le recul du canon.

(2) Si la culasse se trouvait plus basse que la volée, le canon reculerait trop vite dans la glissière; il pourrait en résulter de sérieuses dégradations au coulisseau qui limite son mouvement vers l'arrière, ou même la chute du canon si le coulisseau était mal placé ou manquait; il est interdit aux corps de troupe de déclaveter sans que le coulisseau et le frotteur soient en place.

(3) Pour éviter un basculement possible du frein autour du tourillon de la vis de pointage pendant le recul du canon.

(4) La culasse n'étant pas ouverte, on ne peut déclaveter sans cisailler le tenon du verrou de clavette.

105. Déclaveter. — Après s'être conformé aux prescriptions du numéro 104 :

Faire glisser, en soulevant son ressort, la clavette de la chape de droite à gauche, jusqu'à l'arrêt du mouvement.

En cas de dureté, introduire dans les deux trous correspondants de la clavette et de son ressort, en soulevant ce dernier, un chasse-goupille sur lequel on frappe doucement avec la masse en cuivre. Enlever le chasse-goupille quand la clavette est plus qu'à moitié sortie. Ne jamais se servir pour cela d'un morceau de bois ou de toute matière susceptible de se briser dans le trou et par suite d'immobiliser le ressort.

Achever de retirer la clavette en soulevant son ressort de façon à le dégager du cran formé par la mortaise du manchon ; la laisser pendre à sa lanière.

106. Le canon étant déclaveté, on doit immédiatement le faire reculer (1); dans cette position, ne jamais chercher à fermer la culasse (2).

Pour reclaveter, s'assurer que le verrou de clavette est en place et que la culasse est bien ouverte (3). Frapper au besoin doucement sur la clavette avec la masse en cuivre. Pour la ramener en place, s'assurer que son ressort l'arrête bien; fermer la culasse.

107. Faire reculer le canon sur le frein. — Le canon étant déclaveté :

Faire reculer le canon en faisant effort sur la tranche de la bouche. Ne pas exécuter ce mouvement trop brusquement pour ne pas dégrader le coulisseau du frotteur. Les servants ne doivent pas placer leurs mains entre les galets de la bouche et la glissière.

Pour ramener le canon en batterie :

La clavette étant complètement enlevée, ramener le canon en avant sans brusquerie; si la chape ayant légèrement tourné s'opposait au mouvement, la redresser par quelques coups de la masse en cuivre. Reclaveter aussitôt (4) que le canon est rentré en batterie.

Une dureté du mouvement de la culasse proviendra en général de ce que le canon n'est pas complètement en place.

---

(1) Il serait à craindre qu'en manœuvrant par inadvertance la hausse ou le système de pointage en hauteur, on ne fît reculer violemment le canon, ce qui pourrait entraîner des accidents graves.

(2) On risquerait de fausser la tête du verrou de clavette.

(3) Dans le cas où on aurait démonté le verrou de clavette.

(4) Voir le renvoi (1) ci-dessus.

108. Démonter le verrou de clavette. — La vis-culasse étant enlevée et le canon déclaveté comme il est dit aux numéros 104 et 105 :

Chasser légèrement de bas en haut le verrou de clavette à l'aide d'un chasse-goupille. Dès que la saillie de sa tête dans la culasse le permet, le saisir et le tirer vers le haut en même temps qu'avec un doigt, introduit par la gauche dans le logement de la clavette, on appuie sur le verrou de façon à écraser son ressort.

Le remontage s'opère par les moyens inverses; faire effort avec la main sur la tête du verrou jusqu'à l'arrêt du mouvement, tout en appuyant toujours avec le doigt engagé dans le logement de la clavette comme il a été dit pour le démontage. Avoir soin de remettre en place la culasse en la laissant à la position d'ouverture avant de reclaveter.

Nota. — Ne jamais essayer de séparer le ressort du verrou.

3° FROTTEUR.

109. *Les opérations détaillées aux numéros 109 et 110 ne doivent être effectuées qu'en présence d'un officier.*

Le frotteur et son coulisseau ne doivent être démontés que quand le canon est claveté.

Enlever la goupille du boulon de frotteur sans essayer de la redresser; dévisser le boulon (1); tirer à soi le frotteur en engageant au besoin la lame d'un tournevis en arrière de la monture.

Tirer à soi le coulisseau en se servant au besoin d'un fil de fer ou de cuivre recourbé de dimension convenable engagé dans le trou de démontage.

Nota. — Si cette opération présente des difficultés, laisser le coulisseau en place ; avoir soin seulement de ne replacer le frotteur que si le coulisseau peut être convenablement disposé, comme il est dit n° 110.

Il est formellement interdit de chercher à démonter le frotteur ou le coulisseau en leurs éléments.

110. Le coulisseau se remet en place facilement (2); il est seulement nécessaire d'assurer la concordance des filets de son taraudage avec ceux du taraudage de la jaquette.

---

(1) Au moyen de la clef universelle moyenne et non de la clef 42/24/17.
(2) Dans le remontage du coulisseau, il est essentiel de veiller à ce que celui-ci ne soit pas changé de canon, et que chaque boulon de frotteur reste fixé à son frotteur particulier.

Pour cela, visser le boulon de frotteur de quelques filets, puis le dévisser en ayant soin de ne pas déplacer le coulisseau.

Pour remettre en place le frotteur, relever les frotteurs latéraux qui doivent prendre appui sur les plans inclinés en comprimant leurs ressorts pour éviter qu'ils n'accrochent la tranche antérieure du frein; ne pas engager le frotteur à fond et éviter qu'il ne touche le coulisseau.

La mise en place définitive sera produite par le vissage du boulon de frotteur; pour remettre en prise le premier filet de ce boulon, appuyer, s'il y a lieu, sur la monture de la quantité nécessaire pour mettre le trou de passage du boulon en face du logement taraudé. Prendre les mêmes précautions que dans le démontage pour le boulon et sa goupille; on ne doit pas essayer de cintrer celle-ci davantage. La goupille doit être engagée par le trou du boulon placé le plus haut et du côté gauche du canon.

4° PARTIES ACCESSOIRES DU FREIN.

111. Bouchon d'avant. — Dévisser le bouchon d'avant en appuyant sur l'arrêtoir à ressort pendant le premier tour; se servir au besoin de la clef 42/24/17.

Pour remonter le bouchon, le revisser jusqu'à ce que l'arrêtoir à ressort tombe dans l'encoche ménagée à cet effet dans le bouchon.

112. Bouchon de l'orifice de remplissage. — Dévisser le bouchon au moyen du tournevis coudé.

Le revisser de la même manière, bien à fond, mais sans forcer; s'assurer, auparavant, que les filets du bouchon et de l'orifice sont bien propres et en bon état.

113. OBSERVATION IMPORTANTE. — *Il est absolument interdit de chercher à démonter, sous aucun prétexte, toute autre partie du frein.*

5° VIS DE POINTAGE ET SON TOURILLON.

114. Tourillon de la vis de pointage. — Le berceau étant levé au point de ne plus engrener avec le système de pointage en hauteur (en disposant convenablement la hausse à cet effet, s'il est nécessaire) :

Enlever la goupille, puis le tourillon de la vis de pointage en orientant convenablement son ergot (la béquille du tourillon est alors sensiblement horizontale).

Pour remettre en place le tourillon, placer la tête de la vis entre les oreilles du secteur denté, en maintenant à la main la vis pour l'empêcher de tourner. Faire descendre ou monter la vis au moyen de la manivelle de hausse jusqu'à ce qu'on puisse engager le tourillon en orientant convenablement son ergot. Ouvrir les branches de la goupille aussitôt qu'elle est en place.

115. Vis de pointage. — Le tourillon de la vis de pointage étant enlevé, faire fonctionner la hausse dans le sens « plus près » en maintenant à la main la vis pour l'empêcher de tourner. Bien soutenir la vis à la fin du mouvement pour l'empêcher de tomber.

Le remontage s'opère de la même manière, en ayant soin d'engager le premier filet à la main.

6° DEMI-BAGUES DES AILES DU BERCEAU DE POINTAGE.

116. Le système de pointage en hauteur étant baissé à fond (la hausse convenablement disposée à cet effet, de manière que le frein ne repose pas sur le coussin) ;

Enlever les lanières des clavettes et les clavettes de sus-bandes, ouvrir les sus-bandes. Enlever les demi-bagues des ailes.

Pour le remontage, baisser le système de pointage à fond, s'il n'y est déjà ; avoir soin de replacer les lanières.

7° NIVEAU.

117. Agir avec l'index de la main gauche sur la queue du chien pour dégager le niveau. Saisir celui-ci de la main droite.

Le remontage s'opère dans l'ordre inverse. Il faut avoir soin de présenter le niveau de manière que la charnière du couvre-fiole soit à gauche.

8° SAC AUX ARMEMENTS.

118. Déboucler la courroie comme pour ouvrir le sac, la dégager de la mortaise de droite du bouclier. Appuyer sur le T du verrou à ressort en le tirant à soi de façon à dégager l'œil du verrou du crochet inférieur d'attache. Soulever le sac en le faisant pivoter autour des crochets supérieurs d'attache, de façon à dégager ces crochets des anneaux de suspension.

Pour le remontage, passer la courroie dans la mortaise de gauche du bouclier, avant de fixer le sac au moyen du verrou.

9ᵉ DÉBOUCHOIR.

119. Le caisson étant en batterie (1) :

Pour enlever le débouchoir : le décrocher et l'abattre doucement et bien d'aplomb en le soutenant, jusqu'à ce qu'il se dégage de son axe d'accrochage.

Pour remettre le débouchoir : le saisir avec les deux mains placées de chaque côté sous l'enveloppe, présenter la douille entre les deux épaulements de l'axe d'accrochage, puis relever l'arrière du débouchoir jusqu'à ce que l'axe d'accrochage pénètre librement dans la douille ; continuer le mouvement pour accrocher le débouchoir.

ARTICLE II.

VISITES DU MATÉRIEL.

120. Avant et après chaque séance de tir ou de marche, une **visite sommaire** est passée par le sous-chef mécanicien.

Cette prescription ne dégage nullement la responsabilité du chef de pièce en ce qui concerne la surveillance du matériel dont il est chargé. Il doit en particulier s'assurer pendant les routes que le matériel n'a pas subi de dégradation susceptible de compromettre son fonctionnement.

Tous les sous-officiers doivent être exercés à passer la visite sommaire.

121. La **visite détaillée** est passée chaque semaine par un officier de batterie, en même temps que s'exécute le **nettoyage hebdomadaire** décrit aux numéros 183 à 198.

122. Les visites du matériel peuvent donner lieu à la constatation de dégradations ou défauts de fonctionnement de natures diverses ; on prendra, suivant le cas, les mesures suivantes :

1º *Défauts de fonctionnement dus à un mauvais entretien :*

On procède de suite au nettoyage des organes mal entretenus en se conformant aux prescriptions contenues dans l'article 4 du présent règlement ;

---

(1) L'enlèvement du débouchoir, le caisson n'étant pas en batterie, doit être proscrit, pour éviter une fausse manœuvre qui dégraderait la douille.

2° Dégradation donnant lieu à des défauts de fonctionnement ou paraissant susceptibles d'en provoquer à bref délai :

Si l'objet dégradé existe dans les rechanges de la batterie, on procède à son remplacement ; sinon, la voiture sera envoyée à l'équipe de réparation.

3° Dégradations ne pouvant donner lieu à des défauts de fonctionnement :

Il sera pris note des dégradations constatées, qui devront être signalées par le sous-chef mécanicien au chef d'équipe de réparation lors de la réintégration du matériel.

VISITE SOMMAIRE.

I. — Canon.

123. Ouvrir et fermer plusieurs fois la culasse, s'assurer du fonctionnement régulier du linguet et de la masselotte, s'assurer que le tire-feu est en bon état, que le percuteur n'est pas brisé et qu'il est libre dans son logement, que la pièce de sûreté se met et s'arrête facilement aux positions de tir et de route. Constater que l'extracteur est bien en place et qu'il est muni de son talon.

124. S'assurer que la clavette de chape et le bouchon de l'orifice de remplissage sont en place et maintenus par leur lanière.

125. Faire fonctionner d'un bout à l'autre le mécanisme de hausse, pour vérifier qu'il ne présente pas de dureté.

126. Décrocher, puis remettre en place le frein de roues, s'assurer que cette manœuvre s'exécute sans difficulté et que le crochet du coulisseau obéit à son levier et à son ressort.

127. Vérifier que les clavettes de sus-bandes sont en place et arrêtées par leur lanière, qu'il en est de même des esses de roue et de leur lanière.

128. S'assurer que le sac aux armements est convenablement fixé au bouclier et qu'il contient les objets dont il doit être garni. Vérifier que les clavettes de bouclier sont en place et munies de lanières.

129. Voir si la manivelle de frein de roues est maintenue par sa goupille et si le mouvement de commande fonctionne régulièrement ; s'assurer de la présence des clavettes de fourche du frein de roues et des goupilles qui les maintiennent.

130. S'assurer, pour chacun des appareils de pointage, que la mise en place et l'enlèvement ne présentent pas de difficulté, que la colonne fonctionne librement dans son pied et obéit à son ressort. Vérifier que le tambour des dérives tourne très librement. Reconnaître que la fiole du niveau (et celle du niveau de rechange) n'est pas brisée.

131. Faire fonctionner les systèmes de pointage en direction et en hauteur pour s'assurer qu'ils ne présentent aucune dureté, vérifier que le verrou d'arrêt du volant de pointage en hauteur fonctionne.

II. — Avant-train.

132. S'assurer que le timon est bien fixé, que la chevillette du têtard et la clavette du bout de timon sont munies de lanières, que les branches de support ont leurs anneaux coulants.

133. Reconnaître que le battant du crochet cheville-ouvrière fonctionne librement et obéit à son ressort.

134. Si on en a le temps, ouvrir et fermer le coffre pour vérifier le fonctionnement de l'espagnolette et des charnières.

S'assurer, dans tous les cas, que le coffre est bien fermé.

III. — Arrière-train de caisson.

135. S'assurer que le frein fonctionne régulièrement.

136. Si on en a le temps, renverser le caisson ; s'assurer que la flèche se rabat et se relève facilement et que l'axe d'accrochage est libre dans ses supports ; vérifier que les trous d'eau du coffre à avoine ne sont pas bouchés ; ouvrir et fermer les coffres, pour vérifier le fonctionnement des espagnolettes, des verrous et des charnières ; reconnaître si les tiroirs coulissent librement.

Vérifier que le débouchoir se décroche, se rabat et se relève facilement, et qu'il est bien maintenu par le levier d'accrochage.

Faire tourner le cadran de 0 à 5.500 mètres et inversement ; faire fonctionner le correcteur et son écrou de serrage, les leviers et les porte-lame ; s'assurer que ces derniers coulissent librement et sont pourvus d'une lame en bon état ; reconnaître que la curette et les lames de rechange sont en place.

Dans tous les cas, s'assurer que les coffres sont bien fermés.

VISITE DÉTAILLÉE.

I. — Canon.

137. Vérifier d'abord le fonctionnement général de la culasse et des organes de mise de feu, comme à la visite sommaire, puis démonter la culasse, l'extracteur et son axe (nos 94 et 96), les organes de la culasse (nos 98 à 103) et le verrou de clavette (n° 108). Examiner avec soin chacun des organes démontés.

138. Vérifier également l'écrou de culasse, la gâche du linguet, l'état d'entretien de la chambre et de l'âme du canon (1), puis remonter tous les organes.

Nota. — Le ressort de percussion doit être assez fort et assez long pour maintenir le marteau appuyé sur la rampe de la pièce de sûreté, quelle que soit l'inclinaison du canon.

139. Déclaveter (n° 105) et faire reculer le canon jusqu'à l'arrêt du mouvement (2) pour vérifier l'état de la glissière, et en particulier des chemins de roulement et des plans inclinés. Ces surfaces doivent être toujours en parfait état d'entretien.

Examiner l'état d'entretien et le fonctionnement de la clavette de chape.

Ramener le canon en batterie et replacer la clavette.

140. Faire fonctionner le mécanisme de hausse indépendante, et, si l'on constate une dureté exagérée, vérifier si elle est due à un mauvais entretien des organes ou à des dégradations nécessitant l'intervention de l'équipe de réparation.

141. S'assurer, après avoir enlevé le tourillon de la vis de pointage (n° 114), que le frein tourillonne

____

(1) La visite ayant pour but de constater les dégradations produites par le tir est passée, conformément à l'Instruction sur la visite des bouches à feu, par l'officier spécialement désigné pour ce service.

(2) Pour cette opération, séparer les deux trains, mettre le canon sensiblement horizontal, assurer les sus-bandes et ouvrir la culasse. L'oubli de ces prescriptions pourrait être la cause de graves accidents.

librement, que la vis de secteur est serrée à fond et que sa queue est faussée pour empêcher qu'elle ne se dévisse ; s'assurer que la goupille du plateau fixe est en place.

142. Vérifier que la lunette de crosse tourne librement.

143. Examiner le frein de roues, vérifier son fonctionnement en faisant un abatage. S'assurer que lorsque le frein est à la position de tir, on peut déplacer facilement la crosse à droite et à gauche jusqu'à ce que les extrémités du levier pivotant viennent porter contre leur butée. Abattre le frein de roues et s'assurer que son accrochage s'effectue facilement.

144. Vérifier si les leviers d'accrochage sont fixés sur l'arbre intérieur par une goupille, et si le petit bout de celle-ci est faussé.

Vérifier si les écrous de serrage qui maintiennent les leviers supports de siège sur l'arbre extérieur sont bien serrés et arrêtés par une goupille fendue dont les branches sont ouvertes.

145. Vérifier le fonctionnement de la pompe en parant le frein (n° 201) après avoir vidé la réserve (n° 205). A partir du moment où la jauge se met en mouvement, il doit suffire, pour parer le frein, de quarante coups de pompe donnés à la cadence d'un coup par seconde, et avec toute la course permise par le mouvement du levier.

Vérifier que le levier peut être arrêté et dégagé facilement et que le bouchon de l'ajutage du remplissage du réservoir est en place et maintenu par sa chaînette, que le bouchon du purgeur est serré à fond et qu'on peut le dévisser avec la clef de cadenas modèle 1859, que le couvre-raccord est en place, maintenu par sa goupille, et que celle-ci est ouverte.

Vérifier que la broche du réservoir de pompe est maintenue par sa goupille et que les écrous des trois boulons qui fixent le réservoir sous l'affût sont serrés à fond et goupillés.

Vérifier que l'écrou du raccord inférieur du tuyau de pompe avec la pompe est bien serré, et qu'il ne se présente pas de fuite à ce raccord lorsque l'on pompe.

146. Vérifier que le sac aux armements n'est ni déchiré, ni décousu, et qu'il est bien maintenu par le verrou à ressort, qu'il contient tous les objets dont il doit être garni et que le guide des armements est bien recouvert de sa garniture en cuir. S'assurer que le niveau de rechange est enveloppé dans un chiffon; examiner son état d'entretien.

Examiner l'état d'entretien des appareils de pointage, s'assurer que la colonne de chacun d'eux fonctionne librement dans son pied.

117. Vérifier que la commande de frein de roues fonctionne régulièrement et sans dureté.

118. Vérifier que les parties visibles de l'essieu sont en bon état d'entretien, que les manchons à coupelle sont munis d'un nombre suffisant de garnitures en cuir, et que les gorges de ces manchons ne sont ni oxydées ni couvertes de graisse.

119. Vérifier que les boucliers sont bien fixés par leurs clavettes, que l'arc-boutant de bouclier de gauche n'est pas faussé et que son anneau inférieur est bien fermé.

Vérifier que le bouclier de l'appareil de repérage est solidement fixé, qu'il n'est pas au contact de la partie antérieure du support, qu'il n'empêche pas de mettre en place ou d'enlever l'appareil de pointage et qu'il ne s'oppose pas à la rotation complète de celui-ci.

150. Lever les sus-bandes pour vérifier que les trous graisseurs et les trous des demi-bagues ne présentent pas trace d'oxydation, tant à l'intérieur qu'à l'extérieur (n° 116), et qu'il en est de même des tourillons de frein.

151. S'assurer que le bouchon d'avant du frein s'enlève et se met en place facilement (n° 111) et qu'il est bien arrêté par son arrêtoir. Vérifier que la rondelle de laiton qui maintient le frotteur de la tige du frein est en place et qu'elle n'est pas ébranlée. Nettoyer, s'il y a lieu, avec un chiffon la partie vide entre le bouchon avant et le bout de la tige de frein.

152. Vérifier l'état du frotteur et de son coulisseau, les démonter (n° 109) pour voir si la monture n'est pas déformée ou fendue; examiner le fonctionnement des frotteurs de plan incliné et l'état des différents feutres; s'assurer que le boulon de frotteur est muni d'une goupille et que celle-ci force légèrement dans son logement.

Pour remonter le frotteur et le coulisseau, se conformer strictement aux prescriptions du n° 110.

153. Voir si le refouloir et l'écouvillon sont en bon état, s'assurer qu'ils peuvent être enlevés, remis en place et assemblés facilement et qu'ils sont bien maintenus par la chaînette arrêtoir.

154. Faire fonctionner les systèmes de pointage en direction et en hauteur dans toute leur amplitude pour s'assurer qu'ils ne présentent aucune dureté; vérifier que les volants ne sont pas faussés, que la poignée de pointage en direction tourne librement autour de la soie. S'assurer que les parties visibles de l'essieu sont en bon état d'entretien.

155. La hausse étant disposée pour la distance 5.500, faire remonter la culasse le plus possible au moyen du volant de pointage en hauteur, de manière à désengrener le secteur denté de berceau de pointage. Faire osciller l'ensemble : berceau, frein, canon, pour s'assurer que le tourillonnement est libre. Quand les organes sont bien entretenus, la prépondérance de culasse doit suffire pour que celle-ci descende d'elle-même lorsque le canon est dans une position voisine de l'horizontale.

156. Vérifier si tous les organes de support de pointage sont bien nettoyés, si les parties frottantes sont huilées, si le maniement du tambour des dérives ne présente pas de dureté, et si le frein du tambour des dérives fonctionne bien.

Appuyer avec un morceau de bois sur l'arrêtoir de pied de colonne et sur le bonhomme de calage en direction pour s'assurer qu'ils obéissent à leur ressort.

157. Passer une inspection d'ensemble des boulons et rivets de l'affût pour s'assurer qu'il n'en manque aucun, ou qu'il ne s'en trouve pas d'ébranlés.

Vérifier qu'il existe des lanières :

A la clavette de chape ;

Au bouchon de l'orifice de remplissage du frein ;

Aux clavettes des boucliers ;

Aux clavettes de sus-bandes ;

Au bouchon d'avant du frein ;

Aux esses des fusées d'essieu.

S'assurer que les roues sont en bon état.

II. — Avant-train.

158. Faire les vérifications prescrites au n° 148 pour l'essieu d'affût.

159. Examiner les ferrures extérieures : volée, servante ; ferrures de transport de la boîte à graisse, des outils, des cordes à chevaux et du timon de rechange.

Voir si les garnitures des anneaux porte-timons sont en place.

160. Ouvrir et fermer le coffre pour se rendre compte du bon fonctionnement de l'espagnolette, du verrou et du tourniquet, examiner le jeu des charnières et de la coulisse du couvercle, s'assurer que celle-ci n'est pas faussée et que sa chape-support n'est pas ébranlée par le couvercle.

Ouvrir et fermer la boîte à clous et crampons, s'assurer que le coffret mobile peut facilement en être retiré.

Vérifier l'état du couvercle ; s'assurer que les poignées de coffre et les supports de dossier mobile ne sont ni brisés ni faussés et que les lanières fixant le dossier mobile aux poignées de coffre sont en place et bien attachées ; s'assurer que les casiers aux accessoires et aux vivres sont en bon état, que les armements sont au complet et que chacun d'eux peut être enlevé et remis en place facilement.

Reconnaître, sans démonter les plaques à collerettes, que les fonds de coffre sont à leur place et ne sont pas brisés, que les plaques à collerettes sont en bon état et bien fixées par leurs boulons serrés à fond et goupillés.

161. Vérifier que les cases d'armons ne sont pas dégradées, que les trous de vidange sont débouchés, que les tabliers et couvre-joints sont en bon état, et que les tabliers sont munis de leurs pattes et de leurs olives.

162. Enlever, puis remettre en place le timon et le démonter en ses deux parties pour s'assurer que ces manœuvres ne présentent pas de difficulté.

Exécuter de même le montage et la mise en place du timon de rechange.

S'assurer en particulier que l'intérieur du bout de timon, la douille de la partie arrière du timon de rechange et la clavette de bout de timon sont graissés. Visiter les branches de support et s'assurer que les écrous des boulons de serrage des demi-colliers sont bien serrés.

Enlever l'étui porte-traits de rechange, en retirer les traits, vérifier le bon état de l'étui, des traits et des courroies-supports de l'étui.

163. S'assurer que les galeries porte-sacs sont en bon état, notamment que les parties en bois ne sont pas brisées et que toutes les brides et courroies de brêlage sont en place et bien fixées, ainsi que les boucleteaux.

Vérifier que les fourches ne sont pas usées, que ni les tringles ni les crochets-supports ne sont faussés (et, dans les batteries à cheval, que la bâche est en bon état).

III. — Arrière-train de caisson.

164. Faire les mêmes vérifications que pour l'avant-train, en ce qui concerne l'essieu, les roues, les fonds de coffre, les plaques à collerettes, les couvercles, leurs charnières et leurs ferrures de fermeture.

S'assurer que les tiroirs sont en bon état et coulissent

librement, qu'ils sont munis de leurs poignées, et contiennent tous les objets dont ils doivent être garnis ; vérifier que les pièces de rechange ne sont pas dégradées. S'assurer que les gaines de tiroir sont bien maintenues par leur agrafe.

165. Vérifier que les butées de renversement ne sont pas faussées. Voir si les casiers à bidons sont en bon état et bien fixés, si les bidons contiennent de l'huile et du pétrole, s'ils sont étanches et si leur courroie n'est pas coupée.

166. Rabattre et relever la flèche pour s'assurer que la manœuvre ne présente pas de difficulté ; faire jouer également l'axe d'accrochage et s'assurer que la chaînette à T est bien fixée. Faire tourner la lunette de chevillette-ouvrière pour voir si elle est libre ; vérifier que le seau d'affût est bien maintenu par ses crochets-supports et que l'anse est arrêtée par le battant du crochet d'avant.

IV. — Débouchoir.

167. Faire les vérifications indiquées à la visite sommaire et, en outre, s'assurer que la ferrure d'accrochage est bien fixée à l'enveloppe, qu'elle n'est pas faussée et que sa douille n'est ni dégradée ni ouverte à l'excès. Vérifier que l'appareil peut être séparé du caisson et remis en place facilement (n° 119) ; s'assurer que le levier d'accrochage n'est pas faussé et qu'il fonctionne bien.

ARTICLE III.

VERIFICATION DES LIGNES DE MIRE.

168. La vérification des lignes de mire a une très grande importance, puisque la justesse du canon dépend précisément du bon réglage de ces lignes.

Un montage défectueux, une avarie accidentelle et surtout le manque d'entretien peuvent compromettre ce réglage et amener non seulement les canons d'une batterie à ne plus être comparables entre eux, mais encore un canon à ne plus être comparable à lui-même, suivant les conditions dans lesquelles s'est effectué le pointage.

Il importe donc de s'assurer fréquemment que le réglage des lignes de mire s'est conservé ; cette vérification ne présente aucune difficulté, mais doit être exécutée avec beaucoup de soin et d'exactitude.

169. La vérification des lignes de mire est faite en principe une fois par mois. Toutefois, lorsque le matériel est employé à des tirs réels, cette visite doit être passée plus fréquemment et, en particulier, chaque fois que les observations faites au tir peuvent faire soupçonner un déréglage.

170. Par construction, l'axe du canon et la ligne de mire fixe définie par l'œilleton et le guidon sont deux lignes parallèles entre elles et au plan des facettes du niveau de pointage.

La vérification des lignes de mire consiste à s'assurer :

1° Que l'axe optique du collimateur est parallèle à la ligne de mire fixe lorsque la hausse et le plateau sont à zéro et le tambour à la division 100 ;

2° Que le niveau de pointage donne bien exactement l'angle formé par l'axe de la bouche à feu avec l'horizontale, toutes les fois que la hausse est à zéro (1).

Les opérations qui permettent de faire cette vérification sont détaillées plus loin (nᵒˢ 174 à 179). Mais il est nécessaire de s'assurer au préalable que la pièce peut être considérée comme toujours comparable à elle-même; dans ce but, on commence par vérifier le tourillonnement.

Vérification du tourillonnement.

171. Cette opération consiste à s'assurer que, par suite du défaut d'entretien, il n'existe pas de dureté de tourillonnement. S'il en existe, le berceau peut se déformer légèrement et le support de pointage ne suit plus le mouvement du canon qu'avec un certain retard.

172. La hausse étant voisine de 1.000 mètres et le niveau de 0 (2), amener la bulle du niveau entre ses repères en manœuvrant lentement le volant de pointage en hauteur dans le sens qui fait monter la culasse et en ayant soin de ne pas dépasser la position, pour n'avoir pas à baisser la culasse (dans le cas où, par mégarde, on aurait dépassé la position, il faut baisser franchement la culasse et recommencer l'opération).

Repérer au moyen du niveau modèle 1888 placé sur les facettes (soit par exemple 1° 22' l'angle lu).

____

(1) Le niveau n'étant pas gradué suivant la même unité que le niveau modèle 1888, cette vérification se fait toujours pour l'angle de site 0.

(2) Ces conditions ne sont nullement indispensables; la hausse et le niveau peuvent être à une division quelconque, pourvu que ces divisions ne soient pas changées pendant la durée de l'opération, mais les conditions indiquées rendent celle-ci plus commode.

Laissant le niveau en place sur les facettes, donner deux ou trois tours de volant, de façon à continuer de faire monter la culasse, puis là faire descendre lentement, pour amener la bulle du niveau entre ses repères, sans dépasser la position.

Repérer la nouvelle inclinaison (soit 1° 24' l'angle lu).

La différence des angles lus sur le niveau modèle 1888 donne une idée de la valeur du tourillonnement.

Le tourillonnement est bon si cette différence est inférieure ou égale à 4' (1).

173. Si cette condition n'est pas remplie, il faut immédiatement procéder à la vérification des sus-bandes et des demi-bagues (n° 150), et tenter de remédier au défaut de tourillonnement comme il est prescrit au n° 189.

Si l'on ne parvient pas à obtenir une différence au plus égale à 4', le canon doit être envoyé à l'équipe de réparation et il est inutile de pousser plus loin la vérification.

Vérification des appareils de pointage (2).

174. A) *Hauteur*. — Placer la hausse à 0, en mettant avec soin en regard de son trait de repère la division 0 du tambour de hausse.

Pointer avec la ligne de mire fixe sur un but bien net suffisamment éloigné (à 1.000 mètres au moins).

Repérer l'inclinaison du canon au moyen du niveau modèle 1888 placé sur les facettes.

Mettre en place un appareil de pointage et pointer en hauteur sur le même but, une fois en montant, une seconde fois en descendant la culasse.

Repérer chaque fois l'inclinaison du canon au moyen du niveau modèle 1888.

Exécuter les mêmes opérations en employant le second appareil de pointage de la pièce.

Si les lignes de mire sont bien réglées, le canon bien entretenu et les appareils en bon état, tous les angles lus doivent être sensiblement égaux au premier (3).

S'il y a une différence, elle ne doit jamais dépasser 4'.

175. B) *Direction*. — Pointer en direction au moyen de la ligne de mire fixe, sur un but bien net, suffisamment éloigné.

---

(1) Il est bon de répéter une fois ou deux l'opération autant pour éviter les erreurs de lecture qu'à titre de vérification.

(2) Pour cette opération comme pour les suivantes, il faut choisir comme emplacement du canon un terrain aussi horizontal que possible. Placer au besoin des cales sous une roue.

(3) Dans les lectures faites sur le niveau modèle 1888, des résultats qui diffèrent de moins d'une minute sont considérés comme égaux.

Repérer en direction sur ce point avec le collimateur (le trait de repère de l'appareil de pointage étant à la division 0 du plateau), en ayant soin de ne faire tourner le tambour que dans le sens de l'augmentation des dérives; lire la division indiquée par le tambour. Recommencer le repérage en tournant le tambour dans le sens de la diminution des dérives, lire la nouvelle division (1).

La différence entre les deux divisions indiquées doit être inférieure ou au plus égale à 4 millièmes, et ces divisions doivent être comprises entre 97 et 103.

Vérification des niveaux.

176. Cette opération est la seule qui nécessite l'emploi d'un niveau modèle 1888 exact ; il y a lieu de procéder au préalable à la vérification par retournement du niveau que l'on doit employer (n° 233).

La hausse étant disposée pour la distance 0, comme il a été dit plus haut, mettre très exactement le niveau à zéro. Amener la bulle entre ses repères une fois en montant, une seconde fois en baissant la culasse au moyen du volant de pointage en hauteur. Repérer chaque fois la position du canon en prenant l'angle avec le niveau modèle 1888 reconnu exact que l'on place sur les facettes.

Exécuter les mêmes opérations après avoir remplacé le niveau de la pièce par le niveau de rechange.

Si le canon est dans les conditions normales et si les niveaux sont bons, tous les angles lus doivent être voisins de 0°.

En aucun cas, l'un de ces angles ne doit être supérieur à 4' en valeur absolue (2).

177. Tout appareil de pointage ou tout niveau qui n'a pu satisfaire aux conditions énoncées ci-dessus doit être considéré comme impropre au tir et envoyé à l'équipe de réparation.

178. Tout canon qui ne possède pas au moins un appareil de pointage et un niveau satisfaisant aux conditions doit être considéré comme déréglé et envoyé à l'équipe de réparation.

Toutefois, lorsqu'il est impossible de remplacer ou de faire régler immédiatement un canon, on peut l'utiliser provisoirement pour le tir, en employant le procédé ci-dessous.

179. Mettre à la même distance les hausses du

---

(1) Dans le premier cas, partir du tambour 0 et dans le deuxième cas du tambour 200.

(2) Il est évident qu'on ne doit considérer un résultat comme exact que s'il a été obtenu plusieurs fois de suite dans les mêmes conditions.

canon considéré et d'un canon voisin bien réglé; donner le même angle à ces deux canons avec le niveau modèle 1888, et en agissant seulement sur les volants de pointage en hauteur; comparer les indications données par les niveaux d'affût dont on amène préalablement les bulles entre leurs repères en agissant seulement sur les vis de commande; et pendant tout le cours du tir, maintenir entre les angles des deux canons, avec son signe, la différence initiale ainsi déterminée.

ARTICLE IV.

ENTRETIEN DU MATÉRIEL.

PRESCRIPTIONS GÉNÉRALES.

180. L'entretien du matériel ne nécessite pas l'emploi d'ouvriers spéciaux particulièrement dressés pour ce service; tout servant qui sait exécuter les démontages décrits dans le présent règlement est capable d'entretenir le matériel en bon état. Les maîtres-pointeurs paraissent plus particulièrement désignés pour exécuter, au besoin même pour diriger les opérations concernant l'entretien du matériel. Une surveillance continue est, d'ailleurs, le plus sûr garant de la conservation du matériel; elle permet de remédier immédiatement aux défectuosités qui ont pour cause la poussière, l'humidité, les trépidations, etc.; et ces défauts ne prennent jamais le caractère de gravité qui les aurait rendus dangereux s'ils n'avaient pas été aperçus à temps.

181. L'entretien du matériel est exécuté à l'aide des ingrédients portés par les voitures : graisse consistante, huile oléonaphte et pétrole, à l'exclusion de tous autres, tels que : brique pilée, poudre d'émeri, etc., qui sont absolument interdits.

Le pétrole est employé pour dissoudre le cambouis ou les crasses adhérentes, mais il présente l'inconvénient de déterminer l'oxydation rapide des pièces en acier lorsqu'on ne prend pas la précaution de les essuyer soigneusement après lavage.

L'emploi de cet ingrédient est donc limité au nettoyage des surfaces directement accessibles au frottement et pouvant être parfaitement essuyées avec un linge sec.

Exemples : Surfaces intérieures des demi-bagues et des sus-bandes, intérieur de la douille de pied de colonne, glissière, etc.

On peut aussi l'employer exceptionnellement pour

le lavage du débouchoir, dont le mécanisme intérieur ne comprend que des pièces en métaux inoxydables.

Il ne sera pas injecté de pétrole dans les trous graisseurs.

La graisse consistante contenue dans les boîtes à graisse doit être consommée pour le service courant et renouvelée au fur et à mesure, sinon elle se dessèche à la longue et perd ses qualités.

L'astiquage de quelque partie que ce soit du matériel est formellement interdit.

ENTRETIEN JOURNALIER DU MATÉRIEL EN SERVICE DANS LES CORPS DE TROUPE.

182. Il est essentiel que le matériel en service dans les batteries et dans les parcs régimentaires soit entretenu *tous les jours* conformément aux prescriptions du présent règlement. Les chefs de corps doivent tenir rigoureusement la main à ce que ce service soit régulièrement organisé par les capitaines commandants et les directeurs du parc. Les opérations à exécuter sont d'ailleurs des plus simples, et un ou deux hommes par batterie, employés pendant une demi-heure, y suffisent largement.

L'entretien journalier comporte :

Le nettoyage des parties extérieures du support de pointage et de la douille de pied de colonne;

Le graissage à l'huile de ce support (n° 190) ;

Le nettoyage du pied de colonne des appareils de pointage;

Le graissage à l'huile des trous n⁰ˢ 2, 7 et 8 de l'affût (n° 194) ;

Le nettoyage et le graissage des parties extérieures de l'essieu d'affût (n° 187).

Ces opérations sont à exécuter en première urgence.

Ce n'est que lorsqu'elles sont terminées que l'on procède au nettoyage ou lavage des parties peintes du matériel.

NETTOYAGE ET GRAISSAGE COMPLET DES ORGANES DU MATÉRIEL.

183. Cette opération a lieu une fois par semaine sous la direction de l'officier chargé de la visite détaillée.

En outre, après chaque journée de tir, il est nécessaire de nettoyer le canon (n° 184), la culasse (n° 185) et la glissière (n° 186).

Enfin, les roues sont graissées périodiquement à des intervalles de temps dont la durée varie en raison des circonstances. Lorsque le matériel roule, cette durée, fixée par le capitaine commandant, est, au maximum, de cinq jours. Il y a lieu, après chaque graissage, d'examiner l'état des garnitures en cuir des manchons et des rondelles à coupelle.

Les organes du matériel sont nettoyés et graissés conformément aux prescriptions ci-après.

184. Corps du canon. — La culasse, l'extracteur et son axe étant enlevés, laver à grande eau l'âme et la chambre du canon en se servant de l'écouvillon et jusqu'à ce que l'eau sorte propre; essuyer et sécher, puis graisser à la graisse consistante au moyen du manchon graisseur. Huiler les couvre-galets et les galets de la bouche, s'il est nécessaire.

185. Culasse. — Démonter la culasse et tous les organes qu'elle porte (n°s 93 à 103), à l'exception de la masselotte et de son bec. Nettoyer et graisser légèrement les filets de l'écrou et de la vis; passer à la pièce grasse le percuteur, la pièce de sûreté, les organes de mise de feu, l'extracteur, son talon, son axe et le linguet; remonter toutes les pièces de la culasse et mettre une goutte d'huile à la goupille du linguet. Lorsque la culasse est remise en place, passer la pièce grasse sur toutes les parties extérieures et sur la tranche-arrière du manchon. Toutes ces parties doivent être légèrement graissées, mais non recouvertes d'une épaisse couche de graisse.

186. Glissière. — Pour nettoyer la glissière (1), déclaveter (n° 105), et faire reculer le canon sur la glissière, jusqu'à la butée (n° 107). Nettoyer complètement la glissière, en particulier les plans inclinés et les chemins de roulement, en enlevant toute l'ancienne graisse et en employant, si c'est nécessaire, un chiffon imbibé de pétrole; puis graisser avec la brosse ou avec la main dans les parties moins accessibles. Ramener le canon en batterie et remettre aussitôt la clavette après l'avoir légèrement graissée. On profite de l'opération qui précède pour nettoyer, puis graisser les galets postérieurs de la jaquette et vérifier qu'ils tournent librement.

---

(1) Pour cette opération, séparer les deux trains, mettre le canon sensiblement horizontal, assurer les sus-bandes et ouvrir la culasse. L'oubli de ces prescriptions pourrait être la cause de graves accidents.

187. Essieu. — Nettoyer et graisser légèrement les parties visibles de l'essieu en plaçant successivement l'affût aux deux extrémités de sa course.

188. Frein de roues. — Nettoyer les gorges des manchons à coupelle et les fourches des montants du frein de roues. Ces gorges ne doivent être graissées que lorsque le matériel est au repos; mais les surfaces doivent être entretenues de façon à prévenir l'oxydation. Mettre une goutte d'huile à l'endroit où la fourche pénètre dans l'about du montant. Nettoyer et graisser légèrement la tringle-coulisse, le coulisseau et son crochet. Faire couler quelques gouttes d'huile à l'extrémité droite de la traverse coudée au point de sa réunion avec le montant.

189. Pointage en hauteur. — Graisser très légèrement le secteur denté du berceau.

Huiler avec soin, après lavage au pétrole, s'il y a lieu, les sus bandes, les demi-tourillons et les demi-bagues.

Huiler la *vis de pointage*, si c'est nécessaire; en cas de dureté, la démonter (n° 115) pour la nettoyer complètement et la graisser. Nettoyer l'intérieur du pignon écrou.

190. Support d'appareil de pointage. — Le support d'appareil de pointage doit être nettoyé avec le plus grand soin.

Nettoyer l'intérieur de la douille de pied de colonne en employant au besoin un chiffon imbibé de pétrole. Essuyer ensuite avec un linge sec.

Essuyer les surfaces extérieures pour enlever le cambouis ou la poussière.

Graisser à l'huile, au moyen du graisseur spécial, les trous n°ˢ 20, 21, 22, 23 et 24 du support.

Enlever le niveau. Nettoyer les faces d'appui des talons du niveau.

191. Niveaux. — Nettoyer les talons du niveau. Essuyer la fiole avec un linge légèrement humide, mais *sans pétrole*.

192. Appareils de pointage. — Pour chacun des appareils, faire couler une goutte d'huile sur la colonne, au-dessus du plateau, faire jouer en même temps la colonne dans son pied pour répartir cette huile à l'intérieur. Nettoyer le pied de colonne qui doit être débarrassé de toute crasse adhérente.

NOTA. — Éviter avec soin de verser et de laisser séjourner de l'huile ou du pétrole sur le système optique de l'appareil de pointage, ainsi que sur la fiole du niveau.

193. Emploi du graisseur spécial. — On remplit le graisseur en puisant l'huile dans le couvercle du bidon, dont on se sert comme récipient. Pour verser l'huile, il ne faut pas enlever le bouchon du bidon, il suffit de le dévisser de 6 ou 7 tours.

L'ajutage ayant été nettoyé au moyen de la curette en laiton, on y introduit le bec du graisseur de façon à le boucher hermétiquement, on injecte la quantité d'huile qui convient à chaque organe en appuyant fortement sur l'extrémité du graisseur (1).

Autant que cela est possible, on fait fonctionner plusieurs fois l'organe intéressé pour répartir l'huile dans toutes ses parties.

194. Trous graisseurs. — Les trous destinés au graissage, et disposés pour l'emploi du graisseur spécial, sont répartis autour de l'affût et numérotés de 1 à 24, en faisant le tour de la droite à la gauche.

Toutefois, les trous n°⁸ 4, 6, 9, 10 et 11 correspondent à des mécanismes dont les logements ont été remplis de graisse consistante. Ces trous sont bouchés par des tampons en bois et ne doivent être débouchés que par l'équipe de réparation. Les mécanismes dont il s'agit ne seront donc jamais graissés dans les corps de troupe.

Les numéros et la destination des trous sont donnés ci-dessous, ainsi que la quantité d'huile que chacun d'eux doit recevoir; ces quantités ne sont qu'approximatives.

CÔTÉ DROIT DE L'AFFUT : N° 1. — Tambour de hausse. Injecter de l'huile jusqu'à ce qu'on la voie suinter autour du tambour et de la bague qui est au centre.

N° 2. — Commande de la hausse : jusqu'à ce qu'on voie l'huile suinter à la bride de droite, derrière le plateau.

N° 3. — Manivelle de la pompe : jusqu'à ce que l'on voie un peu d'huile s'écouler derrière le flasque droit.

N° 4. — Arbre de pointage en hauteur. Graissage interdit dans les corps de troupe.

N° 5. — Arbre des supports de siège et des leviers d'accrochage : jusqu'à ce qu'on voie l'huile suinter autour de l'arbre des leviers-supports.

TÊTE D'AFFUT : N° 6. — Commande de frein de roues. Graissage interdit dans les corps de troupe.

---

(1) Les trous graisseurs n°⁸ 16 à 19 des canons de première fabrication sont fermés par un chapeau mobile, qui n'est pas disposé pour l'emploi du graisseur spécial. Faire tourner le chapeau d'un quart de tour au moyen du petit tournevis et huiler avec la burette; remettre le chapeau à la position de fermeture.

Nᵒˢ 7 et 8. — Demi-bagues et demi-tourillons : jusqu'à ce qu'on voie l'huile suinter aux sus-bandes.

CÔTÉ GAUCHE DE L'AFFUT : Nᵒ 9. — Arbre de commande du frein de roues. Graissage interdit dans les corps de troupe.

Nᵒ 10. — Système de pointage en direction. Graissage interdit dans les corps de troupe.

Nᵒ 11. — Système de pointage en hauteur. Graissage interdit dans les corps de troupe.

Nᵒ 12. — Tourillon de gauche du support oscillant : jusqu'à ce que l'huile suinte autour du tourillon de ce support.

Nᵒ 13. — Arbres des leviers-supports de siège et des leviers d'accrochage : jusqu'à ce que l'on voie l'huile suinter autour de l'arbre des leviers-supports.

Nᵒ 14. — Lunette de cheville-ouvrière : jusqu'à ce que l'huile suinte à l'épaulement de la lunette.

Nᵒ 15. — Support intermédiaire de l'arbre des leviers-supports de siège : jusqu'à ce que l'huile suinte autour de l'arbre.

Nᵒˢ 16 à 19. — Axe des galets : contenance de un quart du graisseur.

Nᵒ 20. — Support de pointage (douille de pied et colonne) : jusqu'à ce que l'huile suinte à la partie inférieure de la douille.

Nᵒ 21. — Tambour des dérives : jusqu'à ce que l'huile suinte par les joints du logement de la vis.

Nᵒˢ 22, 23, 24. — Trous graisseurs du porte-niveau ; quelques gouttes d'huile seulement à chaque trou.

195. Il peut arriver que le clapet qui ferme l'ajutage d'un trou graisseur soit collé sur son siège et ne laisse pas passer l'huile ; on arrive à faire jouer le clapet en le chassant avec un fil de fer de diamètre approprié, introduit dans le trou de l'ajutage.

196. Avant-train. — Mettre une goutte d'huile aux charnières et à la coulisse du couvercle, dans les trous des supports d'espagnolette et au tourniquet.

Graisser légèrement l'intérieur de la douille de la partie arrière du timon de rechange, l'intérieur du bout de timon, ainsi que la clavette de bout et la chevillette-clef. Faire couler quelques gouttes d'huile sur l'axe de l'arrêtoir du crochet cheville-ouvrière.

197. Arrière-train de caisson. — Huiler légèrement les charnières des couvercles et mettre une goutte d'huile dans les trous des supports d'espagnolette et dans ceux des supports de verrou ; huiler les portées de l'axe d'accrochage de la flèche (cet axe doit être très libre dans ses supports ; le laver préalablement au pétrole s'il est nécessaire). Employer le graisseur spécial pour les deux trous disposés à cet effet :

1° Volant de frein : contenance de un demi-graisseur ;

2° Lunette de cheville-ouvrière : jusqu'à ce que l'huile suinte à l'épaulement de la lunette.

Passer à la pièce grasse l'axe d'accrochage du débouchoir.

198. Débouchoir. — Nettoyer l'intérieur des boîtes d'ogive et particulièrement le logement du tenon de la fusée.

Faire couler quelques gouttes d'huile par les mortaises des boîtes d'ogive en faisant fonctionner le débouchoir dans les deux sens et d'un bout à l'autre de sa course. Mettre quelques gouttes d'huile dans le trou placé en dessous de la division 20 du correcteur et dans celui du couvercle de la manivelle qui est fermé par un couvre-graisseur.

Passer les porte-lames à la pièce grasse.

Nettoyer avec un chiffon imbibé de pétrole le plateau et le secteur gradué du correcteur.

Essuyer ensuite soigneusement pour qu'il ne reste ni huile ni pétrole à l'extérieur.

En cas de dureté de fonctionnement, procéder à un lavage au pétrole : le débouchoir étant incliné à 45° environ et les porte-lames étant enlevés, verser du pétrole dans les boîtes d'ogive jusqu'à ce qu'il s'écoule par les passages des porte-lames ; faire fonctionner en même temps la manivelle dans les deux sens. Laisser séjourner le pétrole si un premier lavage ne suffit pas, puis procéder à un second lavage au bout d'un certain temps. Quand la dureté a disparu, faire écouler le pétrole en renversant le débouchoir, puis huiler comme il est dit plus haut. Si la dureté de fonctionnement persiste, changer l'appareil.

ARTICLE V.

DU FREIN.

Conditions d'emploi du frein.

199. Les joints du frein ne sont pas complètement étanches, les légères fuites qui peuvent se produire pendant le tir et même au repos sont très faibles et n'ont aucun inconvénient.

Pour **que le frein fonctionne au tir** dans des conditions normales et pour que dans les marches le canon ne recule pas sur sa glissière par l'effet des trépidations (1), il faut et il suffit que le corps du frein soit plein de liquide.

Pour parer aux pertes qui peuvent se produire, le frein doit contenir une petite quantité supplémentaire de liquide qu'on appelle *réserve*. Lorsque cette réserve est épuisée, les pertes se font aux dépens du liquide strictement nécessaire, et le canon pourrait, soit au tir ne plus rentrer complètement en batterie, soit en route reculer sur sa glissière.

Il n'y a aucun danger à continuer un tir commencé avec un canon dont la rentrée en batterie est incomplète, tant que le manque de retour n'excède pas 6 ou 8 centimètres *(deux traits de repère sont marqués sur le canon et un sur le frein)* ; on peut donc terminer un tir rapide avant de recharger le frein.

200. L'état de la réserve est indiqué par la position de la *jauge*.

Lorsque la jauge est à fond dans son logement, la réserve est nulle ; lorsque la réserve est complète, l'extrémité de la jauge vient affleurer le repère ; enfin, si la réserve est surchargée, la jauge fait saillie par rapport au repère. Lorsque la saillie de la jauge est inférieure à 2 millimètres, la surcharge est absolument insignifiante ; mais, si cette saillie atteint 2 millimètres, on n'en peut tirer aucune conclusion, car la jauge est alors à la limite de sa course, et l'introduction d'une quantité de liquide si grande qu'elle soit ne provoquerait chez elle aucun déplacement ; il se peut, dans ce cas, que la surcharge de la réserve soit exagérée.

Il n'y a aucun danger à tirer avec une surcharge exagérée, mais il peut y avoir inconvénient au point de vue de la stabilité de l'affût. Cette surcharge, ayant pour effet d'augmenter la pression, peut, si elle est considérable, diminuer notablement l'amplitude du recul et, par suite, provoquer un soulèvement de l'affût ; en outre, le retour en batterie, se faisant avec plus de force et de vitesse, peut se terminer par un choc assez violent pour donner des dépointages. Si donc on a lieu de craindre qu'une quantité trop considérable de liquide ait été introduite dans le frein, il faut vider la réserve (2).

---

(1) Il y a grand intérêt à ce que le canon reste en batterie pendant les marches ; s'il reculait notablement, les galets de la jaquette pourraient venir reposer sur les chemins de roulement, ce qu'il est essentiel d'éviter.

(2) L'augmentation de volume du liquide, due à l'élévation de température, peut souvent donner une surchage indiquée par une saillie de 2 millimètres de la jauge ; c'est ce qui arrive presque toujours au cours d'un tir ou lorsque les pièces sont restées longtemps exposées au soleil. Une pareille surcharge n'a aucun inconvénient ; il n'y a lieu de vider la réserve que dans le cas où, n'ayant aucun renseignement sur les causes de la surcharge, on peut craindre une maladresse.

Parer le frein.

201. Emploi de la pompe. — On dispose, pour remédier aux pertes de liquide du frein, d'une certaine quantité d'huile contenue dans le réservoir de l'affût ; cette quantité d'huile est suffisante pour une campagne, même de longue durée. Chaque avant-train de canon et chaque arrière-train de caisson porte, en outre, un bidon contenant 1 kilogramme d'huile.

Pour envoyer du liquide dans le frein, on se sert de la pompe.

Dégager le levier, au moyen d'une clef de cadenas modèle 1859 ; pomper en plaçant le doigt sur le repère, arrêter le mouvement lorsque l'on sent l'extrémité de la jauge arriver à l'affleurement.

202. Purger. — Si la pompe ne fonctionne pas, il y a lieu de craindre qu'elle soit désamorcée. Pour la réamorcer, dévisser le purgeur au moyen d'une clef de cadenas modèle 1859 introduite dans le trou pratiqué à cet effet dans le flasque droit, et donner quelques coups de pompe. Il sort alors au-dessous du réservoir un mélange de liquide et d'air ; lorsque l'huile s'écoule sans mélange d'air, revisser à fond le purgeur (la pompe est réamorcée).

203. Le réservoir d'affût ne doit jamais être rempli par le personnel des corps de troupe.

Si un réservoir venait à être épuisé, il y aurait lieu d'envoyer la pièce à l'équipe de réparation pour le faire remplir.

204. Emploi du remplisseur à vis. — Si, pour une raison quelconque (réamorçage impossible, rupture du tuyau, fuite au réservoir ou au raccord supérieur, etc.), on ne peut se servir de la pompe pour recharger le frein, on emploie le remplisseur à vis.

Enlever le bouchon de l'orifice de remplissage (n° 112), remplir aux trois quarts le remplisseur à vis, après l'avoir débarrassé du cuir qui protège les filets de son extrémité et avoir dévissé à fond la tige du piston ; fermer le remplisseur, puis donner quelques tours à la tige en maintenant l'ajutage en haut, de façon à chasser tout l'air contenu dans l'appareil ; visser le remplisseur dans l'orifice de remplissage au moyen de la clef de 42 en ayant soin de le maintenir bien droit, pour que les filets entrent en prise sans forcement (1), puis

---

(1) Cette précaution est très importante, une dégradation du taraudage de l'orifice de remplissage pouvant mettre celui-ci momentanément hors de service.

faire avancer le piston en tournant la tige au moyen du levier dont elle est munie ; surveiller en même temps la jauge, pour arrêter l'opération lorsqu'on a obtenu l'affleurement. Enlever le remplisseur, en se servant de la clef de 42 pour le dévisser, et remettre en place le bouchon de l'orifice de remplissage.

Vider la réserve.

205. Visser au moyen de la clef de 17 l'ajutage dans l'orifice de remplissage, à la place du bouchon ; le liquide s'écoule alors par le trou central de l'ajutage.

Dévisser lorsque l'écoulement du liquide a cessé ou, si l'on veut seulement enlever une surcharge que l'on croit exagérée, dès que la jauge commence à rentrer.

CHAPITRE III.

DÉFINITIONS ET GÉNÉRALITÉS SUR LE POINTAGE ET LE TIR.

206. La **distance de tir** est la distance du canon au but sur lequel il tire.

La **trajectoire** du projectile est la ligne courbe qu'il décrit dans son trajet dans l'air.

Le **point de chute** est le point où la trajectoire rencontre le sol.

La **portée** est la distance du canon au point de chute.

Un coup est *court* ou *long* suivant que le point de chute est plus près ou plus loin que le but.

Un coup est dit à *droite* ou à *gauche* suivant que le point de chute est à droite ou à gauche du but.

207. Le **plan de tir** est le plan vertical passant par l'axe de la bouche à feu.

Par suite de son mouvement de rotation, le projectile sort à droite du plan de tir. La quantité dont il s'en écarte s'appelle **dérivation.**

Le vent tend à faire dévier le projectile du côté vers lequel il souffle.

208. L'**écart angulaire** entre deux points est l'angle formé par deux plans verticaux passant par l'œil de l'observateur et par chacun de ces points.

209. Le **plan de pointage** est le plan vertical passant par l'axe du collimateur.

Le pointage en direction consiste à diriger le plan de pointage sur un point déterminé appelé **point de pointage,** après lui avoir donné, par rapport au plan de tir, l'angle nécessaire pour que le point de chute ne s'écarte ni à droite ni à gauche du but. Cet angle s'appelle **dérive**.

Lorsque l'essieu n'est pas horizontal, c'est-à-dire quand une roue est plus basse que l'autre, et qu'on ne tient pas compte de ce fait, la valeur de l'angle du plan de pointage avec le plan de tir se trouve modifiée, de telle façon que le plan de tir et, par suite, le point de chute se trouvent déviés du côté de la roue la plus basse.

La dérive est donc, en principe, la somme ou différence des éléments suivants (1) :

1° Correction angulaire correspondant à la dérivation ;

2° Corrections angulaires dues au vent et à la différence de niveau des roues ;

3° Dans le cas où le point de pointage ne coïncide pas avec le but, écart angulaire entre ces deux points.

En général, dans le tir contre les troupes, il n'est pas nécessaire de tenir compte des deux premiers éléments ; la dérive est alors l'écart angulaire entre le point de pointage et le but.

210. Sauf dans le cas de pointage sur but mobile, si l'on craint que le point de pointage ne reste pas toujours assez distinctement visible après le premier pointage, ou si ce premier pointage a été fait par jalonnement, le canon doit être repéré sur un point bien visible appelé **point de repérage.**

Il y a avantage à choisir ce point aussi éloigné que possible, à moins de 200 millièmes à droite ou à gauche du plan de tir (2); en outre, pour n'être pas gêné par la fumée, il faut éviter de le prendre dans le voisinage de l'objectif ou dans la direction opposée à celle d'où vient le vent.

La dérive correspondant à ce point s'appelle **dérive de repérage.**

211. **L'angle de site** est l'angle formé avec le plan horizontal par la ligne droite qui joint le canon au but.

L'angle de tir est l'angle formé par cette ligne droite avec l'axe du canon.

L'inclinaison du canon est la somme ou différence de ces deux angles, la somme si le but est plus élevé que le canon, la différence s'il est moins élevé.

212. **La durée du trajet** est le temps que met le projectile à parcourir sa trajectoire depuis sa sortie du

---

(1) Il ne faut pas confondre la dérive ainsi définie avec la dérive des tables de tir, qui n'est autre chose que la correction de la dérivation.

(2) Si l'écart angulaire de ce point était plus considérable, on risquerait d'être gêné soit par le bouclier, soit par la volée.

canon jusqu'à son point d'éclatement ou jusqu'à son point de chute.

La **hauteur d'éclatement** d'un projectile fusant est mesurée par l'angle formé par les lignes droites joignant le canon respectivement au pied du but et au point d'éclatement.

La **hauteur-type** est la valeur de cet angle qui correspond au maximum d'effet du projectile ; pour un projectile d'un modèle déterminé, elle est la même pour toutes les distances de tir.

213. Les **éléments initiaux d'un tir** sont la distance de tir, la dérive, l'angle de site et, si le tir doit être fusant, la hauteur d'éclatement. Les différentes manières de les déterminer font l'objet du chapitre V du présent titre.

Cette détermination se traduit par les nombres qui définissent respectivement la position des index des organes de pointage de chaque canon : plateau, tambour, correcteur, hausse, niveau.

CHAPITRE IV.

DESCRIPTION ET EMPLOI
DES INSTRUMENTS DANS LA PRÉPARATION
ET L'EXÉCUTION DU TIR.

214. Les instruments dont il est question dans le présent chapitre sont :

1° Le *tambour des dérives*, *l'appareil de pointage*, le *niveau*, qui sont portés par le canon ;

2° Le *niveau de pointage*, modèle 1888 ;

3° Le *débouchoir*, qui est porté par le caisson ;

4° La *lunette de batterie*, modèle 1898 ;

5° La *réglette de direction*.

La description des appareils portés par le canon et celle du débouchoir résultent des figures du chapitre Ier du présent titre ; leur maniement a été indiqué dans la première partie du Règlement (titre III). On fera donc connaître seulement les conditions générales de leur emploi, ainsi que quelques explications complémentaires, relatives à leurs graduations.

ARTICLE Ier.

TAMBOUR DES DERIVES ET APPAREIL
DE POINTAGE.

215. L'**appareil de pointage** sert à pointer en direction à l'aide de la ligne de foi verticale du collimateur.

Il peut aussi servir à repérer la direction.

La ligne de foi horizontale sert à donner l'angle de site par visée directe sur le but. Ce procédé n'est jamais employé dans le pointage collectif; il l'est toujours dans le pointage sur but mobile.

216. L'unité de mesure des angles adoptée pour la dérive est le **millième** de la distance, c'est-à-dire que, si l'on fait tourner d'une unité le plan de tir autour de son intersection avec le plan de pointage, tous ses points seront déplacés d'une quantité égale à un millième de leur distance à cette intersection, c'est-à-dire au canon. Il y a en nombre rond 1.600 millièmes dans un quart de circonférence.

217. La graduation de l'appareil de pointage n'est pas continue pour tout le pourtour de la circonférence. Le **plateau** est divisé en quatre quadrants, chacun d'eux porte huit divisions numérotées 0, 2, 4... 12, 14. Chacune d'elles vaut 200 millièmes. Le **tambour** est divisé en 200 divisions valant chacune un millième, de sorte qu'en déplaçant le trait de repère de la colonne de l'appareil de pointage d'une division du plateau, on imprime à la colonne et par suite au plan de pointage le même déplacement angulaire que si on fait tourner le tambour de 0 à 200.

Les graduations du plateau et du tambour sont dans le même sens que celles d'une montre.

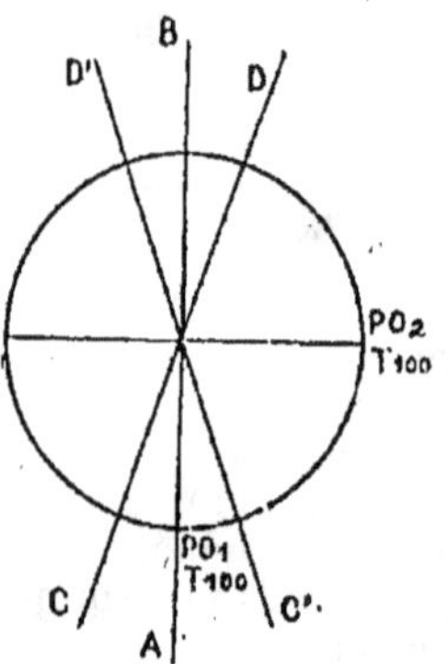

218. La position angulaire du plan de pointage par rapport au plan de tir est déterminée par la division du plateau et par celle du tambour. Toutefois, comme il y a sur le plateau quatre divisions portant le même numéro, on prend, à moins d'ordre contraire, celle qui est la plus voisine du zéro placé vis-à-vis du tambour, sauf dans le cas du pointage sur repère latéral où il ne saurait y avoir indécision sur le choix du quadrant en raison du sens de la visée.

219. Lorsque le plateau est au zéro placé devant le tambour et que celui-ci est à cent, le plan de pointage est, par construction, parallèle au plan de tir.

On voit donc que, dans le cas où le plan de pointage occupe, par rapport au plan de tir AB, la position CD, les nombres lus sur l'appareil de pointage représentent la dérive par rapport à la ligne : plateau O_1--, tambour 100 ; mais, dans le cas où il occupe la position C'D', les nombres lus sur l'appareil représentent en réalité le complément de la dérive à 1.700 (1.600+100 divisions du tambour correspondant à l'origine du quadrant); l'origine des lectures est d'ailleurs, dans le premier cas, la ligne : plateau O_1—, tambour 100; dans le second, la ligne : plateau O_2—, tambour 100.

On est néanmoins convenu, dans la pratique, de donner, dans tous les cas, le nom de dérive à l'ensemble des nombres lus sur l'appareil; on dira donc par exemple : les angles CA et C'A étant tous deux égaux à 275 millièmes :

1er cas -- Dérive : *Plateau 2 — Tambour 175.*

2e cas — Dérive : *Plateau 14 — Tambour 25.*

Ainsi, pour donner la dérive, il suffit de disposer les appareils de manière que les traits de repère de la colonne et du tambour soient respectivement placés vis-à-vis des divisions énoncées sous la forme précédente.

220. Le plan de pointage étant dirigé sur un point de pointage déterminé, si l'on veut reporter plus à gauche le point de chute d'un projectile, il faut augmenter la dérive; si l'on veut reporter le point de chute plus à droite, il faut la diminuer.

221. Chaque tour de volant de pointage en direction correspond à 2 millièmes.

Quand le canon est à égale distance des deux roues, on peut donner à droite ou à gauche 26 tours de volant, soit 52 millièmes de chaque côté. L'étendue totale du coulissement sur l'essieu correspond donc à un front de 208 mètres à la distance de 2.000 mètres.

222. Ainsi que cela a été expliqué dans la première partie du Règlement (Titre III, n°s 196, 199, 206, 233, 234 et 235), le pointage en direction peut, suivant le degré de défilement, être exécuté, soit par visée directe à l'aide du collimateur avec ou sans rallonges, soit à l'aide d'un jalonnement.

Les renseignements suivants permettront au capitaine de choisir en connaissance de cause le degré de défilement qu'il fera prendre à la batterie.

223. Le collimateur en place est élevé au-dessus du sol de 1^m,20 environ.

L'adjonction d'une rallonge d'appareil de pointage le surélève de 30 centimètres et par suite le met à 1^m,50 au-dessus du sol.

L'adjonction de deux rallonges l'élève à 1^m,80 au-dessus du sol.

Pour un homme de taille moyenne placé debout dans

les différentes positions indiquées ci-après, la hauteur de l'œil au-dessus du sol est, suivant les cas, de :

2^m,25 si l'homme est sur le siège du pointeur ;

2^m,65 si l'homme est sur le canon, le pied droit sur le manchon placé horizontalement et le pied gauche sur la roue ;

2^m,85 si l'homme est sur l'arrière-train du caisson ;

3^m,20 si l'homme est sur le seau d'abreuvoir placé sur l'arrière-train de caisson (dans ce cas, la flèche du caisson doit être relevée).

224. Ces données fournissent les moyens à employer suivant le degré de défilement par rapport au point de pointage ; si ce point est plus élevé que l'objectif, la pièce sera encore plus défilée de l'objectif que du point de pointage.

ARTICLE II.

NIVEAU.

225. Le niveau sert à donner au canon l'angle de site ou à le repérer dans le pointage initial en hauteur au collimateur.

226. L'appareil est gradué en millièmes de la distance. Un canon ayant été pointé en hauteur au collimateur, puis repéré, si le disque du niveau marque 20, par exemple, cela veut dire que la différence d'altitude entre le canon et le but est égale aux $\frac{20}{1000}$ de la distance. Si l'on sait que cette distance est de 3.000 mètres, on en concluera que la différence d'altitude est de $\frac{20}{1000} \times 3.000$, soit 60 mètres.

Réciproquement, si on sait que la différence de niveau entre le canon et un but situé à 3.000 mètres est de 15 mètres, le millième de la portée étant de 3000/1000 ou 3, on devra mettre la division 15/3 ou 5 en face de l'index.

La valeur de l'angle de site est donc donnée par le quotient, arrondi en multiple de 5, de la différence de niveau par le nombre de kilomètres de la distance.

En outre, si le but est plus élevé que le canon, on doit se servir de la partie de la graduation affectée du signe + ; si, au contraire, il est moins élevé que le canon, on se sert de la partie affectée du signe —.

227. Si on pointe au niveau avec un angle de site initial, il faut exiger que la division indiquée soit placée rigoureusement en face de l'index.

Si on pointe au collimateur, il faut que le premier
pointage soit fait avec un soin minutieux, car il influe
sur tous les pointages ultérieurs.

228. Un tour de volant de pointage en hauteur
correspond sensiblement à un degré ; le volant porte
16 divisions dont chacune correspondrait à 1/16° de
degré, soit sensiblement à un millième, si l'existence
des jeux dans les organes ne venait pas s'opposer à ce
qu'on attribue à cette dernière mesure une valeur absolue.

ARTICLE III.

NIVEAU DE POINTAGE MODÈLE 1888.

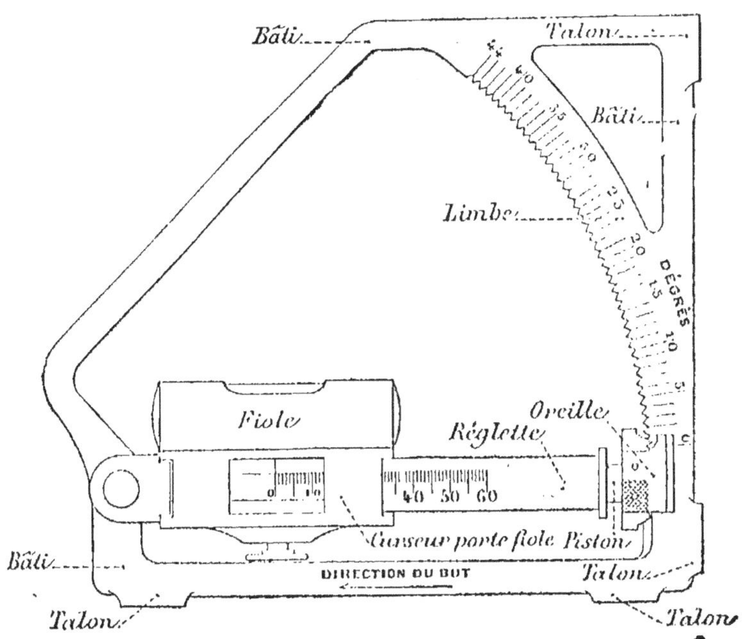

Fig. 39. Niveau de pointage M^le 1888.

229. Le niveau de pointage modèle 1888 sert
à donner l'inclinaison au canon, ou à la repérer lorsque l'angle de tir a été donné à l'aide de la hausse. Ces
opérations sont nécessaires pour le réglage des lignes
de mire ou quand on est obligé de tirer avec une ligne
de mire momentanément déréglée (n° 179).

230. Donner l'angle. — A l'indication : *Tant de degrés, tant de minutes* (par exemple : *12 degrés, 8 minutes*), prendre le niveau de pointage et le tenir à plat dans les deux mains, la charnière près du corps ; appuyer sur la tête du piston en saisissant les oreilles du coulisseau entre le pouce et le premier doigt de la main droite pour dégager ses dents de celles du limbe ; amener le trait de repère vis-à-vis de la division qui marque le nombre de degrés indiqué et abandonner le piston.

Tourner ensuite le niveau, la charnière à gauche, de manière à pouvoir lire facilement la graduation de la réglette ; desserrer la vis de pression, faire glisser le curseur porte-fiole le long de la réglette pour amener le trait de repère vis-à-vis de la division qui marque le nombre de minutes indiquées ; serrer la vis de pression.

231. Donner l'inclinaison au canon. — Essuyer les talons de la grande base du niveau et les facettes du manchon, placer le niveau sur ces facettes, la charnière en avant, et faire agir sur le volant de pointage en hauteur ou sur la manivelle de hausse, suivant le cas, jusqu'à ce que les extrémités de la bulle d'air se trouvent entre les deux traits de repère marqués sur la fiole.

232. Repérer l'inclinaison du canon. — Amener la tête du piston à zéro degré et faire glisser le curseur porte-fiole jusqu'à la limite de sa course du côté de la charnière ; essuyer les talons de la grande base du niveau et les facettes du manchon, placer le niveau sur le canon. Elever doucement la réglette jusqu'à ce que la bulle passe du côté opposé à la charnière. L'abaisser ensuite dent par dent de façon à faire passer la bulle du côté de la charnière, puis faire glisser avec la main droite le curseur porte-fiole le long de la réglette jusqu'à ce que les deux extrémités de la bulle arrivent entre les deux traits de repère ; serrer la vis de pression et vérifier que la bulle est toujours à la même place ; enlever le niveau et lire les degrés et les minutes (1).

233. Vérification du niveau. — Pour certaines opérations de vérification, il est nécessaire de disposer d'un niveau de pointage modèle 1888 ne donnant pas une erreur de plus de 1' dans la valeur de l'angle indiqué. Pour vérifier si un niveau donné satisfait à cette condition, la tête du piston étant à 0 et le curseur porte-fiole à la limite de sa course du côté de la char-

---

(1) Le limbe et la réglette portent deux graduations, une sur chaque face du niveau. On ne fait usage que de la graduation du limbe qui va de 0 à 45 degrés et on lit toujours les minutes sur la même face que les degrés.

nière, placer le niveau sur la pièce, la charnière en avant, manœuvrer la vis de pointage pour amener la bulle entre ses repères, retourner ensuite le niveau bout pour bout.

Trois cas peuvent se présenter :

1° *La bulle reste entre ses repères.* Dans ce cas, le niveau est juste à zéro.

2° *La bulle ne reste pas entre ses repères et se trouve du côté de la charnière.*

Desserrer la vis de pression du curseur porte-fiole et faire glisser le curseur pour ramener la bulle entre ses repères. Lire le nombre de minutes que marque à ce moment le curseur (par exemple, 12) ; en prenant la moitié de ce nombre (soit 6 dans le cas actuel), on obtient la *correction* à faire subir aux indications du niveau. Ainsi lorsqu'on aura fait un repérage, on obtiendra l'angle vrai en retranchant 6 minutes de l'angle lu ; si l'on veut donner un angle, on fera marquer au niveau cet angle augmenté de 6 minutes.

Pour vérifier que la correction trouvée (6 minutes) est bien exacte, faire marquer au niveau l'angle de 0 degrés 6 minutes, le placer sur la pièce et manœuvrer à la vis de pointage pour ramener la bulle entre ses repères. Retourner ensuite le niveau. Si la première opération a été bien faite, la bulle doit rester entre ses repères.

3° *La bulle ne reste pas entre ses repères et se trouve du côté opposé à la charnière.*

Abaisser d'abord la réglette d'une dent au-dessous du zéro : on peut alors, comme dans le cas précédent, ramener la bulle entre ses repères en déplaçant le curseur. Lire le nombre de minutes que marque le curseur après cette opération (par exemple 48); la correction à faire subir aux indications du niveau est égale, dans ce cas, à la moitié du nombre de minutes compris entre 48 et 60 (dernier chiffre de la graduation); la différence entre 48 et 60 étant 12, la correction sera 6. Ainsi, les angles lus sur le niveau vérifié devront toujours être augmentés de 6 minutes; si l'on veut donner un angle, on fera marquer au niveau cet angle diminué de 6 minutes.

On s'assure que la correction trouvée est bien exacte en opérant comme il a été dit pour le cas précédent, la réglette étant abaissée d'une dent au-dessous du zéro et le curseur marquant 60 moins la correction (6), c'est-à-dire 54.

ARTICLE IV.

DEBOUCHOIR.

231. Le débouchoir sert à percer la fusée en un point tel qu'à chaque distance l'éclatement se produise à la hauteur voulue.

235. Pour faire varier la hauteur d'éclatement, on agit sur le correcteur. Chaque division du correcteur vaut 1/1000° de la distance; la division 20 correspond à la hauteur-type, qui est de 3/1000°. Pour relever le point d'éclatement, il faut augmenter le correcteur d'autant de divisions qu'on veut ajouter de millièmes à la hauteur d'éclatement observée; pour l'abaisser, il faut opérer en sens inverse.

Par suite, pour obtenir des éclatements bas au début d'un tir, il faut mettre le correcteur à 18.

236. Si, au début d'un tir, on a commis une erreur dans l'évaluation de l'angle de site, les éclatements se produisent au-dessus ou au-dessous du point d'éclatement normal, à une distance angulaire égale à l'erreur commise évaluée en millièmes.

Il importe donc que l'angle de site initial ne diffère pas sensiblement de l'angle de site réel; sinon, la graduation du correcteur, qui permet seulement de corriger, dans chaque sens, de 20/1000 au plus, ne serait pas suffisante pour régler l'évent.

Une évaluation erronée de l'angle de site aurait également le grave inconvénient de fausser à la fois la distance de tir et le correcteur, de sorte que l'on s'exposerait à des erreurs en adoptant ces éléments pour une artillerie prenant position à proximité.

Il convient d'ailleurs de remarquer que, dans le courant d'un tir, toute modification à l'angle de site entraîne une modification égale et dans le même sens de la hauteur d'éclatement, en sorte qu'avec une hausse déterminée, on obtient la même hauteur d'éclatement avec

$$\left\{ \begin{array}{l} \text{correcteur 10} \\ \text{angle de site 20} \end{array} \right. \quad \text{ou avec} \quad \left\{ \begin{array}{l} \text{correcteur 20.} \\ \text{angle de site 10.} \end{array} \right.$$

237. Emploi de la pince débouchoir. — Quand on ne peut pas se servir du débouchoir, on emploie la pince débouchoir, qui se trouve dans le caisson.

ARTICLE V.

LUNETTE DE BATTERIE MODÈLE 1898.

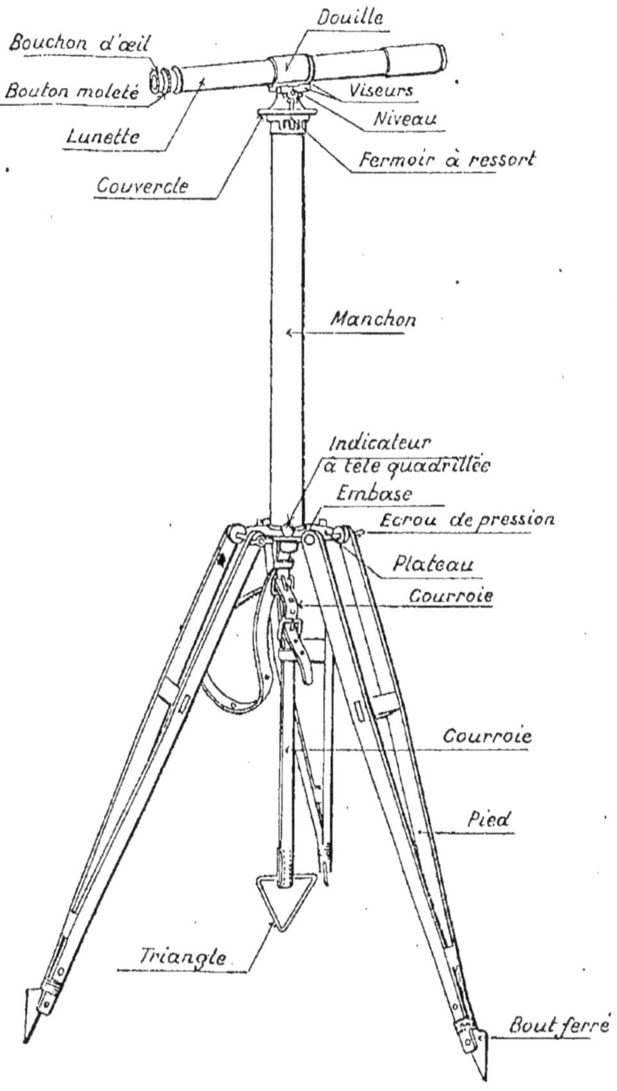

Fig. 40. Lunette de batterie modèle 1898.

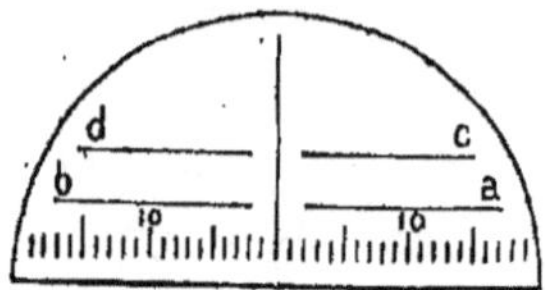

Fig. 41. *Micromètre de la lunette de batterie.*

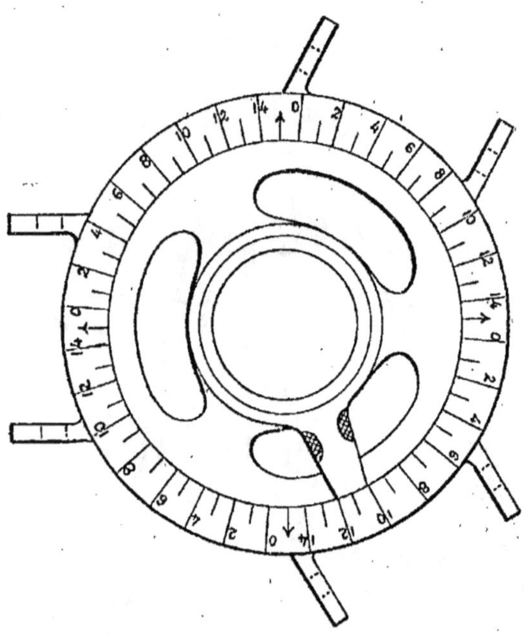

Fig. 42. *Vue d'ensemble du plateau de la lunette de batterie.*

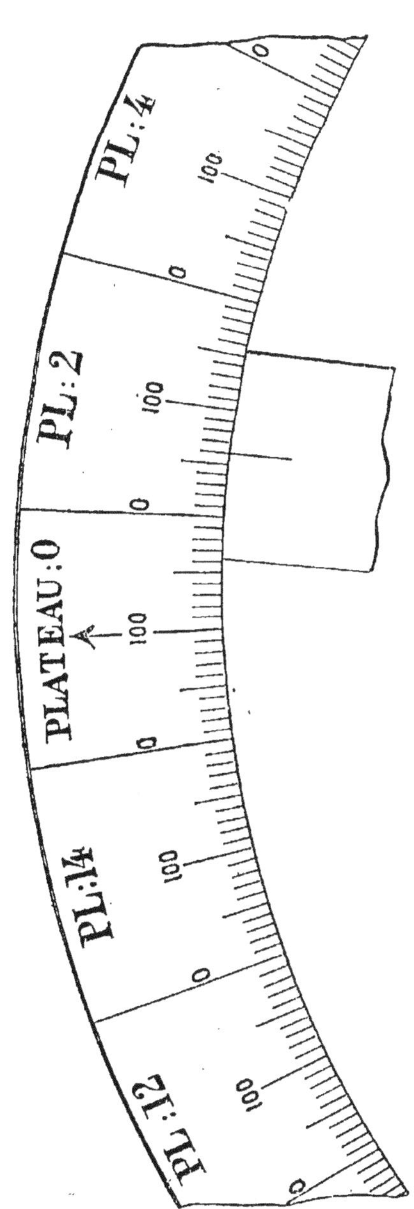

Fig. 43. *Détail des graduations du plateau de la lu-*
nette de batterie.

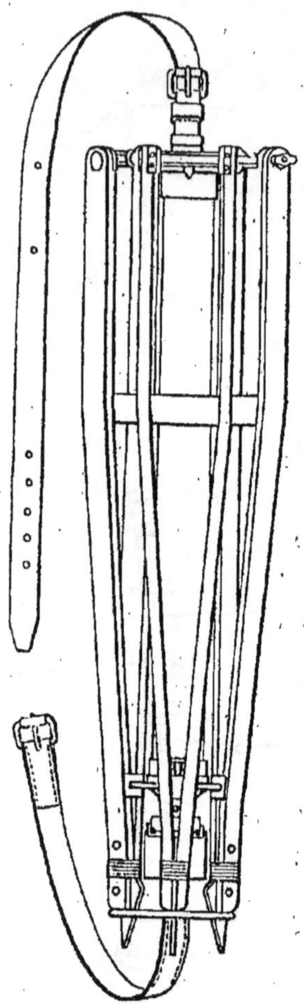

Fig. 44. Lunette de batterie repliée.

238. La lunette de batterie sert à observer le tir.
Elle est disposée en outre de façon à permettre :

1° De mesurer les écarts angulaires en millièmes et
de traduire immédiatement cette mesure en numéros
de la graduation du tambour et du plateau ;

2° De mesurer les hauteurs d'éclatement et notamment de repérer la hauteur-type ;

3° De mesurer l'angle de site.

239. La graduation du pied de la lunette correspond à celle du plateau de l'appareil de pointage;
mais l'intervalle entre deux divisions correspondant

à deux divisions consécutives du plateau de l'appareil de pointage est divisé en vingt parties qui valent chacune 10 millièmes et par conséquent 10 divisions du tambour. La division du milieu est tracée en rouge et marquée 100; elle correspond à la divsion 100 du tambour.

La graduation doit être lue dans le sens du mouvement des aiguilles d'une montre; la graduation correspondant au cas de la figure doit être lue : plateau 2, tambour 60.

Chacune des petites divisions valant 10 millièmes, on peut généralement apprécier 5 millièmes.

210. Mise en place et transport de la lunette. — Rabattre les trois pieds du côté opposé au manchon et les enfoncer dans le sol de manière que le manchon soit sensiblement vertical. A cet effet, appuyer avec le pied sur les bouts ferrés.

Serrer, si c'est nécessaire, les écrous de pression des trois pieds. Ouvrir le couvercle du manchon en appuyant sur la crête quadrillée du fermoir. Retirer la lunette du manchon, refermer le couvercle et engager la lunette dans la douille du couvercle par le petit bout en l'enfonçant à fond.

Pour replier la lunette de batterie, faire tourner le bouton moleté de manière à ramener le bouchon d'œil contre la partie postérieure du corps de lunette; enlever la lunette de la douille du manchon, ouvrir le couvercle, introduire par le gros bout la lunette dans le manchon et fermer le couvercle.

Replier ensuite les trois pieds le long du manchon et les serrer contre le couvercle au moyen du triangle dont on coiffe les bouts ferrés.

Pour transporter à pied la lunette repliée, la suspendre à l'épaule ou la porter en bandoulière au moyen de la bretelle formée par les courroies de plateau et de triangle, le plateau en haut et le triangle en bas.

Pendant les marches, loin de l'ennemi, la lunette est transportée dans un coffre spécial du chariot de batterie.

Près de l'ennemi, elle est transportée par le servant observateur à la lunette.

211. Mettre la lunette au point. — Saisir le manchon avec les deux mains et le faire tourner jusqu'à ce que le but soit dans la direction de la lunette; mettre l'œil à la lunette et la faire tourner autour de l'axe de rotation de la douille, jusqu'à ce qu'on aperçoive le but. Saisir ensuite avec la main gauche le corps de la lunette, et avec la main droite le bouton moleté du bouchon d'œil. Faire tourner ce bouton de droite à gauche jusqu'à l'arrêt du mouvement et ramener ensuite doucement le bouton moleté de gauche à droite jusqu'à ce qu'on aperçoive le but aussi nettement que possible.

242. Pointer la lunette. — Pointer d'abord en hauteur ; à cet effet, faire tourner la lunette dans la douille de façon que les traits de la division du micromètre soient sensiblement verticaux ; faire tourner ensuite la lunette autour de l'axe de rotation de la douille jusqu'à ce que le point de visée se projette à l'extrémité inférieure de l'une des divisions du micromètre (1).

Pointer ensuite en direction ; à cet effet, faire tourner le manchon de façon que le point visé se projette à l'extrémité inférieure du grand trait vertical du micromètre.

243. Repérer la hauteur-type. — La hauteur-type peut être appréciée au moyen des traits qui occupent le demi-champ supérieur de la lunette.

Quand la lunette est pointée, le trait horizontal A B du micromètre est situé à une hauteur-type au-dessus du but et le trait horizontal C D à deux hauteurs-types.

244. Mesure de l'écart angulaire entre deux points. — *a)* A L'AIDE DU MICROMÈTRE. — Pointer la lunette sur l'objectif. Chacune des divisions du micromètre correspondant à un millième, il suffit de lire le nombre de divisions qui sont comprises entre les deux points dont on veut mesurer l'écart angulaire.

b) A L'AIDE DE LA GRADUATION DU PLATEAU. — Le micromètre ne permet d'apprécier que les écarts angulaires inférieurs à 60 millièmes; lorsqu'il s'agit de mesurer un front plus considérable, il faut avoir recours à la graduation du plateau ; on opère alors de la façon suivante :

La lunette étant pointée sur l'un des points considérés, par exemple sur l'extrémité gauche de l'objectif, amener sans brusquerie l'index de l'indicateur mobile sur l'une des divisions correspondant à tambour zéro; pointer ensuite la lunette sur l'autre point, ou sur l'extrémité droite de l'objectif, et lire sur le plateau du pied de la lunette, vis-à-vis de l'index, la largeur de l'objectif.

En raison de la disposition des graduations du plateau, lorsque, de l'emplacement d'une pièce, on a déterminé l'écart angulaire de l'objectif de cette pièce à un point de pointage donné, on peut lire immédiatement la dérive correspondante. Il suffit, en effet, lorsque la lunette est pointée sur le but, de mettre l'index de l'indicateur du plateau en face de la division : plateau zéro-tambour 100; si l'on pointe ensuite l'instrument sur le point de pointage, le trait du plateau qui se trouve alors vis-à-vis de l'index indique la dérive en question.

---

(1) Faire attention que l'extrémité inférieure ne coïncide pas avec le bord inférieur du verre, qui apparaît comme un grand trait horizontal.

245. Mesure de l'angle de site. — Pour mesurer l'angle de site avec la lunette de batterie, la placer à peu près en direction, puis la faire tourner autour de son axe pour amener les traits du micromètre à être horizontaux ; amener la bulle du niveau au milieu de la fenêtre en agissant sur la longue-vue et lire la division du micromètre sur laquelle se projette le but.

Cette division donne en millièmes la valeur de l'angle de site.

Si le but est au-dessus du grand trait horizontal, cet angle doit être précédé du signe +; si le but est au-dessous, il doit être précédé du signe —.

ARTICLE VI.

RÉGLETTE DE DIRECTION.

246. La réglette de direction est une planchette en bois portant des graduations dont l'intervalle correspond à un angle de 10 millièmes lorsqu'il est vu à la distance de 0 m. 50 (fig. 45). Un cordonnet de soie terminé par un bouton que l'on passe, de l'intérieur à l'extérieur, dans la boutonnière supérieure du vêtement et dont la longueur est convenablement réglée pour l'opérateur, permet de prendre la distance en question.

247. La réglette est destinée à la mesure des écarts angulaires ; elle porte des inscriptions qui permettent de transformer un écart angulaire en divisions du tambour et du plateau.

248. Déterminer la dérive d'un canon par rapport à un point de pointage. — Se placer sur l'emplacement que doit occuper le canon, ou, si le canon est en batterie, se placer en arrière de l'appareil de pointage.

a) Le but est à gauche du point de pointage : tourner la réglette de manière à présenter vers soi la face qui porte le mot « But » à son extrémité gauche et tenir de la main droite la réglette à hauteur de l'œil ; amener, sur la verticale du but, la division 100 placée au-dessus du mot « But », déplacer le pouce de la main droite de manière que le bord de l'ongle soit sur la verticale du point de pointage, puis lire sur la réglette et énoncer les éléments qui définissent la direction du canon (fig. 46).

b) Le but est à droite du point de pointage : tourner la réglette de manière à présenter vers soi la face qui porte le mot « But » à son extrémité droite et tenir de

la main gauche la réglette à hauteur de l'œil ; amener
sur la verticale du but la division 100 placée au-dessus
du mot « But », déplacer le pouce de la main gauche de
manière que le bord de l'ongle soit sur la verticale du
point de pointage, puis lire sur la réglette et énoncer les
éléments qui définissent la direction du canon (fig. 47).

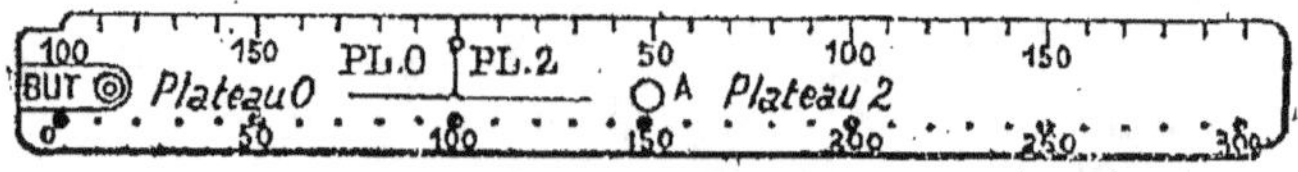

But à gauche

*Les graduations de Plateau 2 et de Plateau 14
sont faites en rouge*

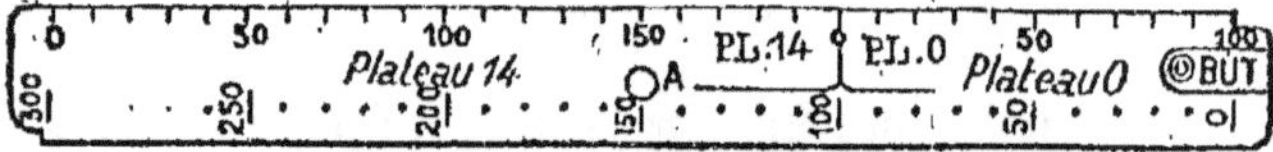

But à droite

Fig. 45. *Réglette de direction.*

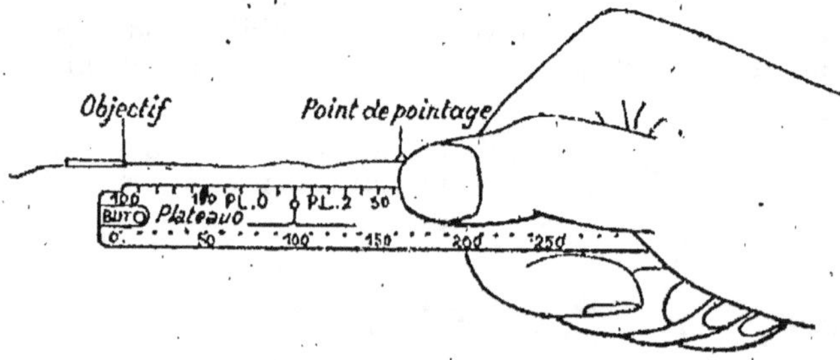

Fig. 46. *But à gauche.*

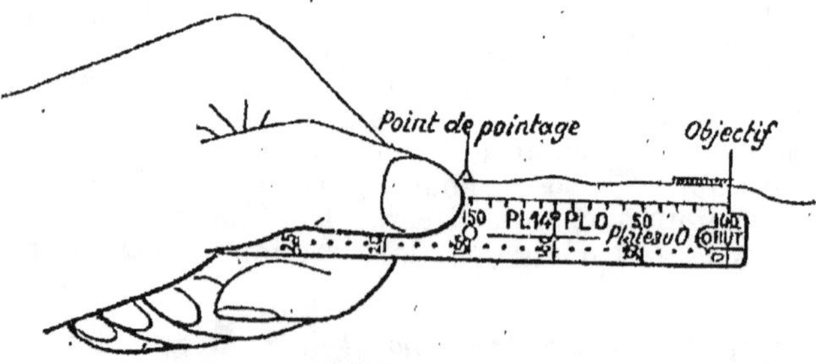

Fig. 47. *But à droite.*

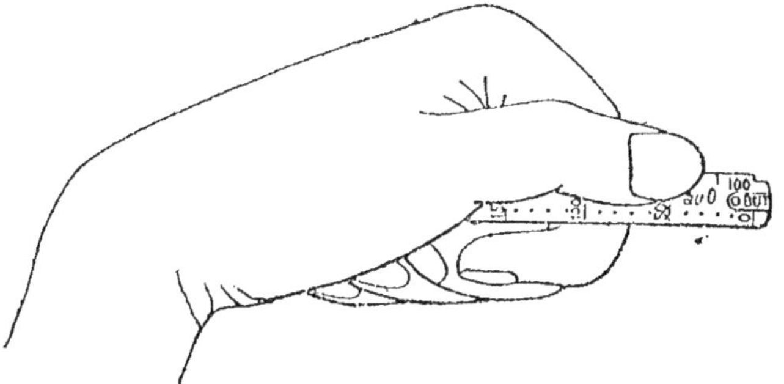

Fig. 48. Mesure d'un front.

249. Mesurer l'écart angulaire de deux points.
— Pour mesurer le front d'un objectif ou l'écart angulaire de deux points, prendre comme point origine de la mesure angulaire le point de gauche ou le point de droite, suivant que la réglette est tenue dans la position « but à gauche » ou dans la position « but à droite ».

Dans les deux cas, la division 100 placée au-dessus du mot « But » est amenée sur la verticale du point pris pour origine, et l'ongle du pouce sur la verticale de l'autre extrémité de l'objectif.

Lire l'écart angulaire exprimé en millièmes non sur la graduation supérieure, mais sur la graduation qui se trouve près du bord horizontal inférieur de la réglette.

Dans le cas où la réglette est tenue dans la position « but à droite », il convient, pour faire la lecture, de tourner le poignet gauche de manière à voir sur la graduation les divisions en série ascendante (fig. 48).

CHAPITRE V.

DÉTERMINATION DES ÉLÉMENTS INITIAUX DU TIR.

250. La détermination des éléments initiaux du tir précède l'ouverture du feu ; la précision avec laquelle elle est exécutée exerce une influence capitale sur le réglage et la rapidité du tir.

Les développements qui font l'objet de ce chapitre permettent de réaliser la préparation du tir d'une façon suffisante pour ouvrir le feu dans de bonnes conditions aussitôt après l'occupation de la position, ou bien pour assurer un établissement favorable des batteries en position de surveillance.

I.

PRÉPARATION DU TIR CONTRE UN OBJECTIF DÉTERMINÉ.

ARTICLE Ier.

MESURE DE LA DISTANCE DE TIR.

251. La distance de la batterie à l'objectif peut être mesurée :

A l'aide de la *carte ;*

A l'aide du *son ;*

A l'aide du *télomètre.*

Pour la mesure de la distance à l'aide de la **carte**, on se servira utilement du bord inférieur de la réglette de direction, qui porte une graduation à l'échelle de 1/80000°.

Le **son** permet une mesure assez exacte de la distance quand on peut nettement apprécier l'intervalle de temps qui s'écoule entre la perception de l'éclair et celle du bruit d'un coup de canon. La vitesse du son est de 335 mètres à la seconde, ce qui correspond à un kilomètre en 3 secondes.

Dans certains cas exceptionnels, on pourra se servir du **télomètre** porté par les batteries.

L'instruction contenue dans la boîte qui renferme l'instrument donne la manière de s'en servir.

ARTICLE II.

MESURE DE L'ANGLE DE SITE.

252. Les angles de site peuvent se mesurer :

1° Avec la **lunette de batterie** (n° 245) ;

2° Avec les **appareils de pointage :** pointer le canon en hauteur au collimateur sur le but, repérer au niveau, et lire l'angle de site ;

3° A **l'aide de la carte :** lire la différence d'altitude entre la batterie et l'objectif, diviser le nombre ainsi obtenu par le nombre de kilomètres de la distance.

L'angle de site doit toujours être arrondi en multiples de 5 millièmes.

ARTICLE III.
MESURE DE LA HAUTEUR-TYPE.

253. La mesure de la hauteur-type se fait au moyen de la **lunette de batterie** (n° 243).

Chaque capitaine commandant doit, dès le temps de paix, en avoir une idée exacte pour que toute mesure de cette hauteur soit inutile dans le courant d'un tir.

ARTICLE IV.
DÉTERMINATION DE LA DÉRIVE.

§ 1ᵉʳ. — ÉLÉMENTS DU CALCUL DE LA DÉRIVE.

254. Lorsque le plateau est à 0 et le tambour à 100, le plan de pointage et le plan de tir sont parallèles.

Les valeurs qu'il est nécessaire de donner au tambour pour tenir compte de la **dérivation** sont inscrites sur le tambour des dérives. Elles sont toujours positives.

Les corrections à faire pour tenir compte du **vent** et de la **différence de niveau des roues** sont indiquées dans les règles de tir (1ʳᵉ partie, titre III, n° 276).

Le plus souvent, on ne tient compte ni de la dérivation ni des deux dernières corrections.

La correction de dérive résultant de **l'écart angulaire entre le point de pointage et le but** particulier d'une pièce déterminée est égale à la valeur de cet écart angulaire évalué en millièmes, et mesuré de l'emplacement de cette pièce. Elle est positive ou négative suivant que le but particulier de la pièce est vu à gauche ou à droite du point de pointage.

Dans le pointage collectif, il serait trop long, et d'ailleurs souvent difficile ou même impossible, d'opérer comme il vient d'être dit pour chacune des quatre pièces de la batterie. On exécute alors les deux opérations suivantes : 1° on réalise d'abord la convergence des plans de tir des quatre pièces sur un même point de l'objectif; 2° on répartit le tir de ces pièces sur tout le front de l'objectif.

255. *Pour faire converger les plans de tir des quatre pièces de la batterie sur un même point de l'objectif, on opère de la manière suivante :*

Si le point de pointage est situé dans l'objectif ou dans son voisinage, la convergence sur la droite de l'objectif (1) sera obtenue d'une façon suffisamment appro-

---

(1) On pourrait prendre comme point de convergence tout autre point de l'objectif, mais alors l'échelonnement ne serait pas additif pour toutes les pièces; c'est une chance d'erreur qu'il faut éviter toutes les fois que cela est possible.

chée en mesurant, de l'emplacement de la première pièce, l'écart angulaire entre ce point et l'objectif particulier de cette pièce et en faisant prendre à toutes les pièces la dérive correspondante.

Mais, si le point de pointage ne satisfait pas à ces conditions, et qu'on opère de la même façon, on réalisera bien toujours la convergence des plans de tir ; mais le point de convergence sera situé plus ou moins loin de l'objectif. Pour ramener ce point de convergence sur l'objectif de la première pièce, il est alors nécessaire de donner aux dérives de chacune des autres pièces un échelonnement complémentaire qu'on appelle : **échelonnement de convergence.**

Les procédés pratiques pour déterminer cet échelonnement seront indiqués plus loin (n° 262).

L'échelonnement de convergence peut être considéré comme constant d'une pièce à l'autre d'une même batterie, de sorte que la convergence peut être réalisée par un échelonnement constant des dérives.

256. *Pour répartir le tir des quatre pièces sur tout le front de l'objectif,* on mesure l'écart angulaire qui sépare les deux ailes de l'objectif, c'est-à-dire qu'on évalue son front en millièmes ; puis, la convergence des plans de tir ayant été assurée sur le but particulier de la pièce de droite, on échelonne additivement les dérives d'une quantité égale au quart du front mesuré, c'est-à-dire qu'on augmente la dérive de la deuxième pièce de cette quantité, celle de la troisième de deux fois cette quantité, celle de la quatrième de trois fois. Cet échelonnement est dit : **échelonnement de répartition.**

On a ainsi assigné à chaque pièce comme but particulier le quart du front de *l'objectif.*

257. Les deux opérations visées aux n°ˢ 255 et 256 peuvent être simultanées.

On appelle **échelonnement total** la somme algébrique de l'échelonnement de convergence et de l'échelonnement de répartition.

258. La direction de la première pièce ayant été préalablement assurée, la répartition du feu peut être aussi obtenue d'abord en établissant **parallèlement** les plans de tir des quatre pièces, ce qui permet à la batterie d'embrasser à toute distance un front égal au sien, et en donnant ensuite, s'il y a lieu, aux dérives des 2°, 3° et 4° pièces un échelonnement complémentaire dépendant de la différence des fronts de l'objectif et de la batterie.

259. Il résulte de ce qui précède que, pour faire le calcul des dérives, il faut être à même de mesurer les écarts angulaires et d'en conclure les dérives correspondantes ; il faut aussi pouvoir, quand les circonstances l'exigent, soit déterminer l'échelonnement de convergence, soit établir le parallélisme des plans de tir.

§ 2. — MESURE DES ÉCARTS ANGULAIRES.

260. Les écarts angulaires peuvent être mesurés :

1° *Avec la main ;*

2° *Avec la jumelle ;*

3° *Avec la réglette de direction* (nᵒˢ 218 et 249) ;

4° *Avec la lunette de batterie* (nᵒ 244) ;

5° *Avec l'appareil de pointage.*

Emploi de la main. — Le bras étant tendu, il faut d'abord étalonner les différentes parties de la main (doigts, travers de main, arcades, poing fermé, etc.). Cet étalonnage doit être fait par chaque officier en se servant, par exemple, d'une règle graduée placée contre un mur, l'opérateur se plaçant à une distance connue et déterminée du mur (1). On peut aussi employer l'appareil de pointage.

Une fois la main étalonnée, il suffit de comparer le champ qu'elle intercepte à l'écart angulaire à mesurer. Ce procédé, très commode pour la désignation des objectifs, n'est suffisamment précis pour la mesure des écarts angulaires que si l'officier est convenablement exercé et si sa vue est bonne.

Emploi de la jumelle. — Il suffit d'étalonner le champ de la jumelle. Certains de ces instruments sont même munis d'un micromètre. C'est ce procédé qui, dans la pratique, est à la fois le plus rapide et le plus exact.

L'emploi de la **réglette de direction** et celui de la **lunette de batterie** sont indiqués au chapitre IV.

261. Calcul des dérives. — La réglette de direction et la lunette de batterie permettent de déterminer, sans calcul et par une simple lecture, les divisions des graduations du plateau et du tambour qui correspondent à l'écart angulaire mesuré entre le but et le point de pointage.

La main et la jumelle ne peuvent fournir au contraire les écarts angulaires qu'en millièmes.

---

(1) Par exemple, pour 100 mètres, les traits de la règle doivent être à 0ᵐ,50 l'un de l'autre pour cinq millièmes ; pour 50 mètres, ils doivent être à 0ᵐ,25, etc.

Dans ce cas, pour calculer la dérive correspondante à un point de pointage donné, on peut opérer comme il suit :

Évaluer en millièmes l'écart angulaire entre le but particulier de la pièce et le point de pointage dont on a fait choix;

Augmenter de 100 millièmes le nombre trouvé.

Cela fait :

A. — Si le but est à gauche du point de pointage, transformer simplement le nombre ainsi trouvé en numéros de la graduation du plateau et du tambour comme il a été dit nᵒˢ 191 à 193 (1ʳᵉ partie).

B. — Si le but est à droite du point de pointage, la division du plateau est représentée par l'excès du nombre 16 sur le plus grand nombre pair de centaines du nombre considéré et la division du tambour par l'excès du nombre 200 sur le reste de cette soustraction (1).

§ 3. — DE L'ÉCHELONNEMENT DE CONVERGENCE.

262. L'échelonnement de convergence varie en grandeur et en signe suivant les positions relatives du point de pointage, du but et de la batterie. Sa détermination exacte exige, dans certains cas, des calculs dont il faut chercher à s'affranchir par un choix convenable du point de pointage ou par l'emploi du procédé qui consiste à établir trois des pièces parallèlement à la quatrième convenablement disposée.

Si l'on est obligé de choisir un point de pointage situé dans une direction très différente de celle de l'objectif ou notablement plus rapproché de la batterie que cet objectif, les deux procédés suivants permettront d'obtenir, dès la première salve, des éclatements assez éloignés les uns des autres pour qu'on puisse les observer séparément et apporter les corrections nécessaires à la direction de l'ensemble de la salve et à la répartition des coups qu'elle comporte.

263. *1ᵉʳ procédé.* — On mesure de l'emplacement de la première pièce l'écart angulaire entre un point de l'objectif et le point de pointage. On donne à cet écart angulaire le signe + si le point de pointage est à droite de l'objectif et le signe — s'il est à gauche. On fait la même opération de l'emplacement de deuxième pièce (3ᵉ, 4ᵉ pièce) (2).

---

(1) Ce procédé n'a rien d'obligatoire; il appartient aux officiers de choisir le mode de calcul qui leur sera le plus commode, sous la seule réserve d'arriver au résultat sans hésitation.

(2) On n'a pas besoin de prendre exactement l'emplacement des pièces; il suffit de prendre deux positions dans le voisinage de la batterie sur une parallèle au front, et distantes d'un nombre entier de fronts de section. On divise par ce nombre la différence de dérives trouvées pour obtenir la valeur de l'échelonnement de convergence.

L'échelonnement de convergence est égal en grandeur et en signe à la différence algébrique entre la deuxième et la première mesure (ou à la moitié ou au tiers de cette différence).

Il faut éviter de choisir un point de pointage tel que la ligne qui le joint à l'objectif coupe le front de la section (ou de la batterie).

Si les deux mesures donnent un échelonnement inférieur à 4 pour un front de section ou à 12 pour un front de batterie, on le néglige; pour les échelonnements supérieurs, on arrondit en multiples de 5.

Ce procédé, dit *des deux stations*, exige qu'on fasse choix, dans l'objectif, d'un point assez bien déterminé pour qu'on puisse le suivre des yeux en se déplaçant au moins sur un front de section.

261. *2° procédé.* — Dans le cas où les deux ailes de l'objectif sont visibles, on peut étendre le procédé des deux stations et obtenir l'échelonnement total, en mesurant :

1° De l'emplacement de la première pièce, l'écart angulaire entre le point de pointage et l'objectif particulier de la 1re pièce ;

2° De l'emplacement de la quatrième pièce, l'écart angulaire entre le point de pointage et l'objectif particulier de la 4e pièce.

Le tiers de la différence entre les deux mesures donne l'échelonnement total (n° 257).

Ce procédé est à recommander.

§ 4. — DU PARALLÉLISME.

265. Deux cas sont à considérer suivant qu'on peut ou non diriger une pièce sur son objectif particulier.

266. 1er cas. — *On pointe d'abord un des canons de la batterie sur son objectif particulier* soit directement, soit par jalonnement, soit enfin en s'élevant en arrière du canon (en restant, par exemple, à cheval) et en dirigeant à l'œil, ou à l'aide d'un fil à plomb, sa ligne de mire fixe sur le but.

Cela fait, on peut procéder de deux manières différentes :

A. — Si A désigne le canon pointé, et B un autre canon, on fait les opérations suivantes :

1° Mettre les niveaux à zéro et amener la bulle entre ses repères ; placer ensuite les rallonges d'appareil du pointage ;

2° Placer à vue le canon B parallèle au canon A ;

3° Repérer le canon A sur la colonne d'appareil de pointage du canon B et lire la dérive correspondante ;

4° Donner cette dérive au canon B dans le quadrant (1) convenable et diriger sa ligne de visée sur la colonne d'appareil de pointage du canon A.

Après ces opérations, le canon B a une direction parallèle au canon A.

On repère alors le canon B sur un point suffisamment éloigné, et on abat sur ce point quand l'ordre en est donné.

En étendant ce procédé aux autres canons de la batterie, on rend tous les plans de tir de ces canons parallèles.

B. — On peut encore rendre les plans de tir des canons d'une batterie parallèles en repérant l'un d'eux sur un point éloigné situé dans le prolongement du front, en donnant la dérive correspondante aux autres canons et en dirigeant leur ligne de visée sur le point de repère choisi. Pour que cette opération réussisse, il faut que le point soit situé à 1.000 mètres au moins et que les canons ne soient pas en avant les uns des autres de plus de deux mètres.

Si toutes les colonnes d'appareil de pointage se trouvaient dans un même plan, on pourrait sans inconvénient prendre un point très rapproché.

Dans les opérations qui concernent la préparation du tir, c'est toujours le canon de la première pièce qui est pointé sur l'objectif (ou le point de pointage) et les trois autres canons qui lui sont rendus parallèles. Exception est faite dans le cas où l'objectif (ou le point de pointage) n'est vu que de l'emplacement d'une autre pièce.

267. 2° cas. — *Quand on ne peut pas diriger une pièce sur son objectif particulier*, on peut encore procéder de deux manières différentes :

A. — On prend un point de pointage situé à plus de 1.500 mètres de la batterie, et on échelonne les dérives des pièces de 5 millièmes, ce qui permet d'obtenir un parallélisme suffisant.

B. — On se sert de la lunette de batterie qu'on installe à proximité de la batterie en un point d'où l'on puisse apercevoir à la fois le point de pointage ou l'objectif et la batterie.

---

(1) Il n'est pas possible d'avoir d'indécision sur le choix du quadrant.

La lunette étant en station à droite (gauche) de la batterie est dirigée à vue sur un point situé à droite (gauche) du point de pointage ou de l'objectif et à une distance de ce point de pointage ou de l'objectif à peu près égale à l'intervalle entre la lunette et le premier canon, compté perpendiculairement au plan de tir.

La lunette étant pointée, le manchon vertical, on amène l'index de l'indicateur mobile sur l'une des quatre divisions principales tracées en rouge et marquées d'une flèche qui indiquent Pl. zéro-T 100; on pointe ensuite successivement la lunette sur chacune des colonnes d'appareil de pointage des canons, on lit sur le plateau du pied de la lunette, vis-à-vis de l'index, les dérives à donner aux appareils, et on les annonce successivement.

Les pointeurs mettent le niveau à zéro et amènent la bulle entre ses repères, placent s'il y a lieu la rallonge d'appareil de pointage, donnent la dérive indiquée dans le quadrant convenable, pointent sur le manchon de la lunette, repèrent sur un point aussi éloigné que possible, puis abattent et pointent sur ce point, si l'ordre en est donné.

268. Le parallélisme étant établi, la batterie bat un front égal au sien. Si le front de l'objectif est supérieur, il faut donner aux pièces un échelonnement qui sera égal à la différence entre le quart du front du but et le quart du front de la batterie. On peut admettre comme échelonnement complémentaire aux distances moyennes de combat le quart du front mesuré de l'objectif diminué de cinq millièmes.

269. Groupe. — Lorsqu'un commandant de groupe doit faire simultanément la désignation des objectifs à ses capitaines sans pouvoir se porter successivement sur l'emplacement de chaque batterie, il a toujours intérêt à se placer vers le milieu du front de l'ensemble de ses batteries.

Il évitera ou diminuera ainsi les erreurs que pourraient commettre les capitaines en se transportant à l'emplacement de leur première pièce.

Le choix du point de pointage de chaque batterie est d'ailleurs indépendant du point de repère qu'aura pu utiliser le chef d'escadron pour la désignation des objectifs. Les régimes qu'adoptent les capitaines pour préparer le tir de leurs batteries peuvent également varier.

270. Le commandant d'une artillerie divisionnaire ou de corps a intérêt à faire, dans les mêmes conditions, la désignation des objectifs aux chefs d'escadron en se portant successivement au centre de la position de chacun des groupes.

II.

PRÉPARATION DU TIR DANS LA POSITION DE SURVEILLANCE.

271. La préparation du tir d'une artillerie en position de surveillance exige avant tout qu'on se procure à l'avance tous les éléments initiaux du tir correspondant aux points remarquables du terrain à proximité desquels il y a des chances de voir apparaître des objectifs : distances de tir, angles de site, écarts angulaires par rapport à des points de pointage déterminés et bien connus de tout le monde, et, s'il y a lieu, échelonnements de convergence correspondants.

Il faut en outre que les canons aient été disposés à l'avance, de façon qu'au moment de l'apparition d'un objectif on ait à faire le moins d'opérations possible.

272. Le capitaine peut disposer les pièces sous trois régimes distincts :

1° Convergence. — Les moyens diffèrent suivant la position du point de pointage :

A. — Réaliser, sans abattre, la convergence sur un point situé à plus de 1.500 mètres de la batterie, dans la direction de l'axe de la zone de surveillance ; lorsque l'objectif apparaît, mesurer de l'emplacement de la pièce de droite l'écart angulaire entre sa droite et ce point, évaluer le front de l'objectif et opérer comme il est indiqué n°s 255 et 256.

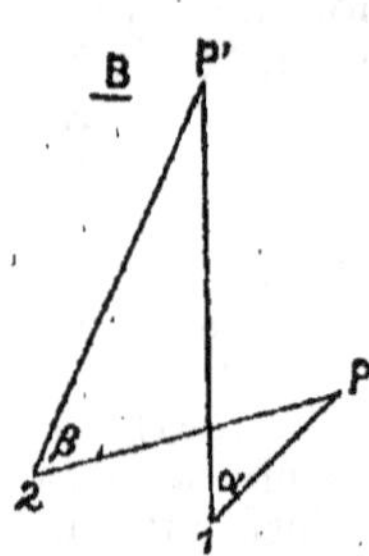

Ce procédé très simple convient aux zones de surveillance larges ; il a l'inconvénient de nécessiter au moment de l'apparition de l'objectif deux opérations successives de dérive dont la somme algébrique n'est pas la même pour toutes les pièces.

B. — Si le point de pointage P qu'on est obligé de choisir est trop rapproché de la batterie pour qu'on puisse négliger l'échelonnement de convergence, le capitaine se fixe personnellement, entre 2.000 et 3.000 mètres, un point de repère auxiliaire P' qui n'a pas besoin de réunir les conditions de visibilité habituelles puisque le capitaine n'a pas à le désigner ; et, par une double mesure angulaire α et β, il détermine l'échelonnement de convergence sur ce dernier point ; il réalise alors à l'avance la convergence de toutes les pièces sur le point de repère auxiliaire P' et n'a plus à l'apparition de l'objectif qu'à transporter le tir sur l'objectif B sans faire intervenir de nouvel échelonnement de convergence. Après cette opération, il prescrit l'échelonnement nécessaire.

273. 2° Parallélisme. — Établir les canons parallèles, l'axe de la première pièce étant dirigé sur un point bien net vers le milieu de la zone de surveillance; lorsque l'objectif apparaît, mesurer l'écart angulaire du plan du tir de la première pièce à la droite de l'objectif; transporter le faisceau parallèle d'une quantité égale à cet écart et dans le sens voulu; abattre et ouvrir le feu.

Ce procédé est d'une grande simplicité et d'un emploi très fréquent, car il permet en général de battre, dans toute son étendue et dès la première salve, un front égal au front de la batterie; en outre, ce résultat est obtenu au moyen d'une seule opération qui consiste à faire une même correction de dérive pour toutes les pièces.

274. 3° Éventail. — Trois procédés peuvent être employés :

A. — Disposer le faisceau des plans de tir en éventail en dirigeant la première pièce sur un repère aussi rapproché que possible de la direction qu'on choisit pour cette pièce et en échelonnant les dérives de 15 millièmes (1), de manière à établir les plans de tir dans des directions divergentes et de plus en plus éloignées de celle de la première pièce.

Opérer ensuite comme il vient d'être dit quand l'objectif apparaît.

B. — Si l'on ne peut pas prendre le point de repère comme point de pointage, choisir un point de pointage quelconque, amener par la mesure de l'écart angulaire entre le point de pointage et le point de repère le plan de tir de la première pièce sur le point de repère; prescrire pour les trois autres pièces un échelonnement de 15 millièmes qui vient s'ajouter, s'il y a lieu, à l'échelonnement de convergence que comporte la position relative du point de pointage et du point de repère.

C. — On peut encore diriger à vue sur le point de repère l'axe de la première pièce, établir les autres parallèlement à celle-ci (ce qui équivaut à un échelonnement de 5 millièmes), les repérer, puis prescrire un échelonnement complémentaire de 10 et repointer sur les points sur lesquels chaque pièce a été primitivement repérée.

---

(1) Certaines circonstances, telles que la largeur de la zone à surveiller, peuvent motiver l'adoption d'un échelonnement différent.

275. — Si l'on est obligé de diriger sur le repère une pièce autre que la première, disposer cette pièce, rendre toutes les pièces parallèles à cette dernière et, ensuite, pour diriger l'axe de la première pièce sur le point de repère, déplacer le faisceau en augmentant toutes les dérives de 5, 10 ou 15 (suivant qu'on a établi d'abord la deuxième, troisième ou quatrième pièce) ; ordonner un échelonnement de 10.

276. Ce procédé permet de battre instantanément, avec un petit nombre de pièces, un but large apparaissant à l'improviste (1). Mais, pour diriger sur le but l'ensemble des pièces, il convient souvent de corriger l'échelonnement. Par suite, on pourra avoir deux opérations successives à exécuter : transport de l'éventail et correction de l'échelonnement.

277. Quand la zone de surveillance excède le front que la batterie peut battre avec fauchage, il est généralement préférable de ne pas abattre.

Cependant, il faut toujours abattre à l'avance quand on surveille un point de passage obligé et qu'on peut tenir ce point de passage entièrement sous le feu de la batterie établie.

278. Groupe. — Si, par exception, la zone de surveillance a été répartie entre les batteries, chacune d'elles opère comme si elle était isolée et conformément aux indications fournies ci-dessus.

279. Dans le cas contraire, le chef d'escadron, pour préparer le tir de son groupe, cherche à placer ses batteries de manière que chacune d'elles, sur l'indication d'un simple écart angulaire par rapport à un point remarquable commun et connu de tous les capitaines, puisse ouvrir le feu sans retard sur des points déterminés de la zone de surveillance.

Pour éviter des calculs sujets à erreur, il faut que ce point se trouve dans le voisinage de l'axe de la zone de surveillance et à une distance suffisante pour qu'il n'en résulte pas d'échelonnement de convergence; il faut aussi que, pour les désignations à faire, le chef d'escadron, ayant les capitaines près de lui, soit placé vers le centre du front occupé par le groupe.

Il n'est d'ailleurs nécessaire ni que ce point serve de point de pointage à toutes les batteries, ni que leur tir

---

(1) L'ouverture de l'éventail, égal à 45 millièmes, permet de battre, avec fauchage, à 2.500 mètres, un front de 200 mètres.

soit préparé d'après le même procédé ; il suffit que les plans de tir des pièces de droite de chaque batterie, si l'on a adopté le régime du parallélisme ou celui de l'éventail, et les plans de tir de toutes les pièces, si l'on a adopté le régime de la convergence, passent par le point en question lorsque chacune de ces pièces est pointée sur le point de pointage de sa batterie.

Si cette situation ne peut pas être réalisée, le point de repère visé plus haut ne servira que de point de départ pour la désignation de l'objectif par le commandant de groupe aux capitaines.

Si le poste d'observation du commandant de groupe est éloigné des batteries, il a le plus souvent intérêt, pour attribuer leur mission à celles qui doivent ouvrir le feu ou changer d'objectif, à se transporter auprès d'elles.

CHAPITRE VI.

CONCOURS DE POINTAGE ET DE TIR.

280. Dispositions générales. Le concours de pointage et de tir comprend des *épreuves de pointage*, divisées en trois séries, et un *concours de tir*.

Chaque année, quand l'instruction d'artillerie est complète, avant ou pendant la période des écoles à feu, suivant l'époque à laquelle elles ont lieu et suivant les circonstances, on fait, entre les batteries du régiment, le concours de pointage dont les opérations sont préparées et suivies par une commission nommée par le chef de corps. A la fin des écoles à feu, on procède au concours de tir.

Chaque capitaine désigne pour prendre part à ces concours une équipe comprenant le personnel (servants) d'une pièce, commandé par un maréchal des logis. Les pointeurs déjà titulaires d'une grenade en or n'en font pas partie.

CONCOURS DE POINTAGE.

281. Pour les épreuves de pointage, la commission choisit un canon dans lequel les organes de pointage ne présentent pas de jeu. Ce canon sert à toutes les batteries du corps.

Les trois séries d'épreuves de pointage n'ont pas lieu obligatoirement dans la même séance. On les exécute dans l'ordre suivant :

282. Première épreuve. — On fera choix d'un objectif de 80 à 100 mètres de front, suffisamment visible, et à distance assez faible pour justifier l'emploi du pointage individuel. Chaque pièce sera supposée, 1ᵒ, 2ᵒ, 3ᵒ ou 4ᵒ pièce d'une batterie, le rang supposé étant le même pour toutes les pièces prenant part au concours.

La commission, assistée d'une équipe spéciale de servants, comprenant un maître-pointeur, titulaire d'une grenade en or, fera, au préalable, exécuter, avec le canon choisi, les opérations suivantes, auxquelles elle apportera le plus grand soin :

Abattre, mettre la hausse à la distance 2.500 (mesure prise sur le secteur), et pointer en hauteur et en direction à l'aide du collimateur sur le point de l'objectif correspondant au rang supposé de la pièce;

Repérer en direction sur une perche, ou sur tout autre point très net, destiné à servir de point de repérage ultérieur pour toutes les pièces prenant part au concours;

Repérer l'inclinaison du canon à l'aide du niveau modèle 1888. Répéter trois fois cette opération et prendre la moyenne comme inclinaison exacte.

Cela fait, on indiquera aux pointeurs les conditions du tir, la hausse de 2.500, le genre de pointage, l'objectif, le rang supposé de la pièce dans la batterie, le point de repérage; puis, le canon étant en batterie auprès de son caisson, sur un terrain favorable, le frein de roues relevé, le plateau à zéro, le tambour à cent, le niveau à zéro, la hausse à 4.500, le frein reposant sur son coussin, les servants à leurs postes, les opérations pour le personnel de chaque batterie commenceront au commandement :

Au collimateur — Chacun sa part,

fait par un membre de la commission.

L'abatage, puis, la hausse étant placée à 2.500 (mesure prise sur le secteur), le pointage et le repérage seront exécutés immédiatement. L'opération cessera à l'indication : *Prêt* du pointeur.

Pour chaque batterie, la commission notera :

A₁ le temps en secondes qui s'est écoulé depuis le commandement : *Chacun sa part* jusqu'à l'indication : *Prêt.*

B₁ l'écart en minutes, relevé avec le niveau modèle 1888, entre l'inclinaison du canon et l'inclinaison trouvée par la commission. Cette mesure se fera après que l'on aura vérifié que le secteur marque toujours exactement 2.500; on l'y fera replacer par le pointeur lui-même, s'il y a lieu.

C₁ l'écart entre le nombre de millièmes marqué par le plateau et le tambour et celui qui aura été enregistré par la commission. Cette mesure se fera après que l'on aura vérifié que le canon est bien repéré sur le point indiqué. S'il y a lieu, par suite d'erreur de point de repère, de faire recommencer l'opération, le temps nécessaire à cette deuxième opération sera ajouté au temps A_1.

D_1 la distance, exprimée en demi-centimètres, dont il a fallu déplacer l'affût sur l'essieu après l'abatage, distance évaluée par la différence de longueur de la partie visible d'un des côtés de l'essieu dans la position initiale et dans la position finale de l'affût.

E_1 l'obliquité du levier-pivotant. Cette obliquité sera mesurée en faisant la différence en centimètres des distances des deux extrémités du levier à deux points pris sur le côté de la flèche et symétriquement placés par rapport à son axe.

283. Deuxième épreuve. — Pour cette deuxième épreuve, la commission fera choix d'un point de pointage bien net; elle fera également choix d'une dérive comprise entre 100 et 150 millièmes à droite ou à gauche de l'origine des dérives, et d'un angle de site compris entre zéro et 30 millièmes, mais autre que zéro.

Après avoir donné très exactement aux index du canon, ou aux divisions des appareils par rapport aux index, les positions convenables, elle fera abattre et pointer sur le point de pointage et notera, comme ci-dessus, l'inclinaison du canon à l'aide du niveau modèle 1888.

Ces opérations préalables terminées, on montrera aux pointeurs le point de pointage, au moyen d'une lunette pointée, et l'on indiquera les conditions du tir (pointage collectif avec angle de site initial sans repérage), puis le canon, le caisson et les servants seront disposés comme pour la première épreuve.

Les opérations pour chaque batterie commenceront aux commandements :

Plateau tant, tambour tant,

Angle de site tant, — POINTEZ,

faits par un des membres de la commission.

L'abatage et le pointage seront exécutés immédiatement; l'opération cessera à l'indication « *Prêt* » du pointeur.

Pour chaque batterie, la commission notera les valeurs A_2, B_2, D_2, E_2, correspondant aux valeurs A_1, B_1, D_1 et E_1 de la première épreuve, ainsi que le nombre de millièmes F_2, qui mesurera l'erreur de pointage en direction sur le point de pointage. Il n'est pas tenu compte dans la mesure de F_2 des erreurs inférieures à 1 millième ni des fractions de millième.

284. Troisième épreuve. — Enfin, au commandement :

Augmentez (diminuez) la dérive de n,

le pointeur exécutera l'opération commandée et la

commission notera encore le temps A_3 qui se sera écoulé entre l'énoncé de ce commandement et l'énoncé *Plateau tant — Tambour tant*, fait par le pointeur à la suite de l'opération ainsi que le nombre de millièmes C_3 qui donnera la mesure de l'erreur commise; *n* devra être choisi de façon qu'il en résulte une modification des divisions du plateau et du tambour. Il devra être le même pour toutes les batteries. Le nombre C_3 aura pour maximum 20.

285. Pour chaque batterie, la commission fera la somme :

$$S = (A_1 + A_2 + A_3) + 5(B_1 + B_2) + 2C_1 + (D_1 + D_2) + (E_1 + E_2) + 5F_2 + C_3.$$

CONCOURS DE TIR.

286. Le concours de tir a lieu après les exercices de tir de l'année, entre les équipes des différentes batteries.

Il s'exécute avec des pièces de 75 millimètres dont on vérifie avec soin, avant le concours, les appareils de pointage, de manière à n'employer que des pièces comparables.

Il est attribué à chaque équipe, par voie de tirage au sort, un canon avec son caisson en batterie; les pièces sont disposées à l'avance, sur un même alignement, à l'intervalle de l'ordre en batterie, et sur un terrain aussi ferme, uniforme et horizontal que possible.

A 600 mètres environ de chaque pièce, un panneau carré de 3 m. 50 au moins de côté est dressé verticalement. Le centre du panneau est marqué en noir.

La commission spéciale désignée par le chef de corps est chargée de préparer et de suivre les épreuves.

Le concours comprend, pour chaque pièce, les opérations suivantes :

1° Pointer au collimateur sur le centre du panneau avec plateau 0, tambour 100 et la hausse correspondant à la distance du panneau; repérer au niveau et noter les divisions marquées par l'instrument.

Repérer en direction sur une perche repère située à 2.000 mètres environ; noter les divisions du plateau et du tambour, tirer le coup d'essai et faire subir, s'il y a lieu, aux éléments de pointage les modifications nécessaires pour ramener le coup dans le voisinage du centre de la cible. Pour les corrections en hauteur, on modifiera la distance en partant de cette donnée qu'une augmentation de distance de 25 mètres élève le coup de 0 m. 35 à 600 mètres.

2° Relever le frein de roues, ramener l'affût au milieu de l'essieu, donner la hausse de 4.500 mètres et mettre l'appareil de sûreté à la position de route.

Au commandement : *Tir percutant* — TELLE DISTANCE, abattre la pièce sur la perche repère, charger et donner la hausse.

3° Noter en secondes le temps a écoulé depuis le commandement : TELLE DISTANCE, jusqu'au moment où la pièce est prête à tirer, la culasse fermée.

Mesurer également le nombre b de tours et fractions de tour de volant de pointage en direction qui ont été donnés par le pointeur (1).

Faire la somme $A_1 = \dfrac{a}{3} + b$. Si b dépasse 5, lui substituer $5 + 2\,(b\text{-}5)$.

Mettre l'appareil de sûreté à la position de tir et faire partir le coup.

4° Déranger le pointage en hauteur, ramener l'affût sur le milieu de l'essieu, donner la hausse de 1.500 mètres et faire relever le frein de roues.

5° Abattre et tirer un nouveau coup de canon dans les mêmes conditions que ci-dessus, puis un troisième dans les mêmes conditions que le second, après avoir encore relevé, ramené l'affût au milieu de l'essieu, donné la hausse de 3.400 mètres et dérangé le pointage en hauteur. Déterminer ainsi, comme il a été dit au paragraphe 3, les nombres A_2 et A_3.

6° Calculer la somme $A = A_1 + A_2 + A_3$ et la moyenne E des écarts en centimètres de chaque coup par rapport au point moyen. Établir la somme $A + E$. Si une pièce n'a que deux coups dans la cible, la moyenne E sera calculée en supposant que le troisième coup a atteint l'angle du panneau le plus éloigné du centre de la ligne droite joignant les deux coups. Si une pièce n'a qu'un coup dans la cible, elle sera calculée comme si les deux autres coups avaient atteint l'angle du panneau le plus éloigné de ce coup unique.

NOTA. — Pour éviter que les trous que produit la crosse après le départ d'un coup ne gênent les abatages ultérieurs et que les sillons ne servent d'indications pour ces abatages, il est bon de faire avancer ou reculer le canon de 50 à 75 centimètres : ce déplacement n'apporte d'ailleurs aucun changement appréciable dans les données du tir.

287. Classement. — Le classement définitif des batteries résulte de la somme $S + A + E$, chaque pièce étant d'autant mieux classée que le nombre de points obtenus par elle est plus petit.

---

(1) On obtiendra ce résultat en se servant d'une jauge graduée à l'avance et donnant, pour tout écartement entre l'affût et l'épaulement intérieur de la roue, le nombre de tours et de fractions de tour du volant de pointage en direction. L'emploi d'une jauge ainsi graduée permet de mesurer b sans déranger le pointage exécuté par le pointeur.

Il donne lieu à l'attribution de grenades en or aux pointeurs des pièces classées les premières sur la liste générale du corps, ainsi qu'à l'attribution de prix à l'ensemble de chacune des équipes classées premières, dans les conditions suivantes :

Il est attribué à tout corps ou fraction de corps isolée autant de grenades en or qu'il comprend de groupes de deux ou trois batteries. Les pointeurs des équipes ayant pris part au concours et qui n'ont pas obtenu de grenades en or à la suite du classement définitif reçoivent chacun une grenade en laine.

La valeur totale des prix à décerner est calculée à partir de 10 francs par batterie prenant part au concours.

Pour un nombre de batteries supérieur à sept, il est décerné :

1° Un premier prix de 30 francs ;

2° Deux deuxièmes prix de 20 francs ;

3° Autant de troisièmes prix de 10 francs que le nombre des batteries le permettra d'après la règle posée ci-dessus.

Lorsque le nombre des batteries prenant part au concours est de six ou sept, il en sera de même, sauf qu'il ne sera décerné qu'un deuxième prix de 10 francs.

Enfin, si le nombre des batteries prenant part au concours est inférieur à six, il ne sera pas décerné de prix de 20 francs.

TITRE IV.

INSTRUCTION A CHEVAL.

—

CHAPITRE 1er.

PRINCIPES GÉNÉRAUX.

Le présent chapitre constitue le corps de doctrine destiné à servir de base à l'instruction à cheval ; il contient l'exposé de la méthode d'équitation réglementaire, dont il doit être fait application aux exercices de l'instruction élémentaire et de l'instruction spéciale.

ARTICLE 1er.

DE LA POSITION A CHEVAL.

288. Dans la position décrite à la première partie (n° 319), les parties du corps représentées par le buste et les jambes sont mobiles et doivent agir à la volonté du cavalier, soit comme aide, soit comme moyen d'adoucir les réactions ou de combattre les défenses du cheval.

La cuisse doit au contraire rester immobile et adhérente à la selle, toutes les fois que les réactions n'obligent pas le cavalier à céder à l'impulsion qu'il reçoit ; mais, dans ce cas même, le genou doit se fixer, comme un pivot autour duquel les parties voisines peuvent se mouvoir.

Si le cavalier a les *fesses trop en arrière*, il ne peut se lier aux mouvements du cheval, il est exposé à se blesser sur le troussequin et à porter le haut du corps en avant; on combat ce défaut en recommandant au cavalier de *chasser les fesses en avant*, de *chercher le fond de la selle* et d'exécuter fréquemment le mouvement d'élévation des cuisses.

Les *cuisses doivent être tournées sur leur plat*, afin que leur forme soit mise en rapport avec la convexité du corps du cheval. Si les cuisses sont tournées trop en dehors, l'éperon peut agir sans la volonté du cavalier, le genou est ouvert, l'adhérence de la cuisse est diminuée. On fait disparaître ce défaut de position au moyen de la rotation des cuisses.

Si la cuisse est trop rapprochée de l'horizontale, on dit que le cavalier *est raccroché ;* les genoux remontent facilement et la puissance d'enveloppe du cavalier est diminuée. Ce défaut est fréquent chez les commençants ; on y remédie par un exercice prolongé sans étriers et par la rotation des cuisses.

Si la cuisse est trop rapprochée de la verticale, on dit que le cavalier est *sur l'enfourchure.* Le cavalier ainsi placé a souvent de la puissance, mais peu d'aisance; il a moins de facilité pour se lier aux mouvements du cheval ; on remédie à ce défaut par l'élévation des cuisses.

En résumé, le cavalier doit être assis, tout en ayant la cuisse descendue.

Si le cavalier prend un *trop grand appui sur les étriers,* cet appui dérange son assiette ainsi que la position des jambes et nuit à la facilité de leur action.

Si le cavalier ne chausse pas les étriers jusqu'au tiers, il risque de les perdre, et s'il les chausse trop, les jambes ne tombent plus naturellement.

Si le pied ne présente pas légèrement la semelle en dehors, le genou peut être écarté de la selle.

Le talon doit être plus bas que la pointe du pied, afin que le pied puisse conserver l'étrier sans effort et sans raideur, que le jeu de son articulation avec la jambe reste libre et que le cavalier ne risque pas d'employer l'éperon mal à propos.

289. Quand le cavalier monte sans étriers, la pointe des pieds doit tomber naturellement afin de ne pas amener de raideur dans les jambes.

290. La position indiquée doit être recherchée toutes les fois que le cheval est de pied ferme ; mais elle est susceptible d'être modifiée dans différents cas, soit d'une manière intermittente, soit d'une manière continue.

Ainsi, le cavalier modifie cette position d'une manière intermittente lorsque les réactions naturelles du cheval, se produisant à intervalles égaux, l'obligent à céder à chaque réaction pour reprendre aussitôt après sa position normale. Exemple : le cavalier étant au trot est projeté à chaque battue diagonale ; le cavalier étant au galop est légèrement chassé sur le côté à chaque temps ; mais, dans l'un et l'autre cas, il reprend sa position dans l'intervalle de chaque battue ou de chaque temps.

Le cavalier modifie sa position d'une manière continue lorsqu'il veut disposer de son poids pour charger soit l'avant-main, soit l'arrière-main, et produire tel ou tel effet ; il la modifie accidentellement, en portant le corps soit en arrière, soit en avant, pour résister aux défenses d'un cheval qui rue ou se cabre.

Le buste doit suivre avec souplesse le mouvement du cheval, de manière à rester bien d'aplomb ; dans la marche circulaire, le cavalier doit s'attacher à conserver le même degré d'inclinaison que son cheval, sans laisser en arrière le côté du corps qui se trouve en dehors du cercle.

Dans certains exercices (tels que le trot enlevé) et dans l'emploi des armes, le cavalier, par exception aux principes ci-dessus, sent l'appui sur les étriers et les chausse plus ou moins complètement ; il doit encore les chausser pour tous les sauts et passages d'obstacles.

ARTICLE II.

DES ALLURES.

291. Les allures réglementaires sont susceptibles d'être allongées ou ralenties, à un degré variable avec l'habileté du cavalier et la qualité du cheval.

Les allures sont franches quand les battues des membres s'effectuent avec régularité et que le cheval est droit, c'est-à-dire lorsqu'il a la tête, l'encolure et le corps placés dans la direction de la marche.

L'égalité et la régularité de l'allure garantissent le bon ordre dans les mouvements en troupe et conduisent à ménager le cheval.

Les variations d'allure doivent se faire progressivement, quel que soit le degré d'énergie apporté dans l'emploi des jambes et la brièveté de la transition.

A l'arrêt, le cheval doit être droit et poser en outre d'aplomb sur ses quatre membres.

292. Du pas. — Le pas est une allure lente que le cheval peut soutenir très longtemps. Les pieds se lèvent successivement et posent dans l'ordre de leur lever. Ainsi, par exemple, si le pied droit de devant entame l'allure, les autres pieds se lèvent dans l'ordre suivant : gauche de derrière, gauche de devant, droit de derrière ; ils se posent dans le même ordre et de telle manière qu'il y en a toujours deux levés et deux à l'appui.

293. Du trot. — Le trot régulier est une allure dans laquelle le cheval fait entendre des battues également espacées et exécutées successivement par chaque bipède diagonal.

Le cheval peut soutenir le trot plus longtemps que le galop ; c'est l'allure la plus propre aux parcours rapides et étendus.

294. Du trot assis. — Le cavalier est au trot assis lorsqu'il essaye de conserver son assiette sans éviter aucune des réactions provenant de la succession des battues.

Le corps, projeté verticalement par une première battue, reçoit, au moment où il retombe, la réaction d'une nouvelle battue ; ces chocs, se reproduisant à intervalles égaux, communiquent au cavalier un mouvement alternatif d'élévation et d'abaissement.

Le cavalier doit s'efforcer de réparer les écarts qu'il éprouve beaucoup moins par la force que par l'équilibre ; il s'attache à adoucir les réactions au moyen de la souplesse du rein, et épargne au cheval les saccades de rênes en maintenant les poignets fixes.

295. Du trot enlevé. — Le cheval marchant au trot, le cavalier, pour prendre le trot *enlevé*, commence par incliner légèrement le corps en avant, de manière à céder plus facilement à la réaction qui doit lui faire quitter le fond de la selle ; puis, prenant un léger appui sur les étriers, tout en conservant l'adhérence des genoux et des jambes légèrement portées en arrière, il maintient son assiette isolée de la selle pendant que la réaction suivante se produit ; il continue dans cet ordre en évitant toujours une réaction sur deux.

La bonne exécution exige : que l'assiette s'éloigne le moins possible ; que le contact de la selle se reprenne moelleusement, sans choc ; que l'appui sur les étriers soit léger et que le talon soit maintenu plus bas que la pointe du pied.

Si le cavalier a les étriers trop chaussés, l'articulation du pied n'a pas l'élasticité suffisante pour se lier en mesure aux mouvements du cheval.

Si le cavalier enlève trop l'assiette, les mouvements sont disgracieux et le cavalier se fatigue sans profit pour le cheval.

Si le cavalier n'enlève pas assez l'assiette, il retombe en selle avant que la réaction à laquelle il doit échapper soit terminée et perd la cadence du trot.

Le trot enlevé doit être le seul employé en dehors des exercices de manège.

296. On dit que le cavalier trotte sur le bipède diagonal droit (gauche), au trot enlevé, lorsque son corps retombe sur la selle au moment de la battue du bipède diagonal droit (gauche).

Le cavalier reconnaît qu'il trotte sur un bipède diagonal déterminé, par le déplacement plus marqué du genou et du corps du côté du membre antérieur de ce bipède.

Le cavalier change de bipède en évitant de céder à la réaction qui doit l'enlever dans le rythme adopté et en cédant à la réaction suivante.

La fatigue des membres n'est pas la même dans les deux cas ; il est donc bon, pour ménager les chevaux, d'alterner le trot de chaque bipède.

297. Du galop. — Le galop est l'allure la plus rapide et la plus fatigante. Le cavalier doit éviter de l'employer pour de longs trajets et notamment pour les routes, surtout lorsque le cheval est chargé. Au travail de manège, la régularité obtenue dans un *galop très ralenti* peut servir de contrôle à l'habileté du cavalier.

Un cheval *galope sur le pied droit*, lorsque le membre antérieur droit dépasse le membre antérieur gauche et que le membre postérieur droit dépasse aussi le membre postérieur gauche. Le mécanisme de cette allure s'opère en trois temps. Le premier temps est marqué par le membre postérieur gauche, qui pose le premier à terre ; le deuxième, par le bipède diagonal gauche, et le troisième par le membre antérieur droit.

Le galop sur le pied gauche s'effectue d'après les mêmes principes.

Un cheval *galope juste*, lorsqu'il galope sur le pied droit en travaillant ou tournant à main droite, et sur le pied gauche en travaillant ou tournant à main gauche.

Un cheval *galope faux*, lorsqu'il galope sur le pied gauche en travaillant ou tournant à main droite, et sur le pied droit en travaillant ou tournant à main gauche.

Un cheval est *désuni*, lorsqu'il galope à droite des pieds de devant et à gauche des pieds de derrière, ou inversement.

Le cavalier doit, sans se pencher, reconnaître sur quel pied galope son cheval, par les indices suivants :

Dans le galop à droite, tout le côté droit du cavalier est porté en avant ; la fesse gauche ressent une réaction plus marquée que la fesse droite ; la jambe droite éprouve un balancement plus sensible que la jambe gauche ; le genou droit frotte sur la selle, tandis que le genou gauche reste facilement adhérent et fixe.

Dans le galop à gauche, les effets inverses se manifestent.

Il est essentiel, pour la sécurité du cavalier et la facilité du mouvement, que le cheval galope sur le pied droit pour tourner à droite, et sur le pied gauche pour tourner à gauche.

298. Lorsqu'un cheval est désuni, il peut être *faux de devant* ou *faux de derrière*. Dans le premier cas, la ligne d'appui du bipède latéral du dehors est très étendue, tandis que les membres du bipède latéral du dedans sont très rapprochés ; le passage des coins rend la chute imminente.

Dans le deuxième cas, les bipèdes latéraux ont une attitude inverse de celle qui vient d'être indiquée et le tourner devient d'une exécution difficile.

On dit que le cheval *galope à quatre temps*, lorsque le bipède diagonal gauche (en galopant à droite) fait entendre deux battues successives, au lieu de les opérer simultanément. Cette allure est défectueuse et provient souvent de faiblesse de rein ou de ruine ; le cavalier doit combattre cette défectuosité par un soutien plus accentué des mains et des jambes et chercher à accorder ses aides de façon à régulariser la cadence de l'allure.

ARTICLE III.

DU TRAVAIL DE MANEGE.

§ 1ᵉʳ. — CONDUITE EN BRIDON.

299. La tenue des rênes de bridon est détaillée au n° 316 de la 1ʳᵉ partie. Dans cette tenue, deux doigts seulement, le pouce et l'index, sont fermés sur les rênes d'une façon invariable, pour en limiter la longueur ; les autres doigts peuvent à volonté, suivant qu'on les étend ou qu'on les resserre, produire la diminution ou l'augmentation de tension de chaque rêne.

300. Des aides. — On entend par aides les moyens au pouvoir du cavalier pour agir sur le cheval.

Les aides principales sont les jambes et les rênes. L'action des jambes est complétée par l'éperon.

301. Des jambes. — Lorsque le cavalier ferme la jambe droite, il exerce une pression à laquelle le cheval répond en déplaçant ses hanches vers la gauche.

L'action isolée de la jambe gauche se traduit par un effet inverse.

L'action simultanée des deux jambes produit une double pression à laquelle le cheval doit répondre par le mouvement en avant. Il est essentiel d'entretenir chez le cheval cette manifestation indispensable de docilité.

L'action des jambes varie suivant son intensité, et selon les parties du corps sur lesquelles elle s'exerce ; à égale intensité, la pression des jambes a d'autant plus d'effet qu'elle est exercée plus en arrière.

L'action des jambes qui doivent donner l'impulsion nécessaire à l'exécution de tout mouvement précède toujours celle des rênes.

1002. De l'éperon. — Le coup d'éperon doit être sec, rapide et appliqué en arrière et près de la sangle.

L'action de l'éperon est d'autant plus nette qu'elle est plus normale au cheval.

1003. Des rênes. — Les rênes du bridon servent à transmettre à la bouche du cheval les actions de la main du cavalier, de façon à régler et à diriger l'impulsion fournie par les jambes.

Le cavalier *règle* l'impulsion en modifiant à propos la tension des rênes pour retenir plus ou moins le cheval. Cet effet peut s'obtenir :

Soit en exerçant sur les rênes une traction plus ou moins forte par un mouvement de tout le haut du corps ;

Soit en élevant ou baissant les poignets ;

Soit en serrant simplement les doigts sur les rênes (ce qui s'appelle *fixer la main*) ou, au contraire, en relâchant les doigts pour laisser les rênes glisser dans la main ;

Soit en agissant par un mouvement alternatif des poignets, ou simplement des doigts, ce qui s'appelle *scier du bridon*. (Ce procédé est d'une grande puissance pour retenir le cheval.)

L'expression : *rendre la main* signifie : Diminuer la tension des rênes.

Le cavalier *dirige* l'impulsion en attirant ou en poussant la tête et l'encolure du cheval du côté où il veut le conduire, par des déplacements latéraux de ses mains :

1° Lorsque le cavalier ouvre la rêne droite, en portant franchement la main à droite, la tête et l'encolure du cheval sont attirées vers la droite *(rêne directe)* ;

2° Lorsque le cavalier appuie la rêne droite contre l'encolure, la tête est attirée vers la droite, et la masse de l'encolure est poussée vers la gauche *(rêne d'appui* ou *rêne opposée)*.

Lorsque ces actions de rênes ne sont pas accompagnées d'une action des jambes, elles produisent un léger mouvement rétrograde si le cheval est de pied ferme, d'un ralentissement d'allure s'il est en marche.

1004. De l'accord des aides. — Toutes les fois que, pour obtenir un mouvement, on est obligé de faire intervenir plusieurs aides à la fois, il devient indispensable de les employer assez judicieusement pour que leurs effets se prêtent un mutuel secours au lieu de se contrarier. En outre, même lorsqu'une aide doit, à elle seule, déterminer un mouvement, il faut que les autres aides soient prêtes à intervenir au besoin pour régulariser ou seconder son action qui a pu être imparfaite ou donner lieu, de la part du cheval, à une obéissance incomplète. Dans ce cas, il peut arriver qu'une aide régulatrice puisse acquérir plus d'importance que l'aide ayant produit le mouvement lui-même.

La façon plus ou moins adroite dont le cavalier emploie ses différentes aides et combine leurs effets pour mettre au point l'exécution d'un mouvement s'appelle *l'accord des aides*.

Si compliqué que soit l'accord des aides, on doit toujours chercher à obtenir l'obéissance du cheval par des actions très correctes et aussi légères que possible des mains et des jambes. Mais la main, si légère qu'elle soit, ne peut se tenir en rapport constant avec la bouche du cheval que par une certaine tension des rênes. C'est ce que l'on exprime en disant que le cheval s'appuie légèrement sur la main.

L'appui doit être continu, mais moelleux, pour ne pas rebuter le cheval et pour lui conserver cette tendance permanente au mouvement en avant qui s'appelle la *franchise*.

Le cheval franc cherche de lui-même l'appui sur la main, son impulsion le portant à allonger son encolure pour tendre ses rênes. Si l'appui vient à cesser, le cavalier cherche à le rétablir en portant le cheval en avant par une action modérée des jambes, mais non en reprenant ses rênes pour les tendre par un mouvement rétrograde de la main.

Si, malgré l'action des jambes, le cheval refuse de se porter sur la main pour chercher l'appui, on dit *qu'il est en arrière de la main*.

305. Avertir et préparer le cheval. — Avant de commencer un mouvement, que le cheval soit à l'arrêt ou en marche, il faut qu'il soit *averti* et *préparé*.

Pour cela, le cavalier commence par rapprocher ses jambes et ajuster ses rênes assez doucement pour ne provoquer aucun mouvement, si le cheval est de pied ferme, ou aucune modification d'allure, s'il est en marche. Néanmoins, en sentant les aides se rapprocher de lui, le cheval témoigne par une attitude un peu plus soutenue qu'il devient attentif. On dit alors qu'il est averti.

Si le contact des aides se prolonge et s'accentue, mais sans que l'action d'aucune devienne prédominante, le cheval, sans changer d'allure, modifiera son attitude d'une façon appréciable. Sollicitée par les jambes, l'arrière-main s'avancera un peu ; mais l'avant-main retenue par les rênes ne se conformera pas à l'impulsion reçue. Le cheval se grandira un peu du devant, cédera de la mâchoire en mâchant son mors, et se trouvera comme ramassé sur lui-même ou *rassemblé*. Le cavalier reconnaîtra alors que son cheval est préparé pour n'importe quel mouvement, car il le sentira mobile entre ses jambes et disposé à se déplacer facilement, quelle que soit l'aide qui vienne à prédominer.

Cette préparation du cheval par un *effet d'ensemble* de toutes les aides est très utile pour le rendre léger et maniable, mais à la condition expresse qu'elle ne provoque ni mouvement rétrograde si le cheval est de pied ferme, ni ralentissement s'il est en marche.

L'attitude que prend le cheval ainsi préparé pour un mouvement est exactement l'opposé de celle du cheval détendu qui, au contraire, baisse son encolure, s'affaisse du devant, éloigne son arrière-main, au lieu de l'engager, et, par suite, s'allonge dans son ensemble au lieu de se ramasser sur lui-même.

Il est important que le cavalier sache obtenir à volonté l'attitude détendue qui convient aux routes et aux longs parcours, ou l'attitude rassemblée qui permet de manier le cheval avec aisance dans un espace restreint.

306. Du placer. — Quand le cheval est préparé et qu'il mâche son mors, le cavalier peut le *placer à droite* ou *à gauche* suivant qu'il se dispose à demander un mouvement à main droite ou à main gauche.

Pour placer le cheval à droite (gauche), le cavalier augmente un peu la tension de la rêne droite (gauche), tout en maintenant l'encolure avec la rêne gauche (droite) ; le cheval incline légèrement la tête à droite (gauche) et regarde le terrain qu'il va parcourir.

Les jambes interviennent, s'il y a lieu, pour l'empêcher de ralentir ou de se traverser.

307. De la marche en ligne droite. — La marche en ligne droite oblige le cavalier à faire constamment usage de ses aides pour maintenir le cheval droit dans ses allures ; elle contraint en même temps le cheval à une soumission de tous les instants.

La marche en ligne droite vers un point de direction bien défini constitue donc un excellent exercice et peut servir de critérium à la fois à l'habileté du cavalier et au dressage du cheval.

L'application des principes relatifs à l'emploi des rênes et des jambes permet au cavalier d'obtenir le résultat cherché. Par exemple :

Si le cheval jette ses épaules à droite, il faut porter les poignets à gauche et tenir la jambe droite près ;

Si le cheval jette ses épaules à gauche, il faut porter les poignets à droite et tenir la jambe gauche près ;

Si le cheval jette ses hanches à droite, il faut fermer la jambe droite et sentir la rêne gauche ;

Si le cheval jette ses hanches à gauche, il faut fermer la jambe gauche et sentir la rêne droite.

308. Des variations d'allure au pas et au trot. — Ces exercices ont pour but de donner au cavalier la première notion de l'accord entre les mains et les jambes et consistent à obtenir à volonté une augmentation ou une diminution de vitesse.

La position de la tête et de l'encolure est un des moyens de contrôle de la bonne exécution des variations d'allure demandées. Suivant que la tête est plus ou moins en avant de la verticale, suivant que l'encolure s'étend ou revient sur elle-même, la quantité de poids entraîné vers les épaules ou rejeté sur les hanches permet l'augmentation ou la diminution de la vitesse. L'appui que le cheval prend sur la main fournit un autre moyen de contrôle.

Cet appui doit être léger, bien que constant, aux allures normales. Il augmente en général avec la vitesse.

309. Les augmentations et diminutions de vitesse se font d'après les principes suivants :

Dans les augmentations de vitesse, le cheval ne doit jamais passer brusquement d'une allure à une autre, mais être engagé peu à peu dans l'allure commandée. Les jambes doivent agir avec d'autant plus de gradation que la différence est plus grande entre la vitesse déjà acquise et celle à acquérir.

Dans les diminutions de vitesse, le reflux produit par la main doit se faire progressivement, être maîtrisé par les jambes, et limité de manière à ne point dégénérer en mouvement rétrograde.

Le pas doit toujours servir de transition entre l'immobilité et le trot, mais il doit être limité à quelques foulées.

Dans tous les arrêts, les jambes du cavalier doivent rester au contact, le cheval droit, la mâchoire mobile.

310. Du pas allongé et ralenti. — Le cheval, en allongeant le pas, augmente peu à peu le balancement de l'encolure, à mesure qu'il augmente l'étendue du pas ; il accélère le mouvement de l'encolure, à mesure qu'il précipite la cadence du pas ; enfin, si le cheval prend le trot, il précipite l'action d'un membre postérieur en même temps que celle du membre antérieur opposé, afin d'arriver à l'appui diagonal qui caractérise le trot.

Le canonnier doit par conséquent, pour allonger le pas, diminuer graduellement la tension des rênes afin de laisser à l'encolure une liberté croissante, sans pourtant abandonner le cheval, accorder son assiette avec le bercement du cheval et faire refluer le poids du corps en arrière en cessant l'action des jambes, aussitôt qu'il sent que le cheval va prendre le trot.

Pour ralentir, le cavalier doit faire en sorte que le cheval marche à pas comptés, sans se traverser ; il doit sentir ainsi le lever et le poser de chaque membre antérieur.

311. Du trot allongé et ralenti. — Le cheval, en allongeant le trot, étend légèrement son encolure ; le cavalier doit donc baisser les mains et solliciter peu à peu le cheval avec les jambes tout en maintenant les rênes également tendues.

Si le cheval ne *chasse* pas assez activement, le cavalier le stimule par l'action énergique des jambes.

Si le cheval est *froid des épaules*, le cavalier soutient davantage les poignets.

Lorsque le ralentissement du trot doit faire descendre l'allure au-dessous de son degré normal, le cavalier, tout en élevant les poignets, doit augmenter l'action des jambes afin que le ralentissement soit compensé par un soutien plus marqué et que le cheval ne prenne pas l'habitude de *trottiner*.

312. Du reculer. — Le reculer exige l'interversion du jeu habituel des membres et une action plus énergique du rein.

Il est bien exécuté quand les membres de la même paire diagonale se lèvent et se posent presque en même temps, que le mouvement se fait avec calme, l'encolure moyennement soutenue, la mâchoire mobile.

Pour obtenir le reculer, préparer son cheval comme pour le déterminer en avant : élever les poignets par degrés en assurant le corps au moment où le mouvement en avant va se produire, rendre en baissant un peu les poignets dès que le premier pas est obtenu, reprendre aussitôt l'action des rênes pour obtenir un second pas et ainsi de suite en rendant après chaque pas.

Le cavalier doit assurer le corps pour qu'il ne penche pas en avant par l'effet du mouvement du cheval et éviter de prolonger l'effet des rênes, afin que le cheval ne se mette point *sur les jarrets*.

Si le cheval jette les hanches de côté, fermer la jambe du même côté ; si ce moyen ne suffit pas pour remettre le cheval droit, ouvrir, puis tirer la rêne du côté où le cheval jette les hanches, ce qui s'appelle *opposer les épaules aux hanches*.

Si le cheval résiste au reculer, faire quelques pas en avant et fermer ensuite une jambe pour déplacer les hanches, profiter de ce déplacement pour reprendre l'action des mains.

Si le cheval recule trop vite, diminuer l'action des rênes et au besoin fermer les jambes.

Pour cesser de reculer, cesser l'action des rênes et se servir des jambes.

Le reculer pouvant prédisposer les chevaux à se mettre en arrière de la main, il est bon de le faire suivre d'une allure vive où le cheval cherche de nouveau l'appui voulu.

On dit que le cheval *s'accule* lorsque, portant avec trop de précipitation son poids en arrière, il surcharge ses jarrets à l'excès et ne peut plus les mouvoir avec aisance.

313. De la marche circulaire. — Dans le travail en cercle, il faut que le cheval avance d'un mouvement régulier et que ses pieds de derrière passent exactement sur le terrain que ceux de devant viennent de quitter.

Il faut, pour cela, que le corps du cheval soit infléchi suivant la courbure même du cercle qu'il décrit, c'est ce qu'on appelle le cheval *ployé sur le cercle.*

Cette incurvation du corps du cheval est obtenue principalement par la jambe du dedans, qui agit près des sangles. Le placer achève de ployer le cheval dans toute sa longueur sur le cercle qu'on veut lui faire décrire. La rêne et la jambe du dehors interviennent comme aides régulatrices et achèvent d'encadrer le cheval pour maintenir son attitude invariable.

Quand ce résultat n'est pas obtenu, le cheval décrit, non pas une courbe régulière, mais des éléments de ligne droite entrecoupés de légers changements de direction ou de pas de côté plus ou moins irréguliers. Dans ces conditions, son allure reste difficilement coulante et uniforme.

314. Des demi-tours et de l'appuyer (1). — L'appuyer est un mouvement dans lequel les épaules et les hanches parcourent deux pistes parallèles, de manière qu'en appuyant à droite, les membres du bipède latéral gauche croisent, en avant, ceux du bipède latéral droit, ou réciproquement en appuyant à gauche.

Ce mouvement est utile pour confirmer le cavalier dans la connaissance des effets que peut produire la combinaison des aides ainsi que pour assouplir le cheval.

L'appuyer procède à la fois d'un déplacement latéral de l'avant-main et de l'arrière-main, et il est bon de le décomposer en apprenant séparément au cavalier d'abord à faire ranger les hanches de son cheval autour des épaules, puis les épaules autour des hanches.

315. *Demi-tour sur les épaules.* — Le demi-tour sur les épaules consiste à faire parcourir aux hanches un demi-cercle autour du membre antérieur gauche, quand

---

(1) L'appuyer, le demi-tour sur les épaules et sur les hanches, le départ au galop ne s'exécutent qu'à l'instruction spéciale d'équitation.

on est à main droite, autour du membre antérieur droit quand on est à main gauche.

Le cheval étant sur la piste à main droite, glisser et presser la jambe gauche en arrière en élevant plus ou moins les poignets pour maintenir les épaules en place; agir modérément de la jambe droite maintenue près des sangles afin d'empêcher le cheval de reculer ou de précipiter le déplacement des hanches, ainsi que de la rêne droite pour empêcher les épaules de dévier à gauche.

L'utilité et la rectitude du mouvement exigent qu'il soit fait très lentement afin que le cavalier apprenne à graduer ses aides et que le cheval obéisse avec précision.

Pour le demi-tour à gauche, même principes et moyens inverses.

316. *Demi-tour sur les hanches.* — Le demi-tour sur les hanches consiste à faire parcourir au cheval un demicercle autour du membre postérieur droit quand on est à main droite, autour du membre postérieur gauche quand on est à main gauche.

Le cheval étant sur la piste à main droite, porter les poignets à droite et tenir les jambes près pour contenir les hanches et empêcher l'acculement; agir de la jambe gauche en arrière des sangles pour empêcher les hanches de dévier à gauche, et de la rêne gauche pour régler et terminer le mouvement.

Le mouvement des poignets vers la droite ayant pour conséquence de rejeter les hanches du côté opposé, il est souvent nécessaire que l'action de la jambe du dehors soit plus puissante que celle des aides déterminant le mouvement lui-même.

Le mouvement doit être fait pas à pas, et il est essentiel que le cheval croise les membres antérieurs et pivote avec calme et régularité.

Pour le demi-tour à gauche, même principes et moyens inverses.

Pour préparer les cavaliers et les chevaux au demitour sur les hanches, on leur fait faire quelques demivoltes de plus en plus serrées.

317. Les demi-tours sur les épaules et sur les hanches sont répétés sur la ligne du milieu afin que le cavalier soit mis en situation d'agir sans le secours que peut lui prêter la piste ou le mur du manège. On les exécute alternativement dans tous les sens pendant le travail, jusqu'à ce qu'ils soient devenus familiers aux cavaliers (1).

---

(1) Les mouvements sur place ci-dessus décrits ont le grand inconvénient de rendre les chevaux froids aux jambes; il est urgent, pour combattre ce défaut, de les entremêler de marches au pas, au trot ou au galop succédant directement ou non aux demi-tours.

318. *Appuyer.* — Lorsque les demi-tours s'exécutent correctement, l'instructeur apprend aux cavaliers à appuyer en appliquant les principes prescrits pour ranger les épaules et les hanches.

Ce mouvement s'exécute en employant d'abord les aides latérales (rêne droite et jambe droite pour appuyer à gauche, ou inversement) ; la jambe pousse le cheval du côté vers lequel on appuie ; la rêne, par son appui sur l'encolure, pousse les épaules du même côté ; le cheval se trouve infléchi du côté opposé.

Lorsque l'appuyer s'exécute facilement avec les aides latérales, le cheval cède à des actions de plus en plus légères et par suite s'infléchit de moins en moins.

Le cavalier peut alors accorder ses aides de manière à maintenir le cheval du côté vers lequel il appuie.

Dans tous les cas, les jambes doivent entretenir le mouvement de manière qu'il n'y ait pas de ralentissement sensible.

319. Au début, et pour faciliter l'exécution du mouvement, l'appuyer peut se faire sur la diagonale du changement de main ou de la demi-volte, ou encore parallèlement au mur du manège.

Quand le cheval appuie en suivant le mur du manège, il est avantageux que les hanches restent sur la piste et que les épaules tracent une piste intérieure (croupe au mur). Dans ce cas, en effet, si le cheval devient froid aux jambes et se retient, le cavalier peut lui faire reprendre l'appui en le portant vigoureusement en avant. Il n'en est pas de même quand le cheval appuie la croupe en dedans (tête au mur). En outre, ce dernier mouvement a l'inconvénient d'habituer le cheval à appuyer plutôt par routine que par obéissance.

320. La direction oblique du cheval dans le mouvement d'appuyer la croupe au mur se prend par le déplacement des épaules en dedans du manège. Les épaules ne doivent être que très légèrement déplacées sur le côté (l'épaisseur du cheval environ).

Quand le cheval appuie sur le cercle, c'est ordinairement en portant ses épaules en dedans de la circonférence parcourue par les hanches. Le déplacement des hanches en dedans du cercle est plus difficile et ne doit être demandé qu'exceptionnellement.

321. Du galop. — Le cavalier obtient l'allure du galop de deux manières distinctes :

1° Par l'allongement d'allure, c'est-à-dire en poussant le cheval dans les jambes jusqu'à ce qu'il prenne de lui-même le galop ;

2° En faisant exécuter au cheval, à l'instant précis indiqué par les aides, le changement d'allure particulier qui constitue le départ au galop.

322. *Du galop par allongement d'allure.* — Le galop obtenu par allongement progressif du trot est le seul employé dans les manœuvres.

Quand le galop se rapproche de son maximum de vitesse, l'encolure est complètement étendue, la tête basse, la bouche prenant sur les rênes l'appui nécessaire à la direction. Au galop ralenti, le cheval est ramassé sur lui-même, les membres postérieurs s'engagent en avant tandis que la tête se ramène vers l'encolure. Les variations de vitesse au galop doivent se faire en passant par tous les degrés, l'encolure doit s'étendre ou se raccourcir régulièrement de manière que sa position corresponde toujours au degré de vitesse obtenu. Le cheval doit rester droit d'épaules et de hanches et prendre peu d'appui tout en conservant une certaine tendance à s'allonger pour peu que le cavalier rende la main.

Pour obtenir ce résultat, le cavalier place son cheval du côté du pied sur lequel il galope, soutient un peu les poignets et rapproche ses jambes pour obliger le cheval à s'asseoir et l'empêcher de se traverser.

On ne doit pas chercher, d'ailleurs, à ralentir le galop au delà de la vitesse du trot réglementaire.

Le cavalier doit se lier par l'assiette aux mouvements du cheval et tenir ses mains à peu près fixes, l'élasticité des doigts suffisant pour modérer l'appui.

323. *Du départ au galop.* — Le départ au galop constitue un *enlever* à la suite duquel le cheval conserve le jeu des membres et la vitesse correspondant à l'allure du galop. Cet enlever suppose un placer préalable et une impulsion donnée au moment voulu. Le cheval étant préparé, il suffit d'augmenter un peu l'action des jambes sans rendre la main pour que le cheval engage un peu plus ses hanches et marque un léger enlever du devant. Le cavalier saisit ce temps et n'a qu'à rendre la main à propos pour obtenir l'allure du galop.

Le départ se produira sur le pied droit (gauche) si le cheval a été préalablement placé à droite (gauche), c'est-à-dire disposé comme il convient pour le travail à main droite (gauche) (n° 306).

Si le cheval, au lieu de s'enlever au galop, allonge l'allure, c'est que le cavalier a rendu trop tôt la main et laissé l'encolure se détendre comme pour un départ par allongement d'allure.

Si le départ est brusqué, c'est que le cavalier a surpris l'obéissance du cheval par l'emploi immodéré des jambes.

Si le cheval part à faux ou désuni, le cavalier passe au pas aussitôt et recommence son départ en augmentant un peu l'action de la jambe gauche (droite), autant que possible sans traverser le cheval.

324. Le départ au galop régulier ne doit être demandé que quand le cheval y a été convenablement préparé. Les exercices qui contribuent le plus à faciliter le mouvement sont : le travail en cercle, le reculer, l'appuyer et le ralentissement de l'allure du galop, obtenue au début par allongement du trot.

Quand le cheval obéit sans effort à des actions d'aides très légères, le cavalier est en mesure d'obtenir le départ au galop régulier.

§ 2. — CONDUITE EN BRIDE.

325. Le travail en bride a pour but de mettre entre les mains du cavalier un nouvel instrument de conduite, le mors de bride, plus puissant que celui de bridon, dont le maniement demande plus de justesse et de tact dans l'emploi des aides et dont les effets lui permettent d'être plus complètement maître de sa monture.

Le cheval dressé doit accepter avec franchise les effets du mors de bride et témoigner de sa légèreté, non pas par son manque d'appui, mais par la façon précise dont il obéit aux actions légères de la main.

326. La tenue des rênes est détaillée aux nᵒˢ 389 et suivants de la 1ʳᵉ partie. Le cavalier doit se servir de ses deux mains pour conduire son cheval toutes les fois qu'il en a le libre usage; mais, comme il doit être très souvent appelé à se servir de la main droite pour manier ses armes, conduire un cheval de main, ou un sous-verge, etc., il faut l'exercer à conduire son cheval avec la main gauche seule.

On dit que le cavalier *sent l'appui des quatre rênes* lorsque celles-ci sont également tendues. On dit qu'il *conduit son cheval sur le filet* ou *sur la bride* quand les rênes du filet (ou celles de la bride) sont notablement plus tendues que les deux autres.

327. De l'usage et de l'effet de la bride et du filet. — Les effets isolés de chaque rêne de *bride* sont analogues à ceux du bridon, mais plus accentués, alors même qu'ils sont produits par des actions plus légères de la main. Ils sont accompagnés d'une influence rétrograde plus marquée, le cheval étant plus sensible à une action sur les barres qu'à une action produite sur les lèvres ; ils tendent à rapprocher la tête de la verticale.

Les effets du *filet* sont identiques à ceux du bridon, mais un peu plus marqués par suite de la moindre grosseur de l'embouchure.

328. Pour bien faire comprendre au cavalier l'usage et l'effet des rênes de bride employées seules, ou en combinaison avec celles du filet, l'instructeur l'exerce, au début, à se servir momentanément et pour l'exécution de mouvements simples, soit des quatre rênes avec prédominance des rênes du filet, soit des quatre rênes également ajustées, soit même des rênes de bride employées seules. Il l'exerce aussi à manier rapidement ses rênes pour faire prédominer à volonté soit l'action de la bride, soit celle du filet.

En principe, le cavalier doit conduire son cheval de préférence sur le filet, toutes les fois qu'il dispose de ses deux mains et que le cheval ne s'appuie pas trop brutalement. L'emploi de la bride, dont l'action sur les barres est toujours sévère, doit être réservé aux cas où le cavalier monte un cheval qui tire fort, ou doit exécuter un mouvement très serré en ne disposant que d'une seule main, parce que ces cas nécessitent de la part de l'homme une dépense de force parfois considérable.

Les effets d'ouverture de rênes se font toujours sur le filet.

ARTICLE IV.

DU TRAVAIL DE CARRIERE.

329. Ainsi que le travail de manège, le travail de carrière commence par la conduite en bridon et se termine par la conduite en bride.

330. Réglage d'allures. — Les marches effectuées le long des routes kilométrées, ou d'une piste jalonnée entourant le terrain de manœuvre, doivent amener progressivement le cavalier à posséder assez le sentiment des allures réglementaires pour qu'il puisse plus tard régler les allures sans le secours de repères; dans ces conditions, les durées des temps de pas, de trot, doivent indiquer avec précision les distances parcourues.

331. Longs parcours. — Les longs parcours fournissent aux cavaliers l'occasion d'appliquer les principes de conduite qui devront les guider lorsqu'ils seront abandonnés à eux-mêmes.

Ces principes consistent à varier les allures sans jamais les pousser jusqu'à la limite extrême des moyens du cheval, et en évitant les fluctuations de vitesse; à marcher au pas en quittant l'écurie, pendant un temps plus ou moins long, pour mettre le cheval en haleine; à ne trotter qu'en terrain plat, les montées et les descentes nécessitant de plus grands efforts chez le cheval et l'exposant aux blessures du harnachement; à suivre une progression ascendante dans l'étendue des temps de trot et à subordonner la durée des temps de pas intermédiaires au degré de rapidité avec lequel le cavalier doit effectuer sa course totale; à rechercher en toutes circonstances les terrains doux qui fatiguent moins le cheval et ménagent ses membres et à le maintenir, par conséquent, sur les bas côtés plutôt que sur le milieu de la chaussée; à terminer la course par un temps de pas d'autant plus prolongé que la course aura été plus longue et plus fatigante.

332. Du galop allongé. — L'allongement du galop s'exécute à l'extérieur sur une piste rectiligne de bon terrain ou sur le pourtour du terrain de manœuvre, dont on jalonne quelques points par des signaux très apparents pour qu'il n'y ait jamais d'incertitude sur la direction à suivre.

L'instructeur indique aux cavaliers le parcours à effectuer, leur prescrit de chausser les étriers à fond et de bien rester dans leur selle en baissant les mains pour permettre aux chevaux de s'appuyer franchement. Il les groupe de préférence par deux ou trois, de façon que, sans se gêner, ils profitent de l'émulation que communique aux chevaux le galop d'un cheval voisin.

La pratique du galop allongé donne au cavalier de la hardiesse et du sang-froid, développe ses poumons, et lui apprend à juger de l'emploi de ses aides sans se laisser étourdir par la rapidité de l'allure. En même temps, ce travail habitue les chevaux à faire usage de tous leurs moyens sans s'affoler. Toutefois, on ne doit faire marcher au galop allongé que des chevaux suffisamment légers et énergiques. Les chevaux de trait des batteries montées doivent, en général, être exclus de ce travail.

333. Passage en terrain varié. — Les parcours à travers champs développent au plus haut point la solidité du cavalier par la variation incessante de la nature du terrain et des surprises qu'il présente; ils obligent le cavalier à une attention continuelle en dehors des préoccupations de tenue et, par suite, le mettent en selle sans qu'il en ait souci.

Les recommandations suivantes visent les principaux accidents de terrain qui se présentent :

En passant sous bois, il faut, pour éviter les branches, se pencher toujours en avant, ou de côté, jamais en arrière. L'obstacle jugé, incliner franchement la tête en avant pour masquer les yeux, et se garantir par l'encolure du cheval.

Pour gravir une pente raide, il faut rendre complètement la main dès qu'on a donné au cheval sa direction, porter le haut du corps en avant et saisir au besoin la crinière près du garrot, par-dessous les rênes.

Pour descendre une pente de même nature, il faut rendre la main et laisser au cheval toute liberté de prendre la position de tête qui peut lui être nécessaire; porter le corps en arrière, et, pour ne pas glisser vers le garrot, saisir au besoin le troussequin avec la main droite.

Les pentes rapides doivent toujours être gravies avec d'autant plus de calme qu'elles sont plus longues, et il faut éviter de les suivre obliquement, soit en les montant, soit en les descendant, quand le sol est glissant.

Si le terrain est très inégal, avoir les aides vigilantes, sans toutefois enlever au cheval son initiative. L'initiative doit être rendue au cheval toutes les fois qu'il se trouve en présence de difficultés matérielles pouvant éveiller son instinct, qui devient, en pareil cas, un guide infiniment plus sûr que les aides du cavalier.

Si le terrain est lourd ou profond, rendre la main et, si l'on est forcé de prendre une allure rapide, s'enlever sur les étriers afin de moins charger l'arrière-main.

Si l'on a à traverser un terrain marécageux, marcher très lentement et éviter de se placer en file; si le cheval enfonce, s'inquiète, et cherche à sortir du marais par bonds, mettre pied à terre et conduire le cheval en main.

Pour passer un cours d'eau, suivre le gué ou couper la rivière obliquement en choisissant sur la rive opposée un point qu'on ne perd pas de vue.

Pour passer un fossé, le plus commun des obstacles qui se rencontrent en rase campagne, il faut se conformer aux principes indiqués pour descendre et gravir des pentes rapides.

334. Sauts d'obstacles. — Les obstacles à franchir se rapportent à deux types principaux :

1º Ceux qui comportent des sauts en hauteur, tels que haies, barrières, murs gazonnés, murs en pierres, banquettes, etc.;

2º Ceux qui comportent des sauts en largeur, tels que fossés, douves, etc.

Les dimensions maxima des obstacles destinés à la troupe peuvent être limitées à 90 centimètres pour les obstacles en hauteur et à 2 mètres pour ceux en largeur.

Les obstacles peuvent être abordés aux différentes allures; il est de règle habituelle d'aborder les obstacles à un train modéré pour les sauts en hauteur et à un train un peu plus allongé pour les sauts en largeur.

335. Quand on aborde l'obstacle à une allure mo-

dérée, le saut est caractérisé par la grande extension
que le cheval est obligé de donner brusquement à l'encolure au moment du saut pour faciliter le passage
de l'arrière-main. Avant de sauter, chausser les étriers,
ajuster les rênes et relâcher légèrement les rênes de
bride de manière à faire prédominer l'action des rênes
du filet, se diriger très droit sur l'obstacle. En arrivant près de l'obstacle, s'asseoir, envelopper le cheval, l'assurer dans le mouvement en avant, et rendre
la main en la maintenant basse. Au moment où le
cheval s'élance, se lier à ses mouvements en s'asseyant
le plus possible; au moment du saut, desserrer les
doigts pour faciliter l'extension de l'encolure en laissant glisser les rênes sans perdre le contact ; enfin
lorsque le cheval se reçoit, opérer une retraite de corps
sans déplacer les poignets. Puis, ajuster les rênes en
ayant soin d'éviter toute saccade.

336. Si le cheval aborde l'obstacle à une allure
allongée, le saut est caractérisé par ce fait que, l'encolure étant presque entièrement étendue, son mouvement
d'extension est faible, et que le cheval saute en marquant seulement un peu plus sa foulée de galop. Dans
ce cas, s'asseoir à 15 ou 20 mètres de l'obstacle, assurer
l'appui par une intervention énergique des jambes,
conserver les mains basses, liées au mouvement de
l'encolure, et sauter bien assis.

Le saut doit toujours être précédé d'une marche assez
longue pour que le cavalier soit complètement d'accord avec son cheval avant d'aborder l'obstacle.

337. Si le cheval hésite en arrivant près de l'obstacle, surprendre et devancer ses résistances en le stimu-
lant vigoureusement par l'action des jambes.

Si le cheval se dérobe obliquement en gagnant à la
main, reprendre le pas, replacer le cheval dans la direction voulue, le ramener à cette allure le plus près
possible de l'obstacle, et le stimuler au moment de
franchir.

Si le cheval se dérobe par un *tête-à-queue* à droite,
séparer ses rênes, le ramener au pas par un demi-tour
à gauche dans la direction de l'obstacle, en le tenant
vigoureusement dans les jambes et en opposant au besoin les épaules aux hanches ; aborder de nouveau l'obstacle à une allure modérée.

Employer les moyens inverses si le cheval se dérobe
par un tête-à-queue à gauche.

Si le cheval s'arrête court devant l'obstacle, reculer
lentement sans tourner bride afin de ne pas révéler au
cheval un moyen de fuir l'obstacle, prendre un peu de
champ pour le déterminer à s'élancer et le ramener
ainsi jusqu'à ce qu'il se décide à franchir.

Si le cheval bourre et gagne à la main, reprendre le

pas ou ralenti, jusque près de l'obstacle, sans toutefois contrarier le cheval au moment où il doit prendre son élan.

Si le cheval s'obstine à refuser de sauter, l'instructeur peut employer la chambrière ; s'il résiste encore, il faut revenir aux procédés indiqués dans le dressage.

338. Le cavalier doit, dans tous les sauts, s'attacher à aborder l'obstacle carrément et tenir ses rênes de manière à maintenir la tête de son cheval dans la direction voulue. Il doit d'ailleurs être convaincu que l'énergie avec laquelle il mène le cheval sur l'obstacle, avant le saut, constitue la seule action efficace exercée par lui sur la qualité du saut.

339. Le travail sur les obstacles fournit à l'instructeur un excellent moyen d'assouplissement de l'homme, à qui il donne d'abord de la confiance, puis de la hardiesse et de l'à-propos dans l'action de ses aides. Il y a donc intérêt à commencer le saut de bonne heure et à en perfectionner l'exécution le plus possible.

Il ne faut pas oublier cependant que, le saut nécessitant un violent effort de la part du cheval, le cavalier soucieux de la conservation de sa monture a intérêt à passer les obstacles plutôt qu'à les sauter, toutes les fois que les conditions générales le permettent.

CHAPITRE II.

PROGRESSION DE L'INSTRUCTION.

—

ARTICLE Ier.

INSTRUCTION ELEMENTAIRE

340. La progression à suivre doit être déterminée uniquement en raison des progrès constatés ; elle ne doit résulter ni de la classification même du règlement, ni d'époques fixées à l'avance ; seule l'époque où l'instruction à cheval doit être totalement achevée est fixée dès le début.

Le travail préparatoire qui donne à l'homme la position, la souplesse, et un peu d'assiette est une des parties fondamentales de l'instruction. On ne doit pas craindre d'y consacrer un temps suffisamment long, car il importe de graduer avec soin les exercices du début et de donner de bonne heure au canonnier la confiance qui rend ses progrès plus rapides.

Le travail en bridon et le travail en bride, qui forment deux chapitres distincts, ont été divisés chacun en travail de manège et travail de carrière. La première classification ne vise qu'une progression dans l'emploi des moyens de conduite ; la dernière correspond au contraire à deux idées fondamentales du règlement :

Travail de manège : maniabilité, instruction individuelle ;

Travail de carrière : résistance du cheval et du canonnier ; instruction d'ensemble.

Le travail de manège a pour objet d'apprendre au canonnier à se servir adroitement de ses aides. C'est un enseignement essentiellement individuel qui ne doit être donné que par un instructeur particulièrement expérimenté.

Le travail de carrière est surtout destiné à développer la solidité, la résistance et la hardiesse des canonniers, tout en les confirmant par la pratique dans l'application des principes de conduite qui leur sont enseignés concurremment au travail de manège.

Les leçons du travail de manège peuvent être beaucoup moins nombreuses que celles du travail de carrière.

341. Pour l'organisation des classes d'instruction d'une batterie, il y a lieu de tenir compte de la nature et du nombre de terrains dont on dispose, ainsi que du temps pendant lequel on peut employer chacun d'eux. Toutes les fois que les circonstances le permettront, il y aura avantage à partager les hommes de recrue en classes comprenant au plus huit canonniers, chacune d'elles recevant isolément les leçons du travail de manège, les autres étant réunies, en totalité ou en partie, pour le travail de carrière, si la pénurie des gradés l'exige.

342. Les programmes et les progressions des diverses parties du règlement sont indifféremment applicables au développement de l'instruction équestre du canonnier ou du dressage du cheval.

Dans l'un et l'autre cas, les exercices les plus simples doivent être abordés avant les plus compliqués, et l'exécution de plus en plus correcte des premiers constitue l'unique moyen de rendre possible, puis facile, l'exécution des suivants.

La correction du travail est l'indice de sa judicieuse conduite. Au contraire, son exécution défectueuse prouve toujours qu'on a abordé trop tôt une difficulté incomplètement aplanie. Elle oblige à revenir en arrière pour reprendre avec une application plus méthodique les exercices dont la progression a été brusquée.

ARTICLE II.

INSTRUCTION SPÉCIALE.

311. La valeur d'un instructeur d'équitation consistant beaucoup plus dans son habileté personnelle que dans la connaissance ou la récitation d'un texte, les exercices pratiques destinés à développer l'instruction équestre des officiers et des cadres doivent être l'objet d'une attention spéciale. Ils ne peuvent porter de fruit que s'ils sont poursuivis avec une grande continuité et pendant une période de 4 mois au moins.

L'instruction spéciale est donnée aux candidats sous-officiers par les soins du capitaine instructeur ou de l'officier qui en remplit les fonctions.

Pour les sous-officiers des batteries, cette instruction est reprise tous les ans par groupe de batteries, sous l'autorité du chef de groupe et sous la direction du capitaine instructeur ou de l'officier qui en remplit les fonctions; dans chaque groupe un lieutenant est chargé de faire l'instruction.

Chaque commandant de batterie peut proposer au chef de groupe d'admettre à l'instruction spéciale les brigadiers ou les canonniers qui se seraient fait remarquer par leurs aptitudes et qui pourraient être utilement employés au dressage des jeunes chevaux.

Les exigences du service ne peuvent, en aucun cas, être un obstacle à cette instruction pour laquelle on peut se contenter, au besoin, de séances extrêmement courtes ; quelle que soit la durée à laquelle il est nécessaire de les réduire, elles donnent toujours de bons résultats quand elles présentent un caractère de continuité. On ne doit jamais, sous prétexte d'épuiser le programme de l'instruction spéciale, aborder des exercices que les cavaliers ou leurs chevaux ne seraient pas encore en état d'exécuter correctement.

312. L'instruction spéciale a pour but de perfectionner et de compléter les résultats obtenus à l'instruction élémentaire.

Elle les perfectionne en amenant le cavalier et le cheval à une exécution plus correcte et plus aisée des mêmes exercices.

Elle les complète en apprenant au cavalier à obtenir de son cheval des mouvements plus difficiles.

L'instruction spéciale comprend donc :

1° Une revision de l'instruction élémentaire ;

2° Des exercices spéciaux (chap. III, n°ˢ 315 à 350).

Au début de toute séance, on doit commencer par faire détendre les chevaux; ceux-ci, aussi peu contraints que possible, arrivent à allonger leurs foulées au lieu de les précipiter, et à baisser l'encolure en l'allongeant à mesure qu'ils se détendent.

Les cavaliers, ne demandant à leurs chevaux que des allures régulières et coulantes, obtiennent bientôt le calme nécessaire pour que ceux-ci ne tirent plus à la main. Ils laissent alors les rênes s'allonger à la demande de l'encolure. De leur personne, ils se laissent aller sans raideur et font à volonté quelques assouplissements pour se mettre bien en selle.

L'instructeur prolonge cette période autant qu'il est nécessaire pour que ces résultats soient obtenus. On ne saurait y attacher trop d'importance, car cette gymnastique rend chevaux et cavaliers dispos pour le reste de la séance.

Le travail se continue par l'exécution attentive d'exercices faciles, déjà connus, et on ne passe, peu à peu, à des mouvements plus difficiles que si l'harmonie établie et conservée entre le cavalier et son cheval en garantit le succès.

CHAPITRE III.

EXERCICES SPÉCIAUX.

345. Les exercices suivants, qui ne sont pas mentionnés dans la première partie du règlement, ne s'exécutent qu'à l'instruction spéciale.

346. Demi-tour sur les épaules. — Le cavalier marchant à main droite (gauche), au commandement :

Demi-tour sur les épaules,

faire décrire aux hanches un demi-cercle autour du membre antérieur gauche (droit) en se conformant aux principes prescrits n° 315.

347. Demi-tour sur les hanches. — Le cavalier marchant à main droite (gauche), au commandement :

Demi-tour sur les hanches,

faire décrire aux épaules un demi-cercle autour du membre postérieur droit (gauche) en se conformant aux principes prescrits n° 316.

348. Appuyer. — Le cavalier marchant sur la piste, sur la diagonale de la demi-volte ou du changement de main ou sur le cercle, au commandement :

Appuyez à droite (gauche),

disposer le cheval en oblique à gauche (droite) par rapport à la ligne qu'il suit, en se conformant aux principes exposés n°s 318, 319 et 320, et le maintenir dans cette attitude, de manière que les épaules et les hanches parcourent deux pistes parallèles, le cheval gagnant du terrain vers la droite (gauche).

Au commandement :

Redressez,

replacer le cheval dans la direction suivant laquelle il marche.

349. Départ au galop. — Le cheval marchant à main droite (gauche), au commandement :

Sur le pied droit (gauche). — Partez au galop,

placer le cheval à droite (gauche), et partir au galop en se conformant aux principes exposés n° 323.

350. Travail à la longe. — L'instructeur exerce les cavaliers au maniement de la longe et de la chambrière en leur faisant conduire d'abord un cheval dressé, puis un jeune cheval, d'abord en vue de l'exercer, puis en vue d'en faire un cheval de voltige (n° 367).

CHAPITRE IV.

DRESSAGE DU CHEVAL.

———

ARTICLE Ier.

PHASES DU DRESSAGE.

351. Les jeunes chevaux sont considérés comme en dressage depuis le moment de leur arrivée au corps jusqu'à celui où ils sont susceptibles d'être livrés au service général au même titre que les vieux chevaux.

Cet intervalle de temps est, par suite, plus ou moins long, suivant l'âge qu'avaient les chevaux à leur arrivée au corps, suivant le dressage qu'ils avaient pu recevoir antérieurement et aussi suivant les circonstances particulières qui ont pu favoriser ou retarder leur progrès.

352. Quel que soit l'âge d'un cheval reçu par le corps, il est prudent de ne le mettre en service qu'après l'avoir fait passer par toutes les phases que comporte normalement un dressage complet. Cette précaution permet d'éviter bien des mécomptes, les chevaux d'âge livrés par la remonte ayant rarement un dressage complet et une condition satisfaisante; fût-elle accidentellement superflue, elle est sans inconvénient, car, si le cheval est réellement prêt à être mis en service, il suffira de très peu de temps pour lui faire parcourir toutes les phases de ce stage d'épreuve.

353. Dès leur arrivée au corps, les jeunes chevaux sont réunis à part afin d'être soumis à un régime spécial et à une surveillance appropriée aux exigences de leur acclimatement.

354. Période d'acclimatement. — Les premiers soins dont les jeunes chevaux sont l'objet ont pour but de les entretenir en santé, de façonner leur tempérament aux conditions de la vie militaire, de développer leurs forces par une hygiène bien entendue de nourriture et d'exercice, de les rendre familiers à l'homme et de les accoutumer à être ferrés, sellés et pansés.

Pendant cette période, qui s'étend généralement de 4 ans à 4 ans et demi, les jeunes chevaux sont promenés en main, nus ou harnachés, à des allures lentes et exactement réglées. Les canonniers qui les mènent montent de vieux chevaux et se munissent de leurs fouets ; ils les tiennent à bout de rênes en ayant soin de les conduire alternativement à droite et à gauche, afin de les maintenir droits dans leurs allures ; ils se servent de leurs fouets pour les habituer à devancer le cheval voisin.

355. Différentes périodes de dressage. — Le dressage proprement dit succède à cette période d'acclimatement et comprend quatre périodes distinctes, toute question d'âge réservée :

Premier dressage à la selle ;

Premier dressage au trait ;

Deuxième dressage à la selle ;

Deuxième dressage au trait ;

Dressage à l'attelage en guides (pour les chevaux désignés).

La durée de ces périodes est déterminée ainsi qu'il suit :

De 4 ans et demi à 5 ans, ils reçoivent le premier dressage à la selle et sont en même temps exercés à tirer comme sous-verges ;

A partir de 5 ans, on termine le dressage à la selle, puis le dressage au trait ; mais les chevaux ne sont livrés d'une façon définitive aux batteries qu'à 6 ans.

Si les nécessités du service obligeaient à remettre les chevaux plus tôt aux batteries, ce ne serait jamais avant 5 ans et demi ; et cette mise en service serait conditionnelle ; en tous cas les commandants de batterie devraient exercer sur les chevaux livrés dans ces conditions une surveillance toute spéciale et modérer leur travail à la moindre trace de fatigue.

Si, à un instant quelconque, le tempérament d'un jeune cheval semble souffrir, si ses membres présentent des engorgements, des tares ou toute autre trace de fatigue, il est indispensable de modérer immédiatement son travail en vertu de ce principe que si la plupart des chevaux peuvent, vers 7 ans, supporter des fatigues sérieuses, tous peuvent au-dessous de cet âge être ruinés prématurément par des épreuves en apparence insignifiantes.

Il est prudent de ne les employer que comme sous-verges (de préférence de devant ou du milieu) jusqu'à ce qu'ils aient atteint l'âge de 7 ans.

356. Premier dressage à la selle. — Le premier dressage à la selle a pour but de débourrer le jeune cheval, de le rendre docile au montoir en toute circonstance, de le mettre en confiance sur les mors de bridon et de bride et de le familiariser avec les allures normales, pas, trot, galop sur la ligne droite et sur de grands cercles. Cette instruction correspond dans son ensemble au programme de l'instruction élémentaire.

L'exécution correcte des exercices qu'elle comporte sert de contrôle aux résultats obtenus dans ce premier dressage.

357. Cette phase du dressage doit être dirigée avec une progression spéciale qui est la suivante :

1º Leçon au manège où le jeune cheval reçoit les notions sur l'emploi des aides strictement nécessaires pour que son cavalier puisse le porter en avant et le faire tourner à droite ou à gauche ;

2º Leçon à l'extérieur constituant un entraînement progressif ;

3º Reprise des leçons de manège concurremment avec les leçons du travail de carrière.

La première leçon, qui peut comporter quelques séances, ne doit jamais être donnée sans avoir été précédée d'une promenade en main à bout de rênes dans les conditions indiquées pour la période d'acclimatement.

Cette précaution a pour but, à défaut de travail à la longe, et plus commodément, de calmer la gaieté et l'énergie des jeunes chevaux qui, sans cela, mettent le désordre dans les reprises et finissent tôt ou tard par devenir des chevaux difficiles.

Dans la leçon à l'extérieur, le travail commence par de longues promenades au pas sur les routes, en file et à petites distances, derrière un cheval bien sage. Le pas alterne ensuite avec le trot de route ; bientôt la séance se termine par un léger temps de galop sur un terrain choisi.

Le cavalier se contente de laisser la tête et l'encolure se placer naturellement en engageant le cheval à pren-

dre sur la main l'appui voulu par une tension modérée
des deux rênes et la sollicitation du mollet. Chaque séance
ce est coupée en son milieu par un repos pendant lequel
le jeune cheval reçoit la leçon du montoir.

Ce travail, après avoir été exécuté sur les routes, est
repris en terrain varié, afin d'éveiller l'initiative du
jeune cheval, auquel le cavalier devra en la circonstance laisser une liberté suffisante.

Cet entraînement dure environ un mois ; mais, dès la
deuxième semaine, le cheval, confirmé sur la ligne droite, peut être envoyé au travail de manège, qui, dès lors,
marche concurremment avec le travail de carrière.

358. Premier dressage au trait. — Le premier
dressage au trait a pour but d'apprendre au jeune cheval
à tirer comme sous-verge sur les routes ; il se donne en
même temps que le premier dressage à la selle.

On commence par habituer le jeune cheval au harnais
dans l'écurie.

Si un cheval présente des difficultés particulières et
fait craindre des accidents, pour l'habituer au harnais
à l'écurie, on le tient en main au caveçon, on lui présente
le harnais doucement en le caressant beaucoup ; puis, en
le lui étendant sur le dos, on évite de le surprendre et on
lui parle, la voix de l'homme calmant le cheval et le
rassurant. Il ne faut pas négliger de relever et de fixer
les traits qui pourraient battre les flancs du cheval et
provoquer de sa part des résistances. Si le cheval fait
des difficultés, on peut enlever les traits. On doit boucler la sous-ventrière aussitôt que possible et ne mettre
la croupière, du reste fort lâche, qu'en dernier lieu. On
promène ensuite le cheval en main. Cette leçon est con-
tinuée pendant quelques jours selon la sagesse et la confiance de l'animal.

Pour habituer les jeunes chevaux à marcher avec le
harnais sur le dos, on les conduit fréquemment à la
promenade harnachés (1).

On profite aussi des promenades des jeunes chevaux
pour leur apprendre à obéir au fouet. Chaque canonnier
ayant en main un jeune cheval portant la bride du sous-
verge le conduit à la manière d'un sous-verge.

Si, au courant de la promenade, au lieu de marcher
à la même hauteur que le porteur, le jeune cheval reste
en arrière, le canonnier l'active modérément du fouet
de manière à ne pas provoquer de mouvements violents

____

(1) Pour tous ces exercices, les jeunes chevaux doivent être harnachés
avec des harnais de derrière, avec lesquels on peut mieux fixer les traits
qu'avec des harnais de devant.

de sa part, et à lui donner peu à peu l'habitude de chercher à devancer le porteur (1).

Ces promenades, toujours conduites à des allures réglées, ont l'avantage de faire prendre au cheval des allures sages et régulières et de le dresser au service du
sous-verge.

Parfois aussi, le jeune cheval, placé à la gauche du
cheval que monte le canonnier, est ainsi conduit à la
promenade, ce qui en fait un cheval de selle docile et
facile à conduire dans les mises en batterie.

On commence ensuite les leçons de tirage en procédant
de la manière suivante :

Le cheval étant tenu en main, au caveçon s'il y a lieu,
on prolonge les traits au moyen de longes en cordes,
puis on les fait tendre par un homme placé derrière le
cheval ; cet homme agite les traits avec précaution et les
appuie légèrement contre les flancs du cheval pour l'habituer à ce nouveau contact. On met ensuite le cheval en
mouvement au pas, en le tirant au besoin en avant avec
la longe du caveçon, et l'on prescrit à l'homme qui tient
les traits d'opposer une résistance progressive. Lorsque
cette résistance est insuffisante, on adjoint un homme
ou deux à celui qui tient les traits. Si, comme il arrive
parfois, le cheval refuse de tirer et s'arrête, il faut diminuer la tension des traits et ne remettre le cheval en
mouvement que lorsqu'il a repris confiance.

Dans les premières leçons, le fouet doit être employé
avec la plus grande réserve, car il peut être la cause de
mouvements précipités et violents qui augmentent la
sensibilité des épaules et retardent le dressage.

Lorsque, au bout de quelques jours, le cheval tire en
se livrant, on l'attelle en sous-verge à un caisson, sur un
terrain roulant avec un porteur vigoureux, mais calme, qui puisse au besoin l'entraîner (2).

L'instructeur fait exécuter de longues marches en
ligne droite afin de confirmer le cheval dans le mouvement en avant, et, autant que possible, il ne le soumet à
un travail nouveau pour lui qu'au moment de la rentrée,
c'est-à-dire au moment où le cheval peut être récompen-
sé immédiatement de son obéissance par son renvoi à
l'écurie.

_____

(1) Cette partie du dressage doit être surveillée de très près, en vue
d'éviter que, par désœuvrement ou pour toute autre cause, les conducteurs abusent de leur fouet et aillent ainsi contre le but qu'on se pro-
pose en donnant aux sous-verges l'habitude de se dérober à son action
par des écarts ou par l'acculement.

(2) Si le cheval est un peu irritable et marque des tendances à s'em-
porter, on peut commencer le dressage en l'attelant d'abord comme
porteur avec un sous-verge calme et vigoureux.

Le bruit fait par les voitures en roulant est souvent une cause d'exci-
tation pour les jeunes chevaux. On doit autant que possible commencer
les leçons sur un terrain un peu mou, de manière à éviter le bruit.

Ce travail, commencé avec un caisson vide, se continue avec une voiture chargée en guerre. Lorsque le cheval est devenu sage, on le fait entrer comme sous-verge dans un attelage complet, en ayant toujours soin de ne lui adjoindre que des chevaux calmes et dressés.

359. Deuxième dressage à la selle. — Le deuxième dressage à la selle a pour but de compléter le dressage ébauché comme il est dit ci-dessus, en revenant d'abord sur cette première phase avec des exigences plus sévères, puis en abordant l'étude des variations d'allure sur la ligne droite et sur le cercle, en employant enfin des cercles étroits et des lignes de deux pistes. Cette instruction correspond dans son ensemble à l'instruction spéciale.

Les chevaux de troupe, pour être réputés complètement dressés à la selle, doivent pouvoir marcher franchement et régulièrement sur la ligne droite à toutes les allures, franchir ou traverser des obstacles de toute nature, endurer la pression du rang, supporter toutes les parties du harnachement et de la charge, ne pas s'effrayer du bruit ni de la vue des objets à l'usage des troupes, et être susceptibles d'être employés sans difficulté par le chef d'une troupe qui la fait manœuvrer et lui sert de guide, en tenant le sabre à la main.

La gradation à observer dans les exercices ne peut différer sensiblement de celle qui est employée pour former le cavalier, car cet ordre méthodique procède du simple au composé, mesure graduellement les actions du cavalier à la facilité qu'il doit rencontrer dans l'obéissance du cheval, et fait varier la combinaison des aides d'après une progression ascendante.

Cependant, les chevaux dont le tempérament présente des difficultés spéciales devront être confiés à des gradés suivant l'instruction spéciale, ou, de préférence, à des officiers.

360. Deuxième dressage au trait. — Le deuxième dressage au trait a pour but d'amener le jeune cheval à exécuter correctement soit comme sous-verge, soit comme porteur dans un attelage complet, tous les mouvements de la conduite des voitures et particulièrement les mouvements d'avant-train.

De fréquentes marches en ligne droite, exécutées sur une piste jalonnée ou sur une route kilométrique, complètent le dressage des jeunes chevaux.

Le trot allongé est proscrit d'une façon absolue de toutes les séances de dressage.

Les chevaux de selle pouvant être attelés dans certains cas, on leur donnera la même instruction.

361. Attelage conduit en guides. — Les chevaux destinés à l'attelage en guides ne reçoivent de dressage spécial qu'après avoir terminé le dressage de l'attelage monté.

Pour les premières séances de dressage, on a soin d'atteler chaque jeune cheval alternativement en porteur et en sous-verge et toujours en compagnie d'un cheval docile et bien dressé.

On fait exécuter progressivement les mouvements les plus simples de l'école de la conduite en guides.

Un conducteur exercé monte sur le siège de la voiture; il donne l'impulsion au moyen d'un appel de langue et ne se sert du fouet qu'avec beaucoup de réserve. Pour habituer les chevaux à l'action des guides, il se fait aider au besoin par un homme à pied, qui se tient à la tête des chevaux de manière à les obliger, s'il y a lieu, à exécuter dans tous les cas les mouvements en avant, à droite, à gauche ou en arrière que veut obtenir le conducteur.

Lorsque le jeune cheval comprend bien les appels de langue et obéit régulièrement à l'action des guides sans l'aide d'un homme à pied, on lui fait répéter à un trot modéré les mouvements précédemment exécutés au pas.

Plus tard, on l'exerce à augmenter progressivement l'allure, à la soutenir et à la modérer. On termine le dressage des jeunes chevaux en les réunissant par attelages.

ARTICLE II.

MISE EN SERVICE. — ENTRAINEMENT.

362. Mise en service dans les batteries. — A la fin du dressage, les chevaux sont examinés par le chef de corps, qui décide leur mise en service dans les batteries.

Les commandants de batterie leur donnent une affectation en se conformant aux règles suivantes :

1º Les attelages de derrière, en raison des efforts considérables qu'ils peuvent avoir à fournir dans les descentes, sont choisis parmi les chevaux les plus vigoureux ;

2º Dans un attelage, le cheval le mieux membré et le plus froid doit être affecté, en principe, au service de porteur, et le cheval le plus ardent au service de sous-verge.

Toutefois, les deux chevaux d'un même attelage doivent être d'une conformation assez peu différente pour qu'il soit possible de les faire permuter entre eux, en ajustant le harnachement dans les limites que permettent ses dimensions. Il y a de plus intérêt à n'employer les jeunes chevaux qu'en qualité de sous-verge pendant la première année de leur mise en service dans les batteries (nº 355).

363. Entrainement. — L'entrainement a pour but d'amener le cheval, par une hygiène et un travail bien entendus, au meilleur état de santé et de forces, afin qu'il soit capable, au moment voulu, de fournir son maximum de vitesse et de résistance.

Ce résultat s'obtient au moyen d'un travail méthodique et progressif dont la durée peut être évaluée à trois mois environ. Les manœuvres de première classe, alternées avec des marches d'une longueur croissante, suffisent pour amener les chevaux d'artillerie à un état d'entraînement convenable. Lorsque les nécessités de l'instruction le permettent, ces marches doivent être au nombre d'une par semaine. Elles s'exécutent d'abord sur la piste jalonnée du terrain de manœuvres où le réglage des allures est plus facile, et ensuite sur les routes pour habituer les chevaux à la sensation prolongée du terrain dur.

Les marches, qui, au début, peuvent n'être que de 20 kilomètres en bon terrain, sont portées successivement jusqu'à 30 kilomètres en terrain accidenté. Si la longueur dépasse notablement 30 kilomètres, la marche doit être considérée comme une marche d'épreuve dont les fatigues exigeront une ration plus forte et un repos absolu à l'arrivée aux écuries, de façon à ramener les chevaux à leur état antérieur.

Les chevaux de l'artillerie montée ainsi entraînés pourront facilement exécuter des marches à une vitesse moyenne comprise entre 7 et 8 kilomètres à l'heure, et comportant des temps de trot de 2 à 3 kilomètres.

Les batteries à cheval, mieux montées et attelant un matériel plus léger, peuvent et doivent atteindre une vitesse moyenne de 9 kilomètres à l'heure comportant des temps de trot de 3 kilomètres et plus s'il est nécessaire, et des temps de galop de 1.500 mètres, sans trop de fatigue pour les attelages.

C'est à ces dernières batteries surtout qu'il appartiendra de soumettre les chevaux à un entraînement méthodique et progressif, car, en raison de leur liaison avec la cavalerie, il y a un grand intérêt à ce qu'elles puissent exécuter des marches longues et soutenir des allures rapides.

Dans tous les exercices d'entraînement, la vitesse moyenne de la marche, la durée des temps de trot, la nature du sol, l'état de l'atmosphère, la charge des chevaux sont autant d'éléments importants dont il faut tenir compte avec le plus grand soin, si l'on veut apporter dans ce travail la méthode et la progression qu'il comporte.

Poussés trop loin, ces exercices seraient, pour les chevaux de l'artillerie, plus nuisibles qu'utiles. Si l'on veut que les chevaux résistent aux fatigues du service de trait, il est indispensable de les maintenir bien en chair.

Dans la plupart des batteries où la mobilisation doit amener un nombre considérable de chevaux de réquisition, il serait illusoire de vouloir faire subir aux chevaux figurant à l'effectif de paix un entraînement aussi complet que celui que l'on peut obtenir dans les batteries à cheval attachées aux divisions de cavalerie.

CHAPITRE IV.

PROCÉDÉS DE DRESSAGE.

§ 1er. — PROCÉDÉS GÉNÉRAUX.

364. Les procédés de dressage sont, généralement, basés sur l'exploitation habile, envers le cheval, de l'appât des récompenses ou de la crainte des châtiments et sur une gradation méthodique des exercices telle qu'une action déjà connue serve toujours d'interprète pour inculquer au cheval l'obéissance à une action nouvelle pour lui.

L'appât des récompenses et la crainte des châtiments sont d'un usage constant dans le dressage. Les caresses, le repos succédant au moindre signe d'obéissance, l'abandon des rênes, le relâchement des jambes, l'action de passer au pas après une allure vive sont les moyens les plus usités pour récompenser le cheval. La persistance dans l'emploi des aides, l'usage énergique des jambes ou l'emploi de l'éperon, et, enfin, dans des cas exceptionnels, les corrections de la cravache, de la chambrière et du caveçon servent à le châtier. Ces moyens se recommandent spécialement au tact de l'instructeur et ne peuvent être l'objet de règles positives.

Les fautes d'exécution doivent être rectifiées avec d'autant plus de douceur, de patience et de persévérance que les seuls moyens de démonstration résident dans l'application des deux principes fondamentaux cités plus haut. On s'attache à exécuter les divers mouvements pendant longtemps dans le même ordre et de la même manière, jusqu'à ce que le cheval soit confirmé dans la connaissance des actions du cavalier par l'effet de la répétition et que son obéissance, d'abord laborieuse, soit transformée peu à peu en habitude presque instinctive.

365. Il existe toutefois, en dehors du cadre de travail tracé précédemment, certaines préparations destinées à servir de trait d'union entre quelques phases consécutives du dressage.

Ces préparations ne sont pas indispensables avec tous les chevaux, mais il est quelquefois très utile d'y avoir recours pour prévenir l'inquiétude ou les défenses du jeune cheval. Ainsi lorsque le cheval n'est pas docile au montoir, se tracasse, résiste sur place, l'instructeur ou un aide à pied doit venir en aide au cavalier et opérer de manière à faciliter les actions de celui-ci en tenant le cheval, le mettant en confiance, ou l'acheminant dans la direction voulue, selon le cas.

Pour amener le cheval à répondre à la pression des jambes, le cavalier fait usage d'une cravache (1); pour lui apprendre à céder à l'action d'une jambe, il peut l'habituer, en se plaçant d'abord à pied, à ranger les hanches à droite et à gauche, par de légers attouchements de la cravache sur le flanc gauche et sur le flanc droit.

Pour apprendre au cheval à reculer, le cavalier doit aborder ce mouvement très lentement en se plaçant d'abord à pied. Il n'exige pas dès le début que le reculer s'exécute droit.

Lorsque le cheval reçoit la bride, on l'initie, en se plaçant d'abord à pied, aux effets du mors par de légères actions des rênes.

Enfin, tous les mouvements possibles à toutes les allures dérivent de quatre actions élémentaires qu'il est nécessaire de faire comprendre parfaitement et séparément au jeune cheval avant de les associer de manière à produire des effets combinés; ces actions sont : se porter en avant à la pression des jambes; reculer à la traction des rênes; ranger les épaules et ranger les hanches.

Ces éléments étant bien compris du jeune cheval, l'achèvement de son dressage ne réside que dans les exercices ordinaires d'équitation, appropriés judicieusement à ses moyens, à la maturité de son développement et à son état de santé.

§ 2. — DRESSAGE A LA LONGE.

366. Le travail à la longe est d'une grande utilité pour exercer un jeune cheval, pour dépenser les forces d'un cheval qui ne peut être monté, pour calmer un cheval trop vigoureux et, enfin, pour dompter un animal vicieux.

Le cheval muni d'un caveçon est tenu au moyen d'une longe par l'instructeur. Il est essentiel que le caveçon soit bien ajusté au-dessous des joues et que la muserolle soit suffisamment serrée, afin que les montants ne puissent offenser l'œil du côté du dehors dans le travail en cercle et que le caveçon ne vienne pas comprimer les naseaux si le cheval tire sur la longe.

Le cheval est acheminé en cercle à gauche par un

---

(1) Quand le cavalier est à cheval, il tient la cravache de la main droite, près du gros bout et la mèche en bas. Au moment de s'en servir, il prend les rênes dans une seule main et frappe le flanc du cheval, un peu en arrière des éperons.

Les coups de cravache sur l'encolure doivent, en principe, être interdits dans la crainte qu'ils n'atteignent les yeux du cheval; d'ailleurs, ils pourraient être plus tard la cause de difficultés sérieuses lorsqu'on voudrait habituer le cheval aux gestes faits par le cavalier avec le sabre.

aide qui l'accompagne, l'attire avec la rêne du bridon et le chasse en agitant la chambrière qu'il tient en arrière du cheval.

A mesure que le cheval s'avance sur le cercle, l'aide s'éloigne peu à peu, jusqu'à ce qu'il se trouve près de l'instructeur qui occupe le centre d'un grand cercle décrit par le cheval. Il remet alors la chambrière à l'instructeur.

Si le cheval s'échappe brusquement, on résiste de la longe, tout en cédant légèrement à son écart, et on le ramène peu à peu.

Si le cheval tire avec violence sur la longe quand il travaille aux allures vives, on le met souvent au repos, après l'avoir ramené sur un cercle étroit.

Si le cheval s'arrête, on se sert de la chambrière pour le stimuler; au besoin, l'aide va se placer derrière lui, pour le déterminer à se porter en avant.

On répète le même travail à main droite, par les mêmes procédés, en ayant soin de faire travailler le cheval autant à main droite qu'à main gauche.

On peut faciliter le travail à la longe en faisant décrire au cheval un cercle dans un des coins du manège.

La voix est employée pour habituer le cheval à répondre de la même manière aux mêmes intonations prononcées distinctement et sans élever la voix.

La chambrière stimule le cheval et sert aussi à l'éloigner du centre du cercle.

La longe communique la volonté de l'instructeur par des oscillations ou de légères saccades soit pour modérer le cheval, soit pour le châtier.

Ces trois moyens combinés ou appliqués séparément doivent concourir aux résultats suivants, qui sont l'indice du succès du travail :

Le cheval doit être calme et régulier à toutes les allures et ne pas jeter les hanches en dehors ; la longe ne doit pas être tendue, ni cependant flottante ;

Quand l'instructeur prononce sans élever la voix le mot : *Holà*, le cheval doit s'arrêter droit sur le cercle;

Si l'instructeur prononce le mot : *Viens*, le cheval doit venir à lui; une caresse et une poignée d'avoine le récompensent de son obéissance.

§ 3. — DRESSAGE A LA VOLTIGE.

367. Le cheval est dressé pour la voltige d'après les moyens énoncés plus haut pour le travail à la longe.

Il importe de faire choix pour ces exercices d'un cheval froid, calme et non chatouilleux.

Les seules allures employées pour la voltige sont le pas et le galop.

Afin d'abréger les tâtonnements tendant à obtenir facilement les départs au galop et le galop lent, on peut faire monter le cheval par un cavalier dont les moyens ordinaires d'équitation servent d'interprète pour apprendre au cheval les indications de l'instructeur. Les actions du cavalier sont ensuite peu à peu supprimées, et le cheval est exercé jusqu'à ce qu'il soit blasé complètement sur le contact des jambes et devienne insensible à tous les mouvements de l'homme qui voltige en n'accordant l'obéissance qu'à l'instructeur qui dirige le travail.

§ 4. — LEÇON DE L'ÉPERON.

368. La leçon de l'éperon a pour but d'habituer le jeune cheval à répondre à l'application franche de l'éperon par le mouvement en avant.

Cette leçon se donne à l'extérieur, à la fin de la période d'entraînement. A ce moment, le jeune cheval a pris confiance sur le mors, et se livre franchement pendant le temps de galop qui termine le travail ; dès lors, l'attaque de l'éperon ne peut être suivie que d'un allongement d'allure, ce qui donne le résultat cherché.

369. Lorsque la leçon de l'éperon donnée de cette manière n'a pas réussi, on a recours à l'emploi du caveçon. Tenant la longe de la main droite, l'instructeur, après avoir ajusté le caveçon, se place à quelques pas en avant du cheval et commence à l'attirer doucement à lui, en tendant la longe, puis il ordonne au cavalier de fermer les jambes de manière à faire sentir simultanément les deux éperons en rendant suffisamment de la main.

Si le cheval recule, l'instructeur le détermine en avant avec la longe ; si le cheval se cabre, rue ou fait une autre défense quelconque, il lui donne une saccade sur le chanfrein et renouvelle les saccades jusqu'à ce que le cheval se porte franchement en avant.

Aussitôt que le cheval a obéi et s'est porté droit devant lui, l'instructeur le caresse et le flatte.

Cette leçon demande une très grande prudence, beaucoup de tact et un égal mélange de douceur et de fermeté ; elle est renouvelée jusqu'à ce que le cheval se porte franchement en avant à l'action de l'éperon et ne témoigne aucune velléité de ruer à la botte.

Pendant tout le cours de cette leçon, la longe est tenue par un instructeur très expérimenté.

§ 5. — DRESSAGE A L'OBSTACLE.

370. Le passage et le saut des obstacles exigent chez le cheval deux qualités essentielles : la franchise et l'adresse.

La franchise dépend de son caractère et du soin que l'on apporte à graduer les différents obstacles qu'il doit sauter. L'adresse s'acquiert par l'habitude et le souvenir des fautes que le cheval a faites dans les commencements.

Par son poids, par ses actions involontaires sur les rênes, par ses déplacements d'assiette, le cavalier gêne le cheval dans le saut ; il est donc naturel de faire passer d'abord ou sauter le cheval sans cavalier.

Le cheval doit déjà avoir reçu la leçon de la longe ; c'est au moyen de la longe et du caveçon qu'on le dresse au passage et au saut des obstacles.

En principe, on doit faire passer tous les obstacles qu'il n'est pas indispensable de sauter ; on commence donc le dressage en habituant le cheval à suivre le cavalier dans des terrains variés et présentant quelques accidents, tels que sillons, ornières, fossés, etc..., et qu'il est possible de traverser sans sauter.

Le cheval ayant instinctivement moins de répulsion pour les obstacles naturels que pour les obstacles artificiels, et, d'autre part, les obstacles en largeur demandant plus d'adresse pour être franchis que les obstacles en hauteur et se présentant plus souvent, on amène d'abord le cheval devant un fossé naturel peu large et peu profond, à talus très nets, un fossé de route, par exemple.

Les chevaux étant rangés en face du fossé, à une certaine distance, et les cavaliers étant pied à terre et ayant mis le caveçon à leurs chevaux (ou ayant pris les dispositions indiquées au n° 371), on se conforme aux prescriptions suivantes :

Le cavalier, tenant la longe, se fait suivre de son cheval au pas ; en arrivant au fossé, il le saute et continue de marcher sans se retourner. Si la longe ne se tend pas, cela prouve que le cheval le suit ; il le caresse dès qu'il a franchi. (On doit veiller pendant tout le dressage à l'exécution de cette prescription.)

Si le cheval ne saute pas derrière le cavalier, il peut soit hésiter devant l'obstacle, sans se jeter ni à droite ni à gauche, soit se jeter à droite ou à gauche pour se dérober, soit reculer.

Par des oppositions de caveçon, le cavalier empêche le cheval de se jeter de côté ou de reculer et le force à rester carrément devant l'obstacle.

Il rend ensuite de la longe, afin que le cheval puisse baisser la tête, voir l'obstacle, le juger et se servir de son encolure pour aider au saut, tandis que l'instructeur agite un peu la chambrière pour lui faire comprendre qu'il doit se porter en avant.

L'instructeur emploie la chambrière très sobrement, afin que l'animal ne saute pas avec précipitation. Il est essentiel que le cheval ne soit pas trop excité et qu'il puisse sauter à sa guise.

On choisit ensuite un fossé plus large et plus profond, puis un fossé avec de l'eau, un fossé couvert, un double fossé, un fossé avec talus, etc., en observant qu'il faut graduer très sagement les obstacles et ne pas trop demander dans une seule séance, afin de ne pas fatiguer le cheval, ni le rebuter.

Lorsque le cheval est devenu franc et qu'il saute sans hésitation, le cavalier, après avoir sauté, reste près du fossé, donne de la longe, met le cheval en cercle et lui fait sauter le fossé plusieurs fois.

Lorsque le cheval a été ainsi rendu non seulement franc, mais encore adroit, on recommence le travail, le cheval étant monté, en suivant la même progression.

Les cavaliers les plus légers doivent être employés de préférence pour les chevaux qui ont manifesté des tentatives de résistance dans le travail précédent.

Le cavalier quitte les rênes et prend le pommeau de la selle, tandis qu'un autre cavalier, tenant la longe à pied, passe l'obstacle devant le cheval comme il est dit plus haut. La chambrière ne remplit plus qu'un rôle secondaire. Le cavalier avec ses jambes, au besoin avec ses éperons, détermine le cheval en avant ; toutefois, il doit se servir des jambes avec modération, afin de laisser le cheval sauter de lui-même.

On saute de même les obstacles en hauteur : barre, talus et haie.

Ces exercices doivent être pratiqués dès la première période de dressage à la selle, mais dirigés avec prudence de peur de fatiguer prématurément les articulations ; il est bon, toute question d'âge réservée, de ne faire monter les chevaux pour le saut que dans la deuxième période.

Ce dressage présente plus de difficultés avec les vieux chevaux qu'avec les jeunes, mais, s'il est mené patiemment, il donne d'aussi bons résultats. On doit y soumettre tout cheval qui fait des difficultés devant l'obstacle.

371. Quand le cheval a été complètement dressé à la longe, il est possible de suppléer à l'insuffisance du nombre de caveçons et de longes en se servant simplement d'une corde (corde à fourrage) fixée au mors de bridon.

Il faut alors avoir la précaution d'arrêter la corde à chacun des anneaux du mors, de peur qu'elle ne fasse nœud coulant et n'occasionne une compression violente des canons sur les barres.

Les rênes de bridon permettent à la rigueur de constituer rapidement une longe en faisant passer les rênes par-dessus l'encolure et tirant sur une des olives.

On peut se servir de cette longe pour faire passer au jeune cheval des obstacles très faciles placés dans la cour du quartier quand le terrain ne se prête pas à la progression ci-dessus décrite.

On choisit, pour l'y amener, le moment de l'abreuvoir, afin que sa franchise trouve immédiatement sa récompense.

§ 6. — DOCILITÉ AU FEU.

372. L'impression causée par un bruit violent tient souvent à une susceptibilité nerveuse difficile à combattre, mais la frayeur du cheval cède aussi le plus souvent aux traitements qui surpassent en bonté le mal causé par la détonation.

Tout le secret de ce dressage consiste dans l'application de moyens tels que la détonation devienne le signal précurseur d'une satisfaction donnée au cheval.

Ces moyens peuvent être variés à l'infini, mais les habitudes particulières au cheval de troupe permettent de recommander les suivants :

Familiariser le cheval avec la vue de l'arme ; tirer des coups de feu d'abord éloignés, puis rapprochés peu à peu ; d'abord en troupe, puis isolément ; les chevaux d'abord en mouvement, puis étant immobiles ; gagner le cheval par l'exemple en plaçant celui qui est peureux entre deux chevaux très calmes ;

Remplacer le signal du repos par un coup de feu, mais éviter de s'obstiner envers les chevaux irascibles, afin que ceux-ci ne cessent jamais de considérer l'écurie comme un lieu de tranquillité ;

Éviter avec soin *les à-coups de main ou de jambe au moment où le cheval se dérobe :* exploiter la paresse du cheval de telle sorte que l'immobilité succède à des coups de feu multipliés ;

En un mot, faire toujours coïncider avec le bruit une récompense, par des caresses, ou avec le repos après une allure vive prolongée, etc.

On se conforme aux mêmes principes pour habituer le cheval au bruit du tambour, du clairon, etc.

§ 7. — DES CHEVAUX RÉTIFS OU DIFFICILES.

373. La rétiveté d'un cheval peut engendrer une quantité de dérèglements qu'il importe de maîtriser, aussi bien pour la conservation de l'animal que pour la sécurité du cavalier ; mais la solution de cette difficulté réside plutôt dans l'habileté équestre du cavalier que dans des procédés particuliers applicables aux cas très nombreux ou imprévus qui peuvent surgir.

Cette étude comprend donc seulement des conseils utiles et dignes d'être médités, mais non des règles absolues.

374. Des chevaux ignorants. — Lorsqu'un cheval désobéit par ignorance de ce qui lui est demandé en manifestant seulement un certain trouble ou une résistance passive, les connaissances les plus élémentaires indiquent qu'on doit le rappeler à l'obéissance depuis le point où son dressage est en défaut, en suivant à partir de ce point la série des exercices indiqués pour compléter son éducation.

375. Des chevaux peureux. — Lorsqu'un cheval se dérobe ou se défend à l'aspect d'un objet quelconque, on doit s'efforcer de le ramener et l'approcher fréquemment de cet objet, sans insister avec ténacité au moment de la défense, ni le contraindre obstinément à regarder ou à flairer l'objet. On doit surtout s'abstenir de toute correction dont la coïncidence avec l'image qui effraye tendrait encore à augmenter la peur en faisant attribuer les mauvais traitements à l'objet lui-même.

376. Des chevaux mal conformés. — Le cheval mal conformé subit naturellement les conséquences de la faiblesse des organes déshérités et résiste à l'exécution des mouvements qui font spécialement appel au travail de ces organes. On doit donc éviter les exigences immodérées, qui auraient pour résultat de provoquer des défenses si le cheval est impuissant, ou de ruiner davantage les parties défectueuses si le cheval se soumet.

377. Des chevaux qui pointent ou se cabrent. — Les chevaux s'arrêtent et pointent le plus souvent soit parce qu'ils refusent l'action des jambes, soit parce qu'ils craignent la main.

Cette habitude vicieuse tend d'autant plus facilement à devenir invétérée chez le cheval que le cavalier qui le monte devant, par prudence, cesser toute action des aides au moment où le cheval veut se défendre, ce dernier peut être amené à considérer cette absence des aides comme une récompense de son indocilité. Il en est de même si le cavalier se laisse désarçonner ; aussi, lorsque celui-ci doute de sa solidité, il est préférable, dans l'intérêt du dressage, et pour ne pas tirer sur les rênes, de saisir une poignée de crins, sans abandonner les rênes.

Il importe surtout de prévenir le cabrer ; le cavalier doit, dans ce but, dès que le cheval tend à s'arrêter pour pointer, le surprendre par l'agitation des jambes contre les flanc, ou des rênes contre l'encolure, de manière à obtenir immédiatement le mouvement progressif qui affaiblit la défense ou la paralyse. Aussitôt que le cheval cède en se portant en avant, il faut éviter de le châtier, mais au contraire le flatter pour l'encourager.

Si ces moyens ne suffisent pas pour prévenir les défenses, et si le cheval se révolte obstinément contre les jambes, il faut lui apprendre à pied à céder à l'action de la cravache ; l'action de la cravache remplit le double but de donner une plus grande facilité pour dominer le cheval et de développer, en quelque sorte, une aide artificielle dont l'emploi est d'un grand secours pour inculquer la connaissance de l'emploi des jambes.

Enfin, les corrections de la chambrière, employée d'accord avec les éperons, peuvent servir utilement pour réprimer ces défenses.

378. Des chevaux qui ruent. — Certains chevaux contractent l'habitude de ruer, soit parce que le poids du cavalier est une cause de souffrance pour les reins ou les jarrets, soit parce qu'ils sont chatouilleux et ripostent par cette défense à l'impression désagréable que leur cause le contact des jambes ou de l'éperon.

Dans le premier cas, on peut chercher à fortifier par l'exercice les organes défectueux et à les soulager pendant le travail en évitant les arrêts subits ou les allures raccourcies qui réagissent péniblement sur l'arrière-main.

Il est essentiel de rendre le cheval très souple aux actions de la main, afin que la rigidité de l'encolure ne s'oppose pas à la décomposition des allures rétrogrades transmises par le mors.

Si le cheval rue à l'approche des jambes, on amortit cette sensibilité en l'accoutumant peu à peu à les supporter ; mais il convient de ne pas s'obstiner outre mesure, sous peine d'accroître les difficultés et de rendre le cheval plus irritable.

Le cavalier a soin, en outre, de chasser vigoureusement le cheval en avant, en faisant usage de la cravache sur les épaules, et de relever brusquement la tête et l'encolure au moment où le cheval médite ou exécute la ruade.

379. Des chevaux irritables. — Les chevaux irritables ressentent plus vivement les impressions communiquées par le cavalier, et il convient de ménager cette susceptibilité afin de ne pas aigrir le cheval, ni le troubler par la crainte. On doit s'efforcer de familiariser le cheval avec les aides en employant la plus grande patience et de perfectionner son dressage en faisant en sorte de l'amener à obéir sans développer par trop sa sensibilité.

Le cavalier doit agir avec plus de finesse et de modération que sur un cheval froid, et surtout éviter les surprises de main ou de jambes qui exaspèrent le cheval.

Enfin, il est utile de ne pas ajouter à l'irritabilité du cheval la fougue qui serait la conséquence d'un repos trop prolongé.

380. Des chevaux qui s'emportent. — Les chevaux s'emportent sous l'empire de causes très diverses, soit parce qu'ils ont un tempérament trop irritable, soit parce qu'ils sont exaspérés par la brutalité du cavalier qui les monte, soit parce qu'en raison de leur masse ils éprouvent des difficultés à ralentir ou que ce ralentissement fait éprouver aux chevaux qui ont l'arrière-main faible ou tarée une souffrance à laquelle ils cherchent à échapper. Enfin, la plupart des chevaux qui ont, pour un motif quelconque, tenté de ce genre de résistance sont encouragés, par la liberté dont ils ont joui pendant ces échappées, à le renouveler.

Pour réprimer ces écarts, le cavalier doit d'abord étudier la cause qui les a provoqués et éviter de la faire naître. Il y parviendra le plus souvent en appliquant exactement les moyens de conduite qui lui ont été enseignés, en évitant de rechercher le cheval et de l'exciter par le désaccord des aides et l'incertitude de l'assiette.

Certains chevaux, lorsqu'on commence à les mettre aux allures vives, s'emportent parce qu'ils sont étourdis par la rapidité de leur allure ; il suffit de les exercer suffisamment pour compléter leur éducation.

Ces leçons sont données, autant que possible, dans un manège, afin que le cheval soit plus attentif et qu'il soit éprouvé dans un terrain circonscrit avant d'être livré à un espace plus étendu.

Si le cheval porte au vent, baisser la main en tirant sur les rênes.

Si le cheval s'encapuchonne, le relever brusquement au moyen de la bride ou en sciant du bridon.

Si le cheval a les barres offensées au point d'avoir perdu toute sensibilité, il faut avoir recours au filet.

Si, malgré toute la vigilance du cavalier, le cheval persiste à gagner à la main, on a recours à la force pour l'arrêter en observant les principes suivants :

Tirer avec énergie sur les rênes en portant le corps en arrière et en s'arc-boutant sur les étriers ; cesser et renouveler alternativement les mêmes efforts, en évitant de contracter la lassitude.

Lorsque le cavalier se sent impuissant à arrêter le cheval, il doit chercher seulement à le diriger s'il a du champ devant lui, ou à le mettre en cercle si le terrain le permet.

381. Observations générales. — Le cheval est rarement doué d'instincts vicieux qui le portent à être rétif, mais il apprend vite à résister lorsqu'il est monté par un cavalier qui le craint ou le maltraite. Certains chevaux cherchent à tâter leur cavalier ; lorsque celui-ci n'ose pas réprimer leurs caprices, ils sentent que l'homme a peur et n'est pas le plus fort, et dès lors tout ce qu'on cède à l'animal ne fait qu'encourager ses défenses.

Les mauvais traitements infligés sans discernement ont également les conséquences les plus funestes, car le cheval, ignorant la cause des châtiments qu'il reçoit, ainsi que les moyens d'y échapper, témoigne une appréhension constante, cherche à secouer le joug et enfin contracte l'habitude de se révolter et d'entreprendre.

une lutte dans laquelle le cavalier n'est pas toujours victorieux.

Enfin, l'impuissance du cheval à répondre à des exigences ou à comprendre des actions auxquelles il n'a pas été suffisamment initié engendre souvent des désordres qui dégénèrent en défenses sérieuses et difficiles à réprimer.

En un mot, le talent du cavalier consiste beaucoup plus dans l'art de prévenir les défenses du cheval que dans la puissance capable de les maîtriser, et le cachet d'une saine expérience réside surtout dans l'aptitude à éluder toutes les occasions susceptibles de provoquer une lutte entre le cavalier et sa monture.

CHAPITRE V.

PRÉSENTER UN CHEVAL, L'ATTACHER, LUI TENIR LE PIED.

§ 1ᵉʳ. — MANIÈRE DE PRÉSENTER UN CHEVAL.

382. Amener le cheval en tenant les rênes du bridon avec la main droite, à 15 centimètres de la bouche du cheval, les ongles en dessous, la main haute et ferme pour empêcher le cheval de sauter, la main gauche tenant l'extrémité des rênes du bridon.

Se diriger de manière à passer à 4 mètres devant la personne à qui le cheval est présenté.

Quand on est à sa hauteur, s'arrêter, exécuter un demi-tour à droite sur la pointe du pied droit, de manière à se placer devant le cheval, lui faisant face prendre ensuite dans la main gauche la partie de la rêne droite qui était dans la main droite, et tenant les poignets élevés, placer le cheval bien droit, la tête haute.

A l'indication : *Marchez*, reprendre la rêne droite dans la main droite, se replacer face en tête par un demi-tour à gauche sur la pointe du pied droit et se mettre en mouvement au pas, marchant droit devant soi, sans regarder le cheval, auquel on laisse la liberté nécessaire en faisant au besoin glisser plus ou moins les rênes dans la main droite.

A l'indication : *Au trot*, marcher au pas gymnastique, déterminer progressivement le cheval à prendre le trot et s'efforcer de courir assez vite pour lui permettre d'allonger librement ses foulées.

A l'indication : *Demi-tour*, exécuter avec le cheval un demi-tour à droite au pas, revenir à l'allure prescrite et passer à cette allure devant la personne à qui l'on présente le cheval.

A l'indication : *Arrêtez*, s'arrêter et se placer face au cheval dans la position détaillée plus haut.

Lorsque le cheval hésite à se porter en avant, il ne faut pas se tourner vers lui, ni même le regarder, mais l'attirer avec fermeté et sans saccade en l'encourageant de la voix.

Si, au contraire, le cheval se montre trop ardent, prendre une rêne de chaque main, à 30 centimètres de la bouche du cheval, éloigner les mains l'une de l'autre et scier du bridon, en se maintenant le plus près possible de l'épaule.

Si le cheval jette ses hanches en dehors, faire prédominer l'action de la rêne du dehors.

Si le cheval résiste au demi-tour à droite, lever vivement la main gauche à hauteur de l'œil du cheval pour lui faire porter la tête et l'encolure à droite.

Quand le cheval doit être activé, le sous-officier qui tient la chambrière se place toujours du côté où se tient le canonnier qui présente le cheval.

§ 2. — MANIÈRE D'ATTACHER UN CHEVAL.

383. Déboucler la sous-gorge du bridon;

Introduire dans l'anneau, de dessus en dessous, l'extrémité des rênes en les tenant à pleine main;

Les ressaisir au-dessous de l'anneau, également à pleine main ;

Engager la sous-gorge entre les rênes ;

Reboucler la sous-gorge.

Nota. — Les canonniers ne doivent jamais, en attachant un cheval, introduire les doigts entre les rênes ; sans cette précaution, ils s'exposeraient à des blessures graves au cas où le cheval tirerait au renard.

§ 3. — LEVER, TENIR ET POSER A TERRE LE PIED D'UN CHEVAL, METTRE LES CRAMPONS.

384. 1° Pied de devant. — Pour *lever le pied* gauche (droit) de devant, se placer en face de l'épaule du même côté en regardant le cheval, poser la main droite (gauche) au garrot et glisser la main gauche (droite) le long du membre ; arrivé au paturon, le tirer à soi en exerçant une poussée contre l'épaule, de manière à rejeter le poids du corps sur le membre opposé. Le pied levé, prendre par un demi-tour à droite (gauche) la place qu'on doit occuper pour tenir le pied.

Pour *tenir le pied*, appuyer le genou du cheval sur la cuisse gauche (droite), porter la jambe droite (gauche) en arrière, puis réunir les deux mains sous le paturon.

Si le cheval s'effraye, quitter la position et lui donner confiance par des caresses de la voix et de la main.

En tenant le pied, ne pas s'appuyer sur le cheval et ne pas le faire souffrir en serrant trop le paturon, en élevant le pied outre mesure ou en le portant trop en dehors.

Pour *poser le pied à terre*, le reconduire doucement jusqu'à terre.

385. 2° **Pied de derrière.** — Pour *lever le pied* gauche (droit) de derrière, se placer en face de l'épaule du même côté; poser les deux mains sur le dos, les glisser lentement vers la croupe en flattant le cheval et en lui parlant; s'il reste tranquille, appuyer la main gauche (droite) sur la hanche, tandis que la main droite (gauche) glisse peu à peu le long du membre en dehors et en arrière jusqu'au paturon. Pousser doucement le cheval de la main gauche (droite) pour rejeter l'appui sur le côté opposé; en même temps, avec la main placée au paturon, avertir l'animal par une légère pression qu'on veut lui lever le pied.

Pour *tenir le pied* ainsi soulevé, se tourner peu à peu à droite (gauche), toucher légèrement avec la cuisse gauche (droite) la jambe du cheval et l'y appuyer tout à fait si le cheval ne se défend pas. Retirer alors la main appuyée à la hanche pour la porter au paturon en entourant le jarret avec le bras.

Si le cheval s'effraye, quitter la position, faire face à la hanche en y appuyant une main et donner de la confiance à l'animal en le caressant de la voix et de la main restée libre.

Comme pour le pied de devant, il faut toujours éviter de s'appuyer contre le cheval, de serrer trop le paturon, d'élever outre mesure le pied ou de le porter trop en dehors.

Pour *poser le pied à terre*, tourner à gauche (droite) sur le pied droit (gauche), poser la main gauche (droite) sur la hanche du cheval, retirer la jambe gauche (droite) qu'on rapproche de la droite (gauche) et poser doucement le pied à terre.

METTRE EN PLACE LES CRAMPONS A GLACE.

Lever successivement les pieds du cheval et visser un crampon dans chacune des quatre mortaises d'attente de chaque fer.

Pour visser un crampon : débarrasser la mortaise de la terre ou des corps étrangers qui ont pu s'y introduire, à l'aide de la pointe de la clef à pointe; faire disparaître, s'il y a lieu, avec le taraud de la clef à taraud, les bavures qui ont pu se former dans la mortaise pendant la marche, visser un crampon jusqu'à refus, à l'aide d'une des clefs.

§ 4. — TENIR UN CHEVAL.

386. Lorsqu'un canonnier non monté doit tenir un cheval, il se conforme à ce qui est prescrit pour la position du canonnier qui a amené son cheval sur le terrain (1re partie, n° 315).

Au moment où le cheval doit être monté, le canonnier exécute un demi-tour à droite sur la pointe du pied droit, lâche les rênes de filet qu'il saisit de nouveau de la main droite du côté droit de la ganache, et, prenant l'étrivière de droite de la main gauche, il pèse sur elle jusqu'à ce que le cavalier soit en selle.

Il tient le cheval de la même manière lorsque le cavalier doit mettre pied à terre.

Lorsqu'un canonnier montant un cheval de selle reçoit l'ordre de tenir un autre cheval, il vient se placer à sa gauche en évitant de passer près de sa croupe.

Sauf ordre contraire, il met pied à terre, se porte à la tête des deux chevaux, se place entre eux face en arrière, saisit les rênes de filet de son cheval avec la main droite comme il est prescrit pour les rênes de bridon (1re partie, n° 315) et saisit de la même façon avec la main gauche les rênes de filet du cheval qu'il doit tenir.

S'il a reçu l'ordre de rester à cheval, il saisit avec la main droite la rêne gauche du filet du cheval qu'il doit tenir (1re partie, n° 433).

CHAPITRE VI.

EXTÉRIEUR DU CHEVAL.

———

§ 1er. — DESCRIPTION SOMMAIRE.

387. Le corps du cheval peut être considéré comme divisé en trois parties : l'avant-main, le corps et l'arrière-main.

L'avant-main comprend les parties du corps du cheval qui se trouvent en avant du cavalier lorsque le cheval est monté : la tête, l'encolure, les épaules, les membres antérieurs.

Le corps est la partie du cheval au-dessus de laquelle se trouve le cavalier. Il comprend : le dos, le rein, le ventre, les flancs.

L'arrière-main comprend les parties du cheval situées en arrière du cavalier : la croupe, les membres postérieurs.

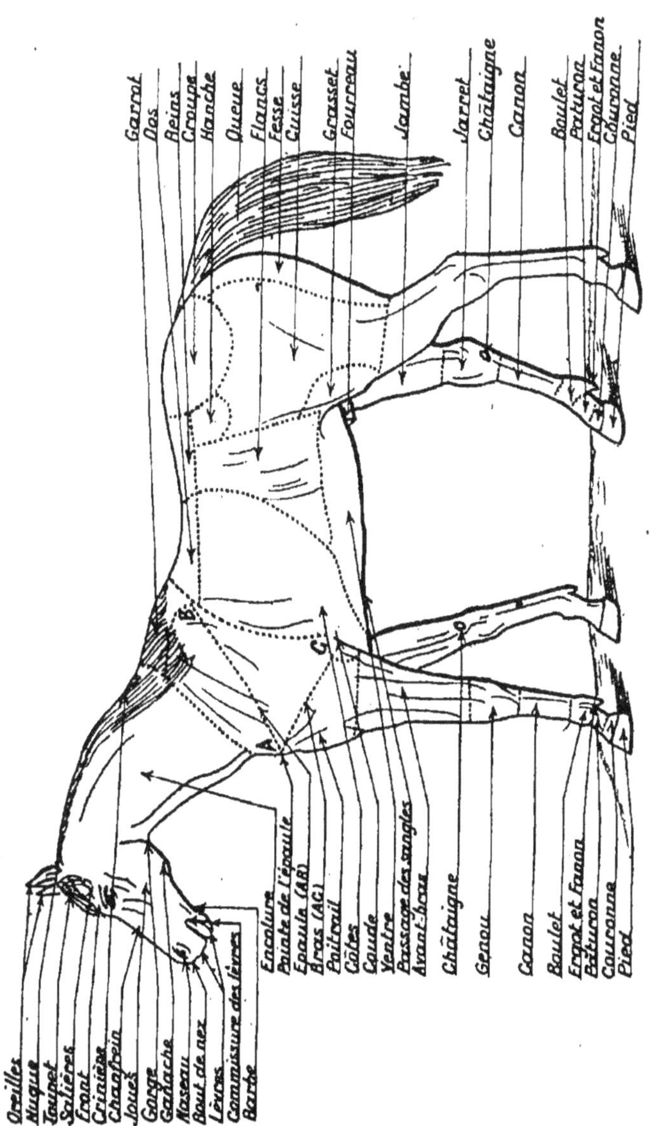

Fig. 49. *Extérieur du cheval.*

§ 2. — NOTIONS SUR LES ROBES.

388. Le mot **robe** s'applique à l'ensemble des poils et des crins qui revêtent la surface du corps du cheval.

Les robes que l'on rencontre le plus communément sont : l'alezan, le bai, le gris.

L'alezan est d'un *seul poil* dont la couleur peut varier depuis le jaune clair jusqu'au brun foncé; les jambes et les crins sont de la même couleur ou parfois plus clairs.

Le *bai* est caractérisé par la couleur noire de la crinière, de la queue et de l'extrémité des membres; le fond de la robe est d'un seul poil, dont la couleur rougeâtre peut être plus ou moins foncée jusqu'au brun.

Le *gris* est une robe formée de poils blancs et de poils noirs en mélange plus ou moins régulier.

Les chevaux dont la robe est composée de poils blancs et de poils alezans mélangés sont dits *aubères*. Ceux dont la robe comprend des poils blancs, noirs et alezans sont *rouans*. Ces derniers ont généralement l'extrémité des membres et les crins noirs.

Un cheval est *noir* lorsqu'il a tous les poils et les crins noirs.

On appelle *rubican* un cheval qui a quelques poils blancs disséminés sur une robe alezane, baie, noire.

On appelle *balzane* une région blanche à l'extrémité d'un membre.

On appelle *en tête* une marque blanche sur le front ou sur le chanfrein.

Le *ladre* est une tache rosée, dépourvue de poils, qui se trouve souvent entre les naseaux et qui peut se voir également autour des yeux.

§ 3. — NOTIONS SUR LES APLOMBS ET SUR LES TARES.

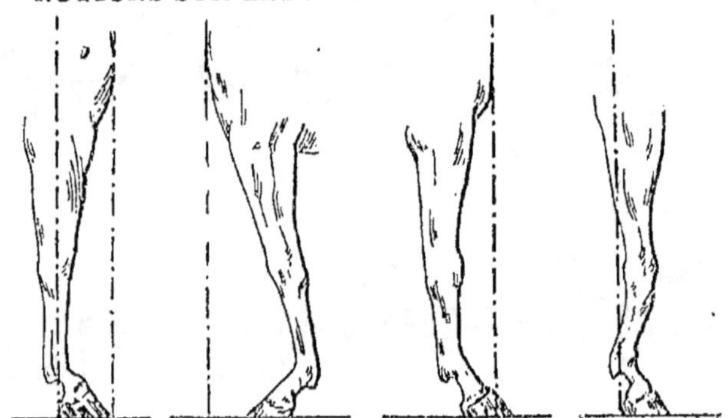

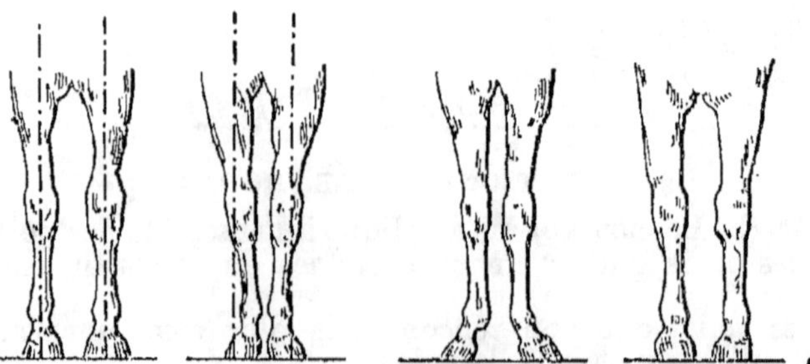

Fig. 50. *Aplombs des membres antérieurs.*

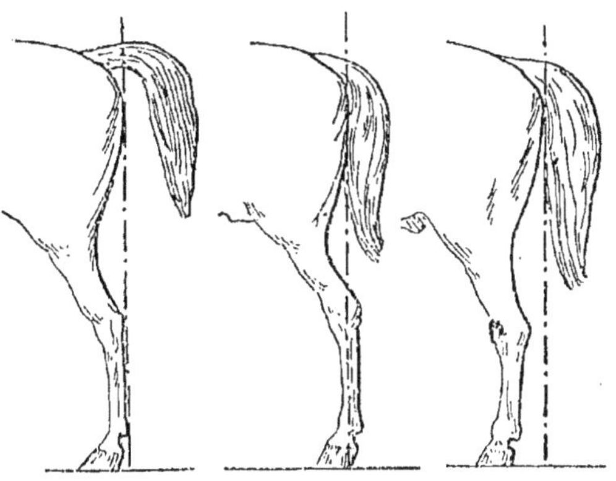

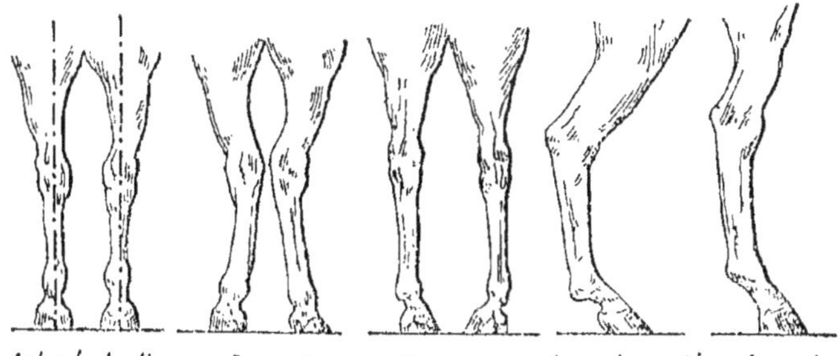

Fig. 51. Aplombs des membres postérieurs.

389. On appelle **tare** une tumeur dure ou molle placée le long des membres du cheval, qui gêne plus ou moins ses mouvements et souvent le rend boiteux.

Les tumeurs dures ou osseuses sont situées sur les os du cheval; elles constituent les **tares dures.** Les principales tares dures sont :

Le *suros*, qui se trouve sur l'os du canon, plus souvent en dedans, généralement peu grave;

La *forme*, qui se trouve sur l'os du paturon ou sur la couronne, ou à leur intersection, toujours très grave ;

La *jarde*, qui se trouve à la partie inférieure et postérieure de la face externe du jarret, généralement peu grave ;

L'*éparvin*, qui se trouve à la partie inférieure de la face interne du jarret (à l'opposé de la jarde), toujours grave.

Les **tares molles** sont des tumeurs se présentant sous la forme de petites poches remplies de liquide, de volume variable, placées au pourtour des articulations ou sur le trajet des tendons. Les principales tares molles sont :

La *molette*, qui se trouve à la partie inférieure des membres, sur le pourtour, et au-dessus des boulets ;

Le *vessigon*, qui se trouve sur le jarret ;

Le *capelet*, situé exactement à la pointe du jarret ;

L'*éponge*, à la pointe du coude. (Cette tare résulte des froissements prolongés que le cheval se fait lui-même avec le fer des pieds de devant lorsqu'il est couché).

Les tares molles sont toujours moins graves que les tares dures.

§ 4. — NOTIONS SUR LE PIED ET LA FERRURE.

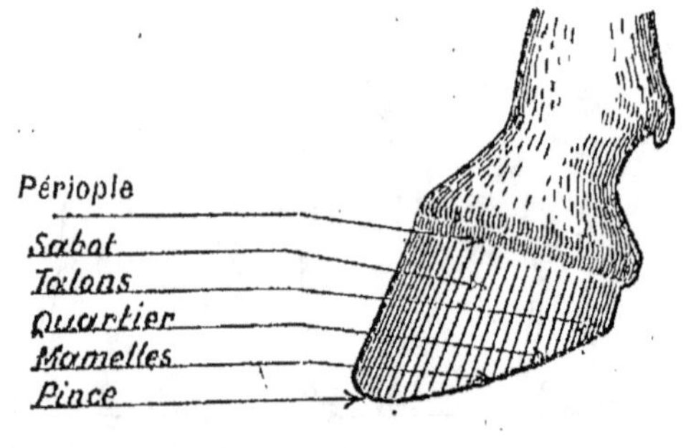

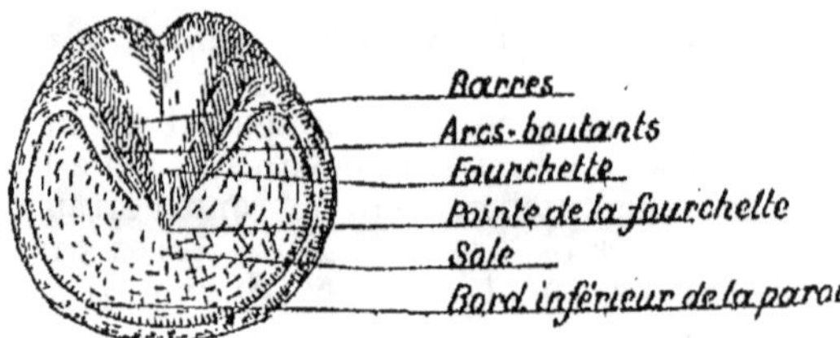

Fig. 52. *Pied du cheval.*

390. On ferre les chevaux pour éviter l'usure prématurée du sabot, ce qui les rendrait inutilisables.

Les noms des principales parties du fer correspondent en général aux noms des parties du pied sur lesquelles elles s'appliquent.

Le fer a deux *faces*, l'une *supérieure*, qui est en contact avec le bord inférieur de la paroi ; l'autre *inférieure*, qui repose sur le sol ; deux *branches* AB, AB' (*externe* et *interne*), deux *rives* (*externe* et *interne*).

Avant de recevoir le fer, le pied subit une préparation qui consiste à assurer son aplomb et son contact parfait avec le fer.

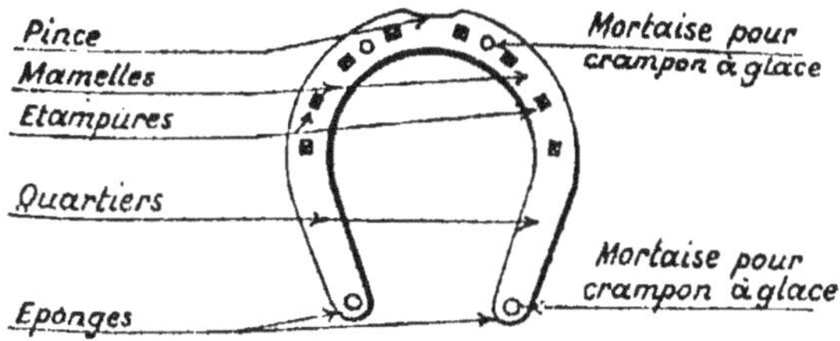

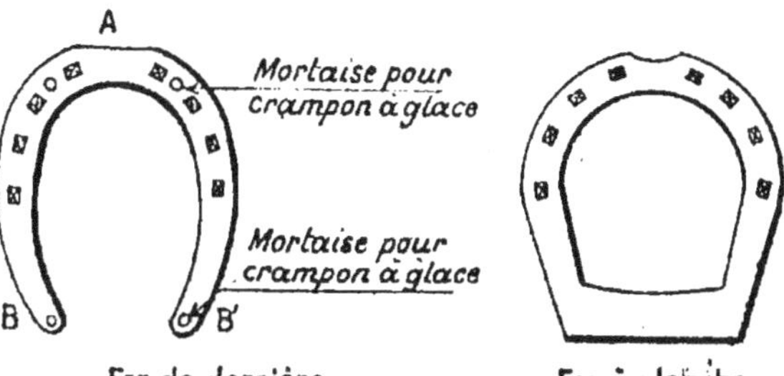

Fig. 53. Ferrure.

On reconnaît qu'un cheval a besoin d'être ferré :
1° Quand le fer est usé ;
2° Quand le pied est trop long.

Un cheval doit être ferré des quatre pieds au moins une fois par mois.

Les *étampures d'attente* qui sont sur le fer, deux en mamelles, deux en talons, servent à y fixer, s'il y a lieu, les *crampons* qui empêchent le cheval de glisser sur le terrain glacé.

CHAPITRE VII.

SOINS A DONNER AUX CHEVAUX.

---

§ 1er. — CHEVAUX MALADES.

391. Ceux qui sont chargés de la surveillance des chevaux doivent connaître les indices par lesquels se traduit chez eux un état maladif. Des soins immédiats peuvent, dans certains cas, enrayer le mal. On reconnaît qu'un cheval est malade :

Quand il ne mange pas ou qu'il mange moins qu'à l'ordinaire ;

Quand il est triste, qu'il porte la tête basse ou se tient éloigné de la mangeoire au bout de sa longe ;

Quand il tousse, qu'il a la respiration accélérée ;

Quand il s'agite, se tourmente ou enfin lorsqu'il y a dans sa manière d'être quelque chose d'extraordinaire.

Dès qu'un cheval présente un ou plusieurs de ces signes de maladie, il faut : le sortir du rang, l'isoler dans la partie la mieux abritée de l'écurie, le tenir chaudement en le couvrant, lui faire boire de l'eau blanchie avec de la farine d'orge, lui supprimer l'avoine et le foin et ne lui donner à manger que de la paille et du barbotage, ne pas le sortir et le surveiller.

Si la tristesse persiste, si les yeux sont rouges ou pâles, si le flanc est agité et la température du corps élevée ou abaissée, l'animal est gravement malade ; il lui faut les soins du vétérinaire.

Quand le cheval tousse seulement tout en conservant son appétit et sa gaîté, il faut se borner à le tenir chaudement, ne le sortir que couvert et par le beau temps, ne lui donner à manger que de la paille et du barbotage et, si l'on a un peu de miel à sa disposition, lui en faire avaler une cuillerée ou deux, matin et soir.

Si le cheval est triste, a de la peine à manger, s'il a la bouche chaude et baveuse et rejette des parcelles d'aliments par les naseaux, c'est le signe d'une inflammation de la gorge ; le cas peut devenir très grave ; il y a urgence d'appeler le vétérinaire, et en attendant il faut tenir chaudement l'animal, lui envelopper la gorge avec une peau de mouton ou avec toute autre chose capable de maintenir la chaleur dans cette région, et ne lui donner que de l'eau blanchie avec de la farine d'orge.

Lorsque le cheval s'agite, se couche, se roule sur le sol, se relève pour se recoucher de suite, regarde son flanc, se plaint et se campe comme pour uriner, c'est l'indice qu'il est affecté de coliques ; on doit, jusqu'à l'arrivée du vétérinaire, faire bouchonner vigoureusement l'animal, le bien couvrir, le promener, lui donner quelques lavements tièdes, le réchauffer par des breuvages chauds d'infusion de foin, de plantes aromatiques, de vin ou de bière.

§ 2. — SOINS A DONNER EN ROUTE.

392. Pendant les marches et les manœuvres, l'état des chevaux dépend, sauf accident, des soins qui leur sont donnés au gîte, et de l'entretien et de l'ajustage du harnachement.

Mesures préparatoires. — Quelques jours avant le départ, on doit faire mettre le harnachement en parfait état, porter son attention sur la qualité des couvertures et sur le rembourrage des panneaux des selles et des sellettes et vérifier avec soin l'ajustage du harnachement et particulièrement celui des selles.

On exécutera des marches préparatoires qui permettront de reconnaître, par l'examen des chevaux, les harnachements qui ont besoin d'être modifiés ou changés.

Soins à l'arrivée au gîte. — Si les chevaux sont couverts de poussière, on éponge de suite les yeux, les naseaux, les lèvres, les organes génitaux, l'anus ; on lave les jambes des chevaux en ayant soin de ne pas les mouiller au-dessus du genou ou du jarret et de sécher ensuite les paturons avec l'éponge.

Les pieds du cheval doivent être l'objet de l'attention constante du canonnier ; celui-ci doit visiter les pieds, s'assurer que le fer n'est ni cassé ni ébranlé, qu'il ne manque pas de clous, qu'il n'y a pas de corps étrangers dans le pied, que les rivets ne dépassent pas la paroi. Toute négligence dans ces prescriptions peut rendre le cheval boiteux ou tout au moins lui occasionner un surcroît de fatigue ou des blessures aux membres. Le cheval risque également de se déferrer en cours de route.

On desselle de suite et on déharnache les chevaux ; on les masse en frappant légèrement le dos avec la paume de la main sur toute l'étendue de l'emplacement de la selle, afin de prévenir les tumeurs. On les bouchonne (1) jusqu'à ce qu'ils soient secs ; si l'on ne peut arriver à les sécher, on étend sur eux la couverture en plaçant entre celle-ci et le dos du cheval une couche de paille sèche.

Après ce pansage sommaire, qui doit durer environ une demi-heure, les canonniers sortent des écuries, où ils ne doivent pas rentrer avant le pansage du soir, afin de laisser aux chevaux le repos maximum.

Les harnais, les selles et les couvertures doivent être suspendus et placés dans un endroit couvert. Aussitôt après avoir dégarni, passer l'éponge humide sur toutes les parties du harnachement imprégnées de sueur et souillées par la boue ou la poussière. Lorsque ces soins ne seront pas suffisants, laver avec l'éponge, essuyer ensuite et frotter avec une pièce de laine ou de drap, principalement le corps de bricole pour lui conserver toute sa souplesse. Exposer les couvertures et les panneaux de selle à l'air, lorsqu'ils sont mouillés ou imprégnés de sueur ; les battre ensuite avec des baguettes pour leur conserver leur souplesse.

Pendant le pansage du soir (2), on examine soigneu-

---

(1) Dans le cas où les canonniers ne disposeraient ni de foin ni de paille pour bouchonner leurs chevaux, l'ordre doit être donné de ne desseller que lorsque le dos des chevaux a eu le temps de sécher sous la couverture (environ 1 heure 1/2 après la rentrée aux écuries).

Le même ordre doit être donné par les temps de pluie dans les bivouacs.

(2) Voir le service intérieur, article 388.

sement toutes les parties du corps du cheval qui sont en contact avec les harnais, en y passant la main. La moindre tumeur négligée peut mettre un cheval hors de service ; il est donc indispensable d'y porter remède dès le début, comme il est dit aux numéros suivants.

§ 3. — CHEVAUX BLESSÉS.

393. Si, après avoir enlevé la selle, on a observé une grosseur (*tumeur*) plus ou moins volumineuse, il faut de suite appliquer dessus et maintenir avec le surfaix une éponge ou même un gazon mouillé avec de l'eau vinaigrée ou salée, ou rendue astringente avec un peu d'extrait de Saturne, et, à défaut d'autre chose, avec de l'eau pure. On entretiendra cette éponge ou ce gazon constamment humide en l'arrosant souvent avec le même liquide.

On peut encore faire disparaître ces tumeurs par le massage ; pour cela, il faut enduire les poils de savon, afin de les rendre glissants, puis, avec la main, frotter très longtemps en appuyant sur la tumeur et toujours dans le sens des poils. Quand ceux-ci sont secs, il faut les mouiller de nouveau pour continuer le massage. Si la fatigue oblige le canonnier à suspendre l'opération, il devra la recommencer un peu plus tard, jusqu'à disparition complète de la tumeur.

Lorsque la blessure est avec *plaie*, il faut l'arroser très souvent avec de l'eau pure, ou mieux avec de l'eau rendue astringente au moyen d'extrait de Saturne, et la couvrir avec de la poudre de charbon.

Les tumeurs ou grosseurs plus ou moins étendues, dures, chaudes, douloureuses, qui se forment au sommet ou sur les côtés du garrot (*mal de garrot*), sur les reins (*mal de rognon*) ou sur les côtes, sont dues, le plus souvent, à un pli de la couverture ou à la trop grande tension de celle-ci sur le garrot ou sur le rein, à un rembourrage inégal des panneaux ou à une liberté de garrot trop étroite ou trop grande. Les tumeurs peuvent être occasionnées par le refroidissement brusque de la peau, lorsque le cheval a été dessellé à l'arrivée et n'a pas reçu les soins prescrits.

Il peut encore se former sur les côtes une mortification de la peau dure, insensible (*cor*). Il faut respecter les cors autant que possible, pour ne pas rendre momentanément les animaux qui en sont atteints inaptes à tout service.

§ 4. — MODIFICATIONS A FAIRE AU HARNACHEMENT POUR EMPÊCHER LES BLESSURES DE S'AGGRAVER.

394. Lorsque les blessures, tumeurs, cors, plaies sont légères, le cheval qui en est atteint n'est pas hors de service, mais il est nécessaire de faire à son harnachement certaines modifications pour les empêcher de s'aggraver.

Si le cheval se blesse sur le garrot, il faut élever la selle par le rembourrage de la partie des panneaux qui ne porte pas sur la blessure ; garnir la partie de la couverture qui frotte sur la blessure d'un morceau de toile cirée dépassant de beaucoup la circonférence de la lésion et l'enduire avant le travail d'une légère couche de vaseline simple ou boriquée, en la tenant constamment dans le plus grand état de propreté ; placer la selle, ou la sellette, un peu plus en arrière et réduire, ou au besoin supprimer momentanément, la charge de devant.

Si le cheval se blesse sur les côtes, il faut repousser la matelassure du panneau tout autour de la blessure, de manière à former une chambre au-dessus de celle-ci et à éviter ainsi tout appui sur la partie malade ; de plus, il faut, comme ci-dessus, garnir la couverture d'un morceau de toile cirée à l'endroit qui repose sur la blessure.

Si le cheval est blessé par la croupière, on desserre celle-ci et on la garnit d'un linge ; si ces précautions ne suffisent pas, on ôte la croupière.

Si le cheval est blessé par les sangles, cela provient toujours de ce que la selle est trop en avant ou de ce que les sangles sont sèches et dures. Il faut donc, dans ce cas, seller plus en arrière, si c'est possible, ou graisser les sangles et les garnir de toile ou d'autres corps doux, tels que peau de mouton, etc.

Si le cheval se blesse à la bouche, on fait cesser la cause de la blessure en modifiant en conséquence l'ajustage de la bride, en supprimant momentanément le mors de bride, etc.

Si le cheval se blesse à la barbe, on entoure la gourmette d'un linge ou d'une peau de mouton, on la double d'une bande de cuir bien souple et l'on graisse la partie malade.

Le dessus de tête de la bride, lorsque celle-ci est mal ajustée ou que les cuirs sont sales et durs, provoque quelquefois l'apparition, dans la région de la nuque, d'une tumeur *(mal de taupe)* ; il faut alors déplacer le dessus de tête.

Enfin, on arrête l'aggravation des blessures qui se sont produites par les harnais en déplaçant jusqu'à guérison complète la partie des harnais cause de la blessure, de manière à éviter tout contact. Si ce moyen ne peut être employé, il faut faire usage de coussinets en toile rembourrés de crin d'une consistance moyenne ou, à défaut de crin, rembourrés de foin ; on en place un seul près de la blessure, ou l'on en met deux, un de chaque côté.

On peut aussi employer un morceau de toile cirée ou de peau de mouton.

Toutes les fois que cela est possible, on doit atteler en sous-verge un porteur ou un cheval de selle blessé par la selle, ou employer comme cheval de selle un cheval de trait blessé par le harnais.

CHAPITRE VIII.

DESCRIPTION, MONTAGE, AJUSTAGE ET ENTRETIEN DU HARNACHEMENT.

ARTICLE Ier.

DESCRIPTION ET MONTAGE DU HARNACHE-MENT.

395. Le harnachement des chevaux de l'artillerie comprend le *harnachement du cheval de selle* et le *harnachement du cheval de trait*. La composition de ce dernier varie en raison de la place que le cheval occupe dans l'attelage.

Le harnachement complet est divisé ainsi qu'il suit :

1° *Garnitures de tête;*
2° *Selle,* commune à tous les chevaux montés;
3° *Harnais d'attelage.*

PARTIES ÉLÉMENTAIRES.

396.

Anneau.

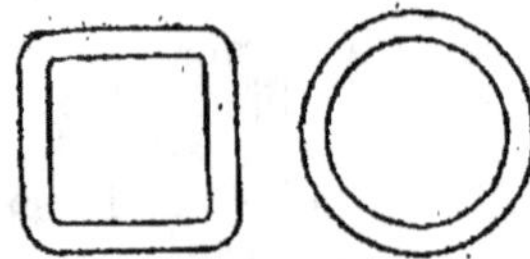

Boucle.

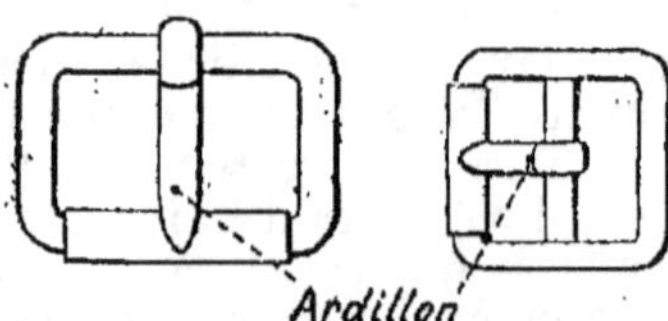

Chape. Sert à réunir deux pièces, à l'une desquelles elle est fixée à demeure.

La chape est aussi formée d'un morceau de cuir replié sur lui-même; lorsque la chape en cuir sert à fixer une boucle ou un anneau à une courroie, elle prend le nom d'**enchapure.**

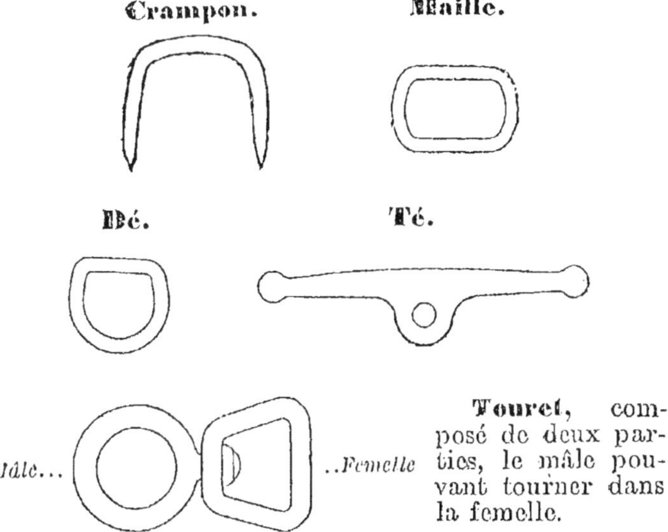

Touret, composé de deux parties, le mâle pouvant tourner dans la femelle.

Chair du cuir, côté opposé à celui où se trouvait le poil.

Fleur du cuir, côté de la peau d'où le poil a été enlevé.

Feutre, pièce de cuir destinée à atténuer le contact contre le corps du cheval, d'une boucle ou de certaines parties du harnachement.

Blanchet, pièce de cuir cousue une une autre pièce de cuir pour lui donner plus de solidité.

Boucleteau, courroie ou partie de courroie qui porte une boucle.

Contre-sanglon, courroie ou partie de courroie qui porte, de distance en distance, des trous destinés à recevoir l'ardillon de la boucle dans laquelle elle doit s'engager.

Passant-coulant, anneau de cuir qui peut se mouvoir le long d'une pièce de cuir et sert à la maintenir contre une autre.

Passant-fixe, anneau de cuir, destiné au même usage que le précédent, et fixé entre les deux parties de la courroie qui forment l'enchapure d'une boucle.

Passe, gaine de cuir dans laquelle glisse une courroie.

Épissure, assemblage de deux bouts de corde par l'entrelacement de leurs torons.

Fleuron, ornement de cuivre fixé sur un effet de harnachement.

§ 1ᵉʳ. — GARNITURES DE TÊTE.

397. Les garnitures de tête se composent, en principe, d'une têtière, d'un mors et d'une ou deux paires
de rênes.

Licol d'écurie.

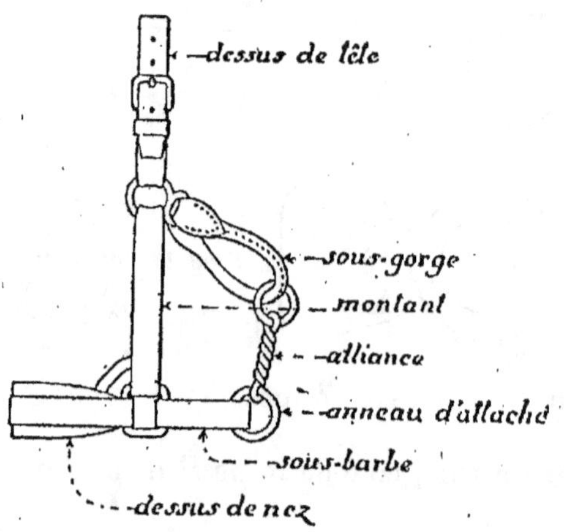

Fig. 54. Licol d'écurie.

Bridon d'abreuvoir.

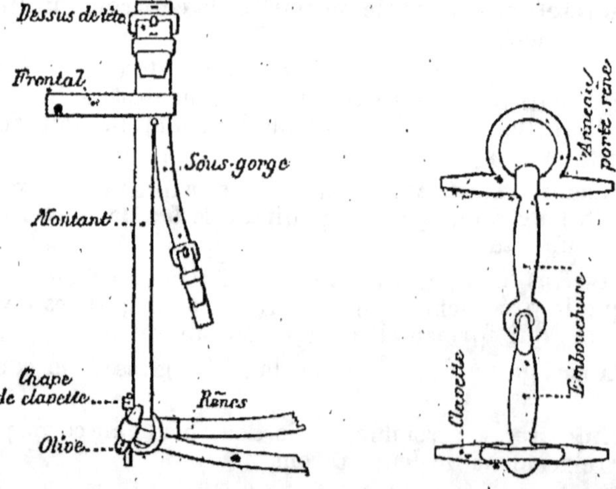

Fig. 55. Bridon d'abreuvoir.   Fig. 56. Mors de bridon.

GARNITURE DE TÊTE MODÈLE 1861.

398. **Bride de porteur.**

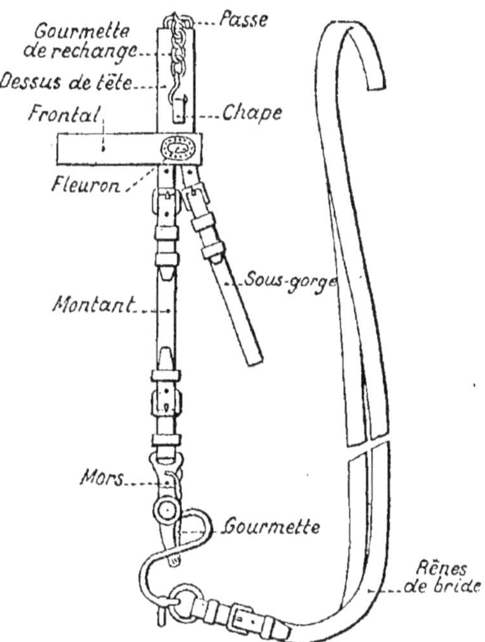

Fig. 57. Bride de porteur.

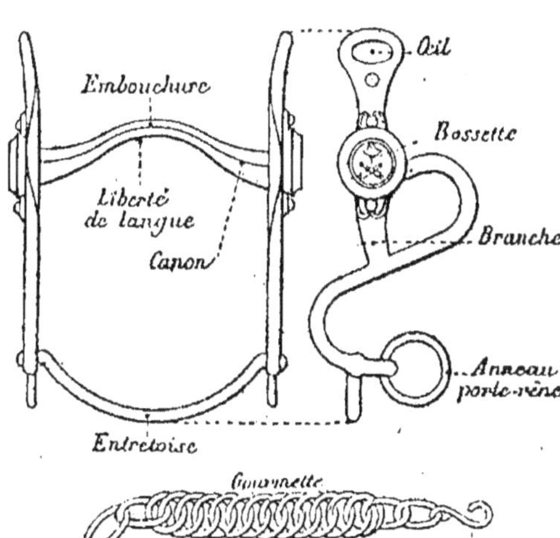

Fig. 58. Mors de bride et sa gourmette.

Bridon-licol de porteur.

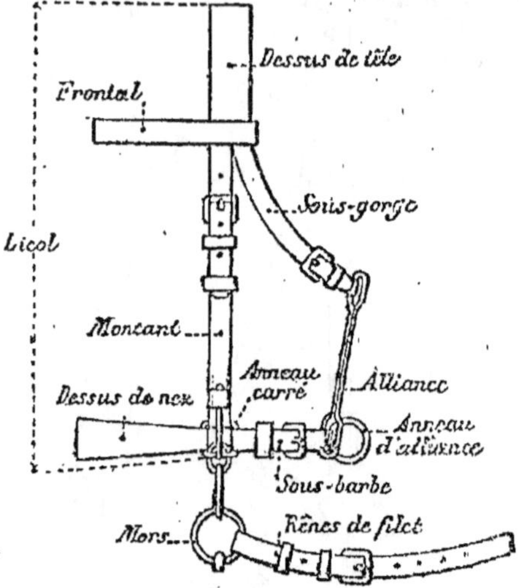

Fig. 59. Bridon-licol de porteur.

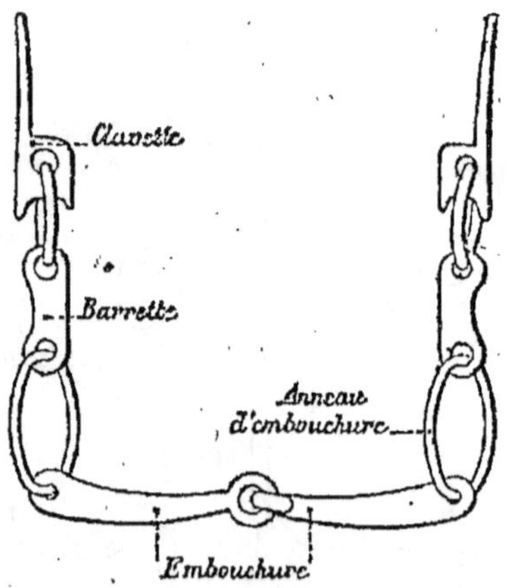

Fig. 60. Mors de bridon-licol.

La longe en chaîne s'attache à l'anneau d'alliance;
passer le té dans l'anneau d'alliance, puis dans le premier anneau rond de la chaîne.

Bridon-licol de sous-verge.

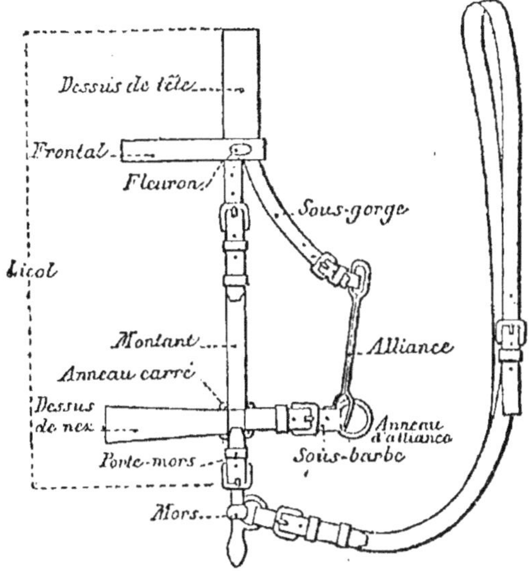

Fig. 61. Bride-licol de sous-verge.

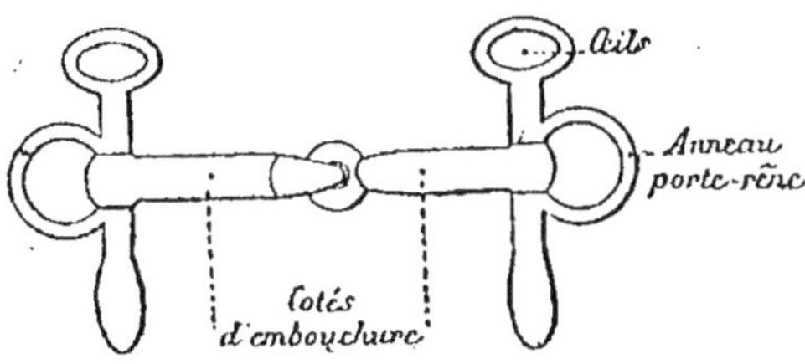

Fig. 62. Mors de sous-verge.

La longe bouclée se fixe à l'anneau droit du mors, la boucle en dehors.

GARNITURE DE TÊTE MODÈLE 1874.

399.

Bride de porteur.

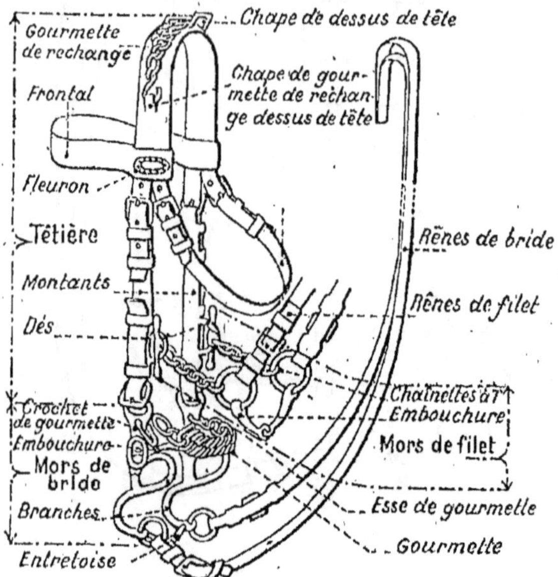

Fig. 63. Bride de porteur.

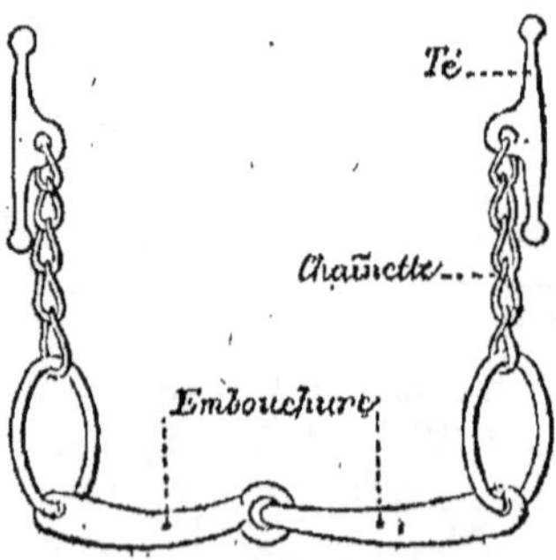

Fig. 64. Mors de filet.

Pour réunir à la bride le mors de filet, on engage les tés du mors dans les dés des montants, de dedans en dehors, les chaînettes sur leur plat, les parties convexes de l'embouchure en dessous.

Bride de sous-verge.

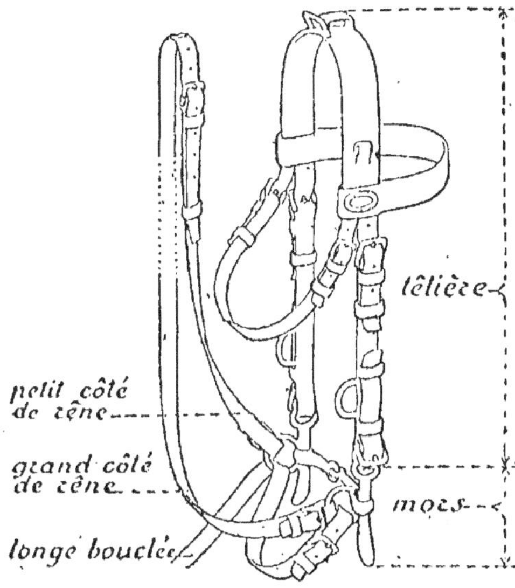

Fig. 65. Bride de sous-verge.

Collier d'attache.

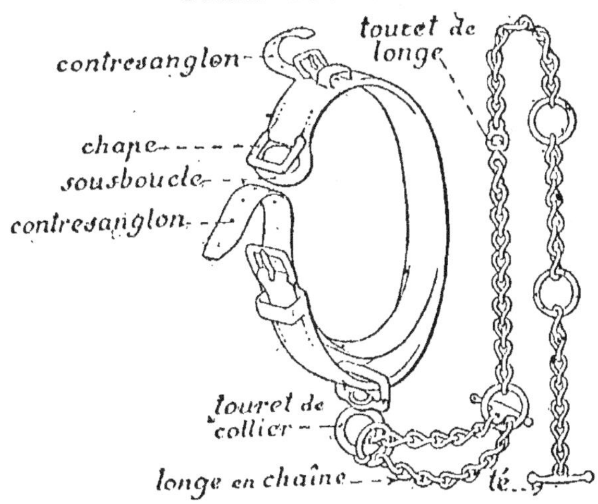

Fig. 66. Collier d'attache.

Après avoir placé le collier d'attache au cou du cheval on engage le contre-sanglon dans la sous-boucle et dans la chape, puis on boucle.

Pour fixer la longe en chaîne au collier, engager l'un de ses tés dans le touret du collier et le passer dans le premier, puis dans le deuxième anneau rond de la chaîne.

§ 2. — SELLE.

100. **Corps de la selle.**

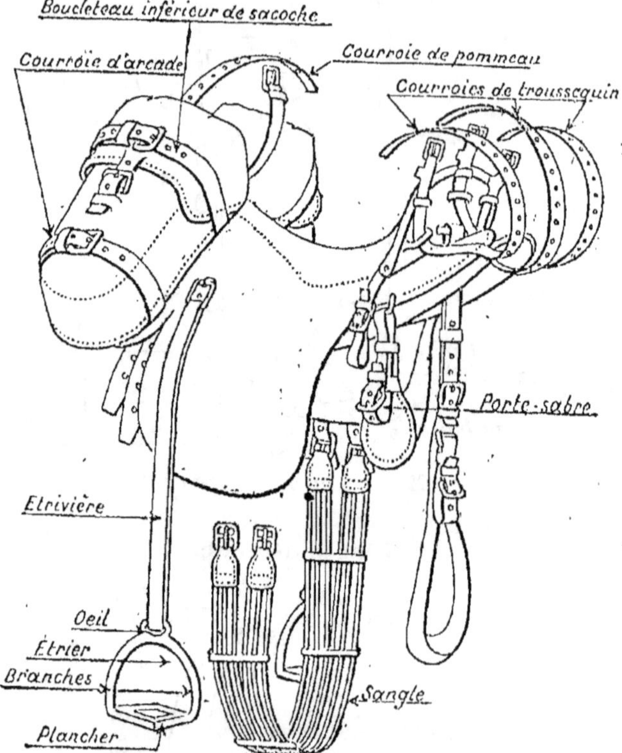

Fig. 67. Selle montée (selle d'homme de cadre).

Le corps de la selle renferme à l'intérieur une charpente en bois nommée *arçon*.

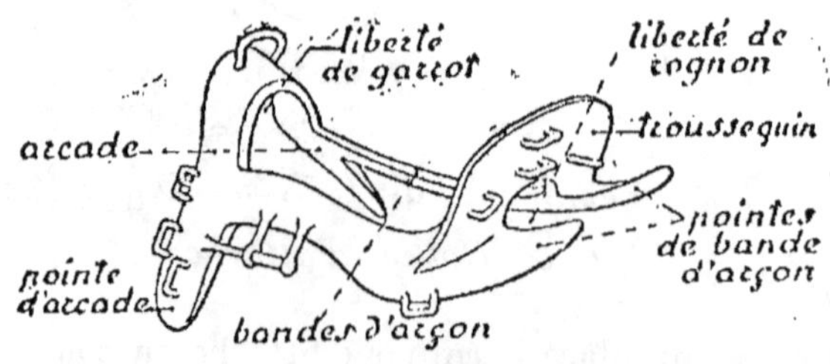

Fig. 68. Arçon.

Il est recouvert par des parties en cuir dont les principales sont : le *siège*, les *quartiers*, les *faux-quartiers*.

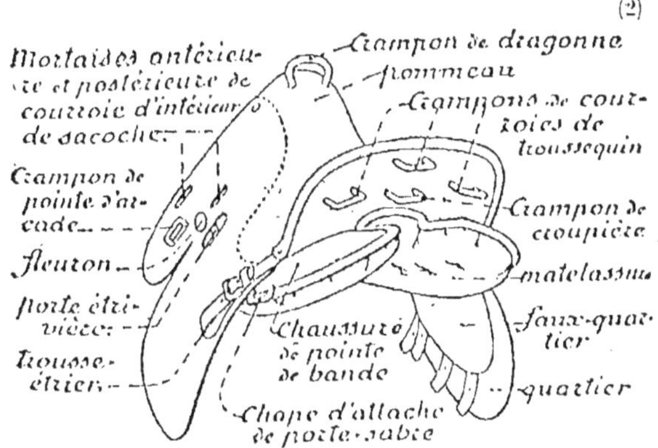

Fig. 69. *Selle vue par derrière.*

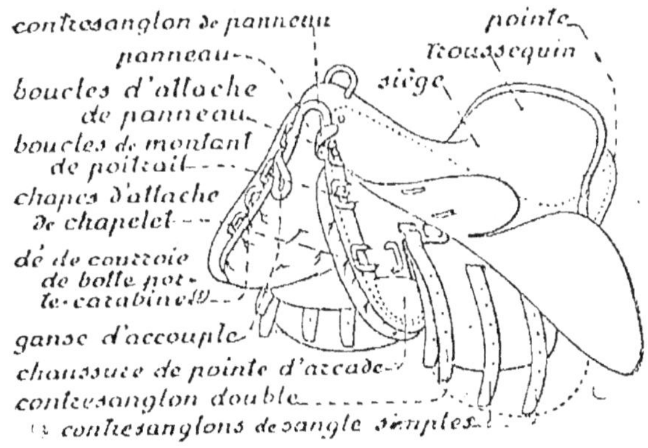

Fig. 70. *Selle vue par devant.*

Panneaux.

Les panneaux se fixent sous la selle au moyen de deux *chaussures de pointe de bande*, de deux *chaussures de pointe d'arcade* et de deux *contre-sanglons de panneau*.

---

(1) Dans les corps de troupe de l'artillerie on ne se sert pas du dé de courroie porte-carabine.
(2) Le crampon de dragonne sera remplacé par un dé de pommeau.

Paire de sacoches.

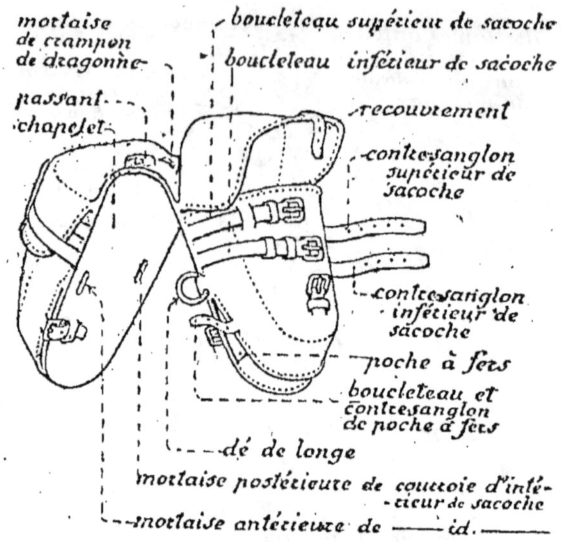

Fig. 71. Paire de sacoches.

Sangle.

La sangle est en tresse. (*Voir fig. 67.*) Pour certains chevaux de taille exceptionnelle, on adapte à la sangle deux courroies d'allongement.

Etrier. (*Voir fig. 67.*)

L'étrier est suspendu à la selle par une *étrivière*.

Porte-sabre.

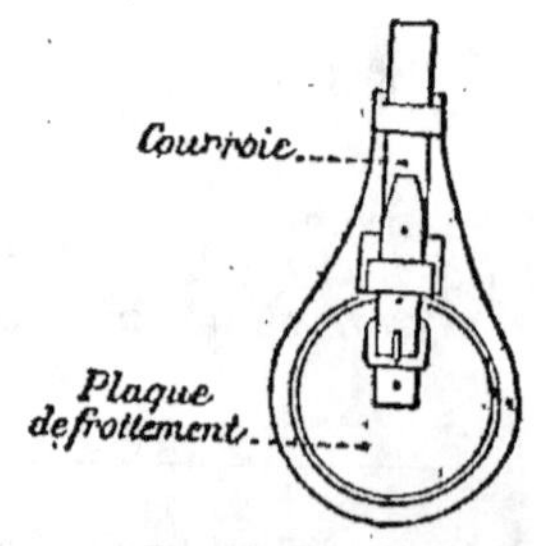

Fig. 72. Porte-sabre.

Couverture, surfaix de couverture.

Lorsque le cheval n'est pas sellé, la *couverture* se fixe
sur son dos au moyen du *surfaix de couverture*, formé
d'une *sangle* qui est munie d'une boucle, d'un contre-
sanglon et d'une passe.

Courroies de paquetage.

Les courroies de paquetage servent à arrimer différents effets à l'extérieur de la selle; elles sont au nombre de six, savoir :

1 courroie de pommeau ;
2 courroies d'arcade ;
3 courroies de troussequin (pour chevaux de selle
      seulement).

Étui porte-avoine.

L'étui porte-avoine, formé de deux poches, sert,
dans quelques cas particuliers, à porter l'avoine de
route.

Poitrail de cheval de selle.

Le poitrail de cheval de selle comprend :

1 corps de poitrail ;

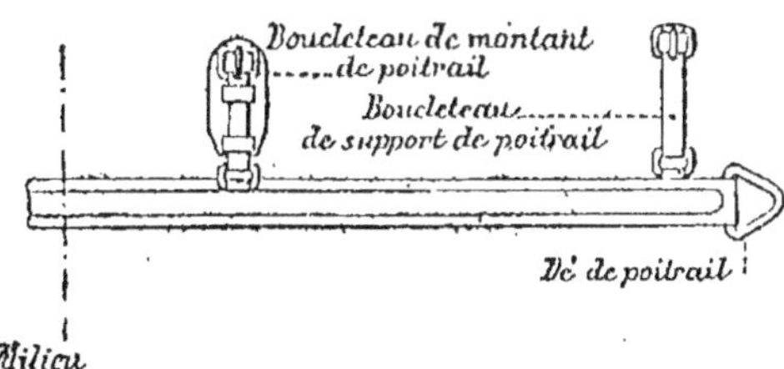

Fig. 73. Corps de poitrail.

2 montants de poitrail.

Les boucleteaux de support s'attachent aux contre-
sanglons de derrière de la selle.
Les montants de poitrail s'attachent, d'une part aux
boucleteaux de montant de poitrail, d'autre part aux
boucles de montant de poitrail de la selle.
Le *trait de cheval de selle* porte à une extrémité une
maille de bout de trait servant à atteler, et à l'autre
une ganse servant à fixer le trait au dé de poitrail par
un nœud coulant.

Croupière de porteur.

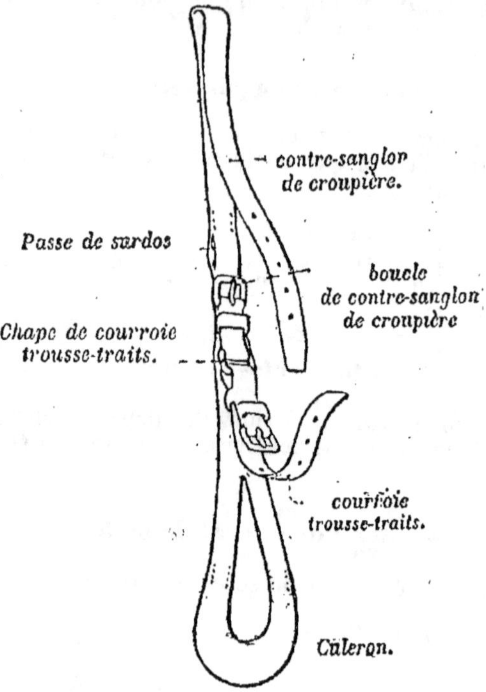

Fig. 74. Croupière.

Monter la selle (1).

401. Panneaux. — Engager les pointes de bande, puis celles d'arcade, dans les chaussures correspondantes portées par les panneaux et fixer les contre-sanglons aux boucles d'attache de panneau portées par le devant de l'arcade.

---

(1) Les différentes pièces du harnachement sont supposées placées sur le cheval. Les expressions : avant, arrière, droite, gauche, dessus, s'appliquent au côté correspondant du cheval; interne s'entend de la partie du harnachement qui touche le corps du cheval; externe, de la face opposée. Les contre-sanglons, après avoir été bouclés, doivent toujours être arrêtés dans les passants destinés à les recevoir. Les mêmes observations s'appliquent aux détails : monter la bricole, monter la sellette, le colleron, l'avaloire, la plate-longe, le surdos.

Sacoches. — Placer les sacoches, les ouvertures des poches à fer en avant, sur la partie antérieure de la selle, en engageant le crampon de dragonne dans la mortaise du chapelet. Fixer ensuite la partie inférieure des sacoches à l'aide des courroies d'intérieur de sacoches. A cet effet, engager chacune de ces courroies par son bout libre, la chair en dessus, de dedans en dehors, dans la mortaise arrière du chapelet, puis successivement dans la mortaise arrière du quartier, dans la chape d'attache de ce chapelet, dans la mortaise avant du quartier, enfin dans la mortaise avant du chapelet, et boucler la courroie dans l'intérieur de la sacoche.

Porte-sabre. — Engager la courroie du porte-sabre dans le passant supérieur de la plaque de frottement, de bas en haut, la fleur en dehors ; la passer dans la chape d'attache de porte-sabre de dessus en dessous, puis dans les deux passants de la plaque, et boucler.

Sangle. — Boucler la sangle à droite au contre-sanglon de dessous du contre-sanglon double et au contre-sanglon simple d'arrière (1).

Étrivière. — Engager le bout libre de l'étrivière, la chair en dessus, dans l'œil de l'étrier, puis dans le porte-étrivière, de dessous en dessus, à travers la mortaise du quartier, la chair en dehors ; entourer le rouleau ; boucler l'étrivière et engager le bout libre au-dessous de la traverse de la boucle, de manière à le placer entre les deux cuirs de l'étrivière ; remonter la boucle jusqu'au porte-étrivière et relever l'étrier.

Courroies de paquetage. — Engager la courroie de pommeau par son bout libre, la chair en dessus, d'arrière en avant, dans le crampon de dragonne et dans le passant fixe du chapelet.

Engager de même les courroies d'arcade, d'avant en arrière, dans les crampons de pointe d'arcade, au-dessus du quartier en en dessous du chapelet.

Pour le cheval de selle, passer les courroies de troussequin, la fleur contre le troussequin et la boucle en dessus dans leurs crampons (2).

Poitrail de cheval de selle. — Relier les montants de poitrail à la selle en les bouclant, par celui de leurs bouts qui porte plusieurs trous d'ardillon, à la boucle correspondante fixée à la partie antérieure de la selle. Boucler l'autre bout de chaque montant au boucleteau

---

(1) Cette règle n'est pas absolue.
(2) Ces courroies servent à fixer sur la selle le manteau de l'homme de cadre.

correspondant du poitrail, en l'engageant d'abord dans la mortaise pratiquée à la partie supérieure du feutre.

Fixer les boucleteaux de support de poitrail au contre-sanglon simple d'arrière de la selle et relever les traits en les suspendant par la maille de bout de trait au trousse-étrier correspondant.

Croupière de porteur. — La croupière étant placée la boucle en dessus, introduire le contre-sanglon de dessous en dessus dans le crampon de croupière, le rabattre et le boucler.

Courroie trousse-traits. — L'introduire de dessus en dessous dans sa chápe, la boucle en dessus et en arrière ; engager le bout libre dans le passant fixe de dessous, puis boucler la courroie.

§ 3. — HARNAIS D'ATTELAGE MONTÉ.

402.

Bricole et traits.

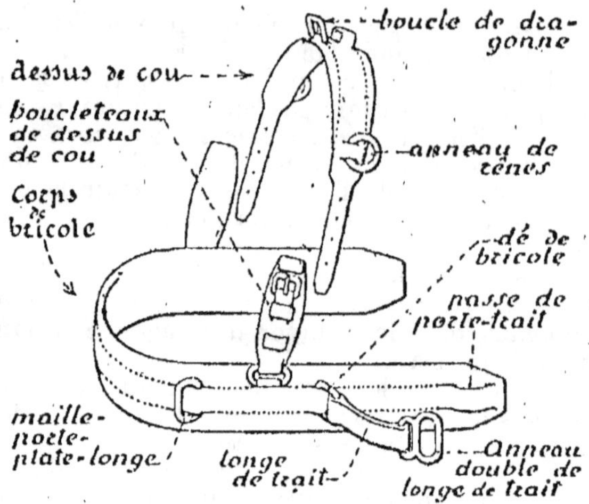

Fig. 75. Bricole.

Monter la bricole.

Rabattre les deux bouts de la bricole l'un vers l'autre, les extrémités en arrière, le feutre à l'intérieur, les boucleteaux en dessus.

Dessus de cou. — Placer le dessus de cou, le feutre en dessous, la boucle de dragonne en avant, le boucler aux boucleteaux de dessus de cou, en ayant soin

d'engager d'abord les contre-sanglons dans les passants
fixes cousus à l'extrémité de chaque boucleteau.

Traits. — Engager les traits dans les anneaux dou-
bles, de dehors en dedans, par le touret de trait, et les
placer la partie plate du crochet tournée vers le corps
du cheval.

Disposer la rallonge de manière que le passant soit
placé vers le milieu de la longueur du cordage ; engager
la ganse de l'une des extrémités dans l'anneau à piton
de la chaîne de bout de trait et l'arrêter par un nœud
coulant ; opérer de la même manière pour fixer la rallonge au touret porté par le trait en cuir.

On obtient ainsi la longueur du trait de devant.

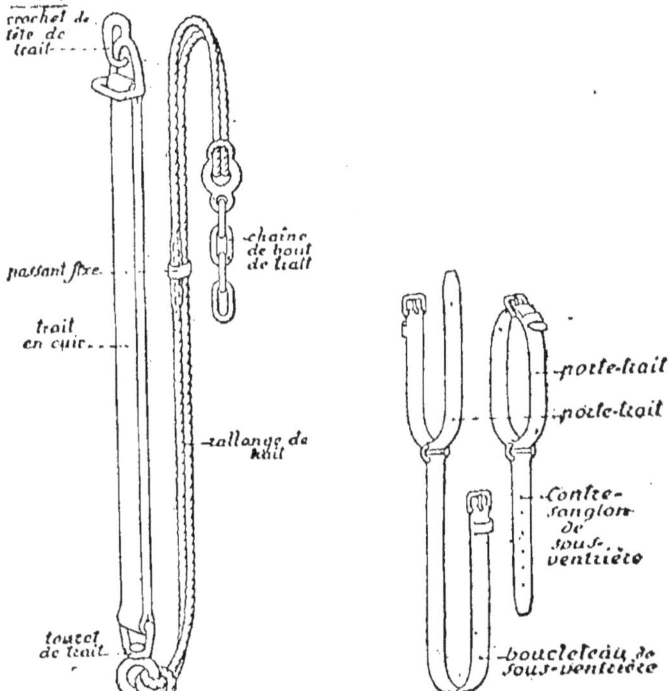

Fig. 76. *Trait.*   Fig. 77. *Sous-ventrière.*

Sous-ventrière. — Disposer la sous-ventrière, le
boucleteau à droite et le contre-sanglon à gauche. A
cet effet, engager le bout libre du porte-trait, la chair
en dehors, de dessous en dessus, dans la passe de porte-
trait de la bricole en entourant le trait ; le boucler et
le rabattre dans le passant fixe.

Sellette de sous-verge.

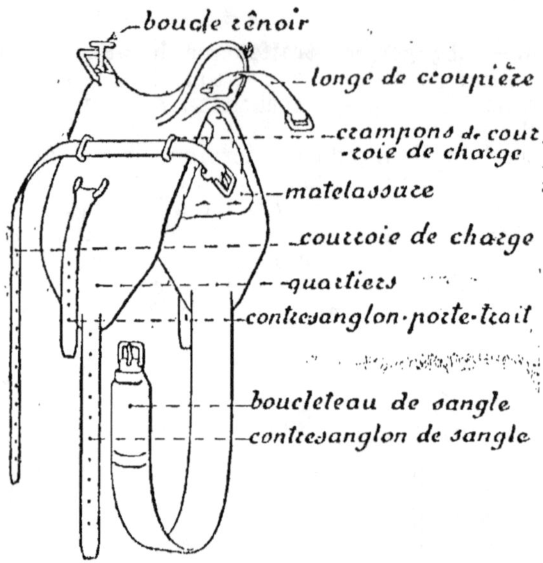

Fig. 78. Sellette.

Sur la sellette sont fixées les deux *poches à fers*, réunies par un chapelet et portant chacune en dessous une passe de courroie de charge.

La sellette comprend deux *courroies de charge* et une *courroie de paquetage*.

Monter la sellette.

Placer les poches à fers en travers de la sellette, l'ouverture en dessus.

Engager chacune des courroies de charge d'arrière en avant par le bout libre, la chair en dessus, dans le crampon postérieur de son côté, dans la passe de la poche, puis dans le crampon antérieur ; la passer ensuite d'arrière en avant sous le chapelet, au-dessus de la poche.

Engager sous le chapelet la courroie de paquetage, d'arrière en avant, par le contre-sanglon (1).

Disposer la croupière, comme il a été dit pour la selle, en engageant le contre-sanglon de croupière dans la chape de la longe de croupière. Placer la courroie trousse-traits comme il a été dit pour la selle.

---

(1) Cette courroie, ainsi que les deux courroies de charge, servent à fixer sur la sellette le manteau du conducteur.

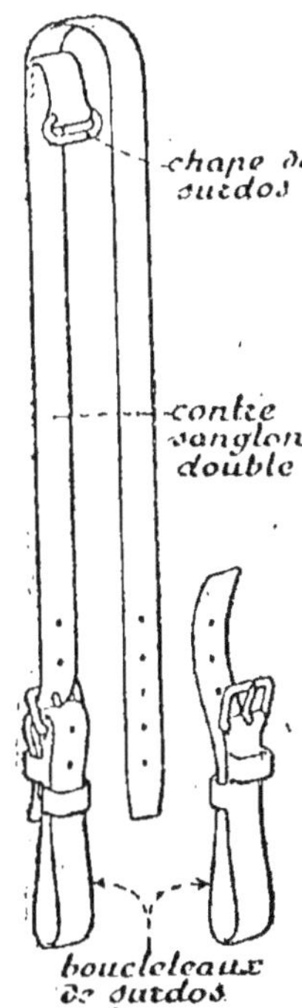

Fig. 79. Surdos.

Surdos.

(Chevaux de devant.)

Monter le surdos.

Placer le surdos à plat, la chape en dessous et à gauche; engager la chape, de droite à gauche, dans la passe de surdos de la croupière; faire passer le contre-sanglon libre du surdos entre les deux cuirs du contre-sanglon de croupière et l'engager de dessus en dessous dans la chape.

Entourer chaque trait avec le boucleteau de surdos correspondant, la boucle en haut et en dehors ; engager le bout libre du boucleteau dans le passant de dessous, puis le boucler et le rabattre dans le passant de dessus.

Fixer les contre-sanglons du surdos aux boucleteaux de surdos en les engageant dans la boucle et dans le passant, par-dessus le bout libre du boucleteau.

Colleron.

(Chevaux de derrière.)

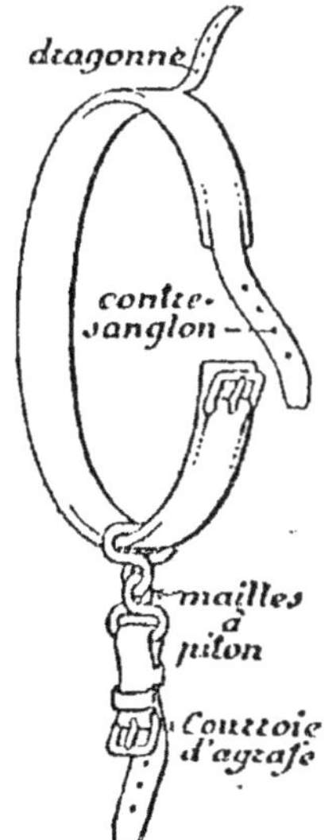

Fig. 80. Colleron.

Avaloire.
(Chevaux de derrière.)

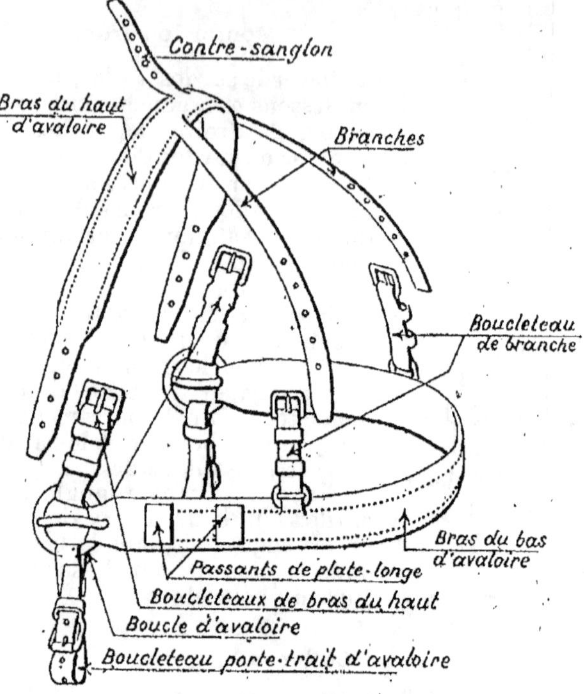

Fig. 81. Avaloire.

Monter l'avaloire.

Replier l'un vers l'autre les deux bouts de bras du bas, les extrémités en avant, le feutre à l'intérieur, les boucleteaux en dessus ; placer le bras du haut à plat, le feutre en dessous, le contre-sanglon en avant ; le boucler à ses boucleteaux ; boucler les branches à leurs boucleteaux.

Suspendre les boucleteaux porte-traits aux boucles d'avaloire en les disposant la boucle en dehors.

Plate-longe.
(Chevaux de derrière.)

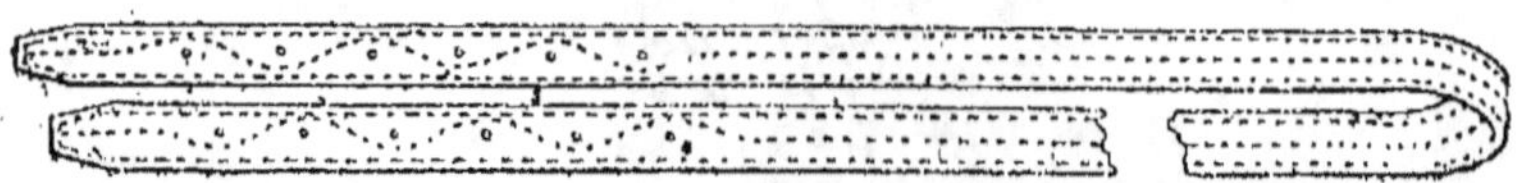

Fig. 82. Plate-longe.

Monter la plate-longe.

Engager la plate-longe par l'un de ses bouts, d'arrière en avant, dans le porte-trait de gauche entre le trait et la bricole ; la faire passer, de dedans en dehors, dans le dé de gauche de la bricole, puis dans la maille porte-plate-longe du même côté ; l'engager dans l'anneau du *crochet de plate-longe* en disposant le crochet la pointe du bec en dessus et en avant ; faire passer la plate-longe dans la maille porte-plate-longe de droite, puis, de dehors en dedans, dans le dé de bricole du même côté, et enfin dans le porte-trait de droite, entre le trait et la bricole ; tirer sur la plate-longe jusqu'à ce que son milieu corresponde au milieu de la bricole ; la boucler par ses deux bouts aux boucles d'avaloire.

Fouet de conducteur (1).

Le fouet du conducteur comprend : un *manche* avec *cordon de poignet*, et une *accouple* terminée par une mèche en ficelle.

§ 4. — HARNAIS POUR LA CONDUITE EN GUIDES A DEUX CHEVAUX.

103.

Garniture de tête modèle 1874.

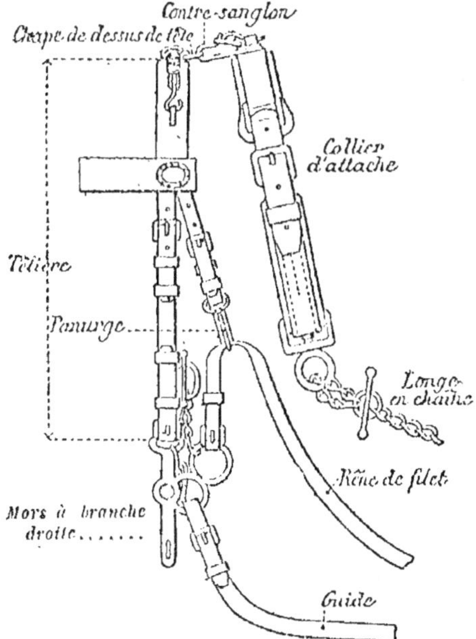

Fig. 83. Garniture de tête pour la conduite en guides.

(1) Effet de petit équipement.

Guides de main.

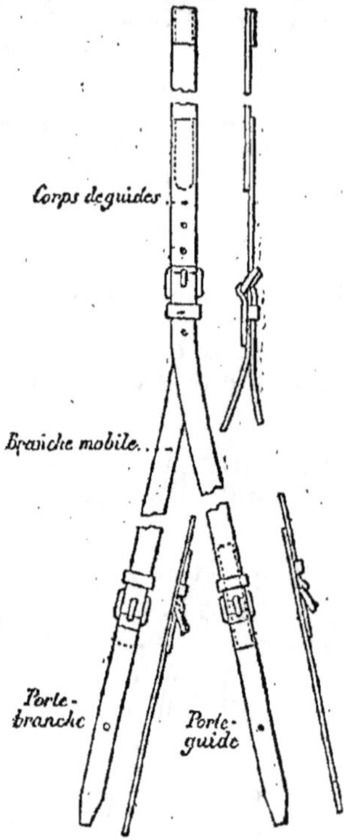

Fig. 84. Guides de main.

Harnais.

Il comprend : une bricole avec dessus de cou, une paire de traits, une sous-ventrière, une avaloire, une plate-longe légère, une croupière, semblables à ceux des harnais d'attelage ; en outre, pour le porteur, un panneau de porteur (*fig. 85*) ; pour le sous-verge, une courroie de croupière (*fig. 86*) et un surdos (*fig. 87*).

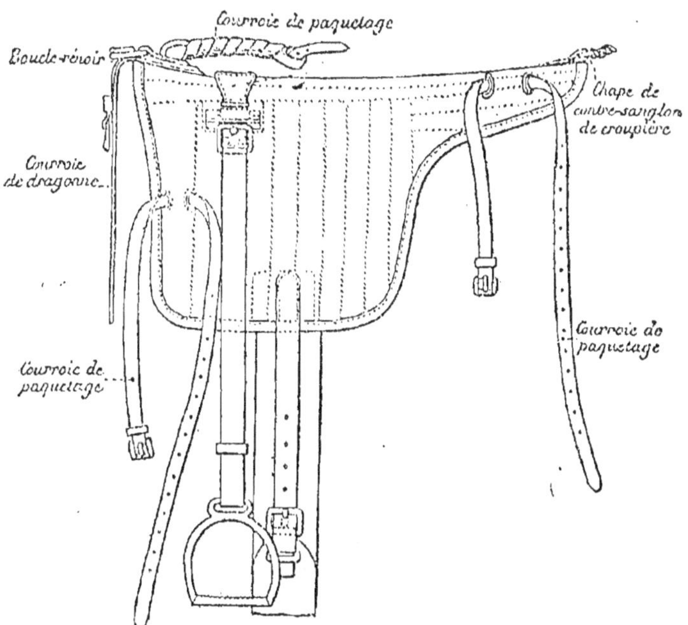

Fig. 85. *Panneau de porteur.*

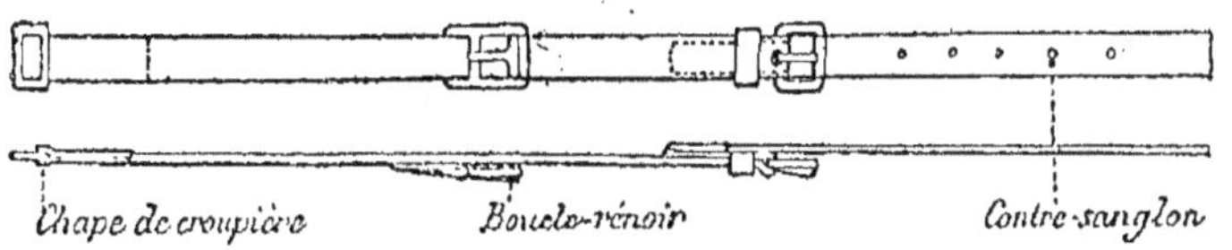

Fig. 86. *Courroie de croupière.*

Fig. 87. *Surdos.*

Le dessus de cou porte en plus une *chape de courroie de croupière.*

Le surdos est un contre-sanglon double, dont chaque bout se boucle au porte-trait correspondant de la sous-ventrière.

Pour monter le harnais destiné à la conduite en guides, on se conforme, d'une manière générale, à ce qui a été dit à cet égard pour la selle et le harnais de l'attelage monté.

Fouet pour la conduite en guides.

Il comprend un *manche* en bois flexible, une *accouple*, une *lanière* et une *mèche*.

Harnacher et déharnacher.

Mêmes principes que pour harnacher le sous-verge de derrière de l'attelage monté, avec les différences suivantes : la couverture, pour le porteur, est pliée et placée comme il est prescrit pour le cheval monté ; le panneau, pour le porteur, remplace la selle et doit être placé sur le dos du cheval de manière que la couverture en dépasse également les bords antérieur et postérieur ; le sous-verge ne porte pas de couverture et la sellette est remplacée par la courroie de croupière et le surdos.

On fixe les traits suivant les principes prescrits pour fixer les traits de derrière dans l'attelage monté.

Brider et débrider.

Pour brider, mêmes principes que pour le sous-verge de l'attelage monté ; la bride étant placée, accrocher la gourmette, déboucler les rênes, les engager dans les panurges et dans les anneaux du dessus de cou ; les reboucler et les fixer à la boucle rênoir.

Fixer la longe du porteur dans l'anneau gauche du dessus de cou et celle du sous-verge dans l'anneau droit.

Pour débrider, exécuter les opérations inverses.

§5. — HARNAIS POUR LA CONDUITE EN GUIDES A TROIS CHEVAUX DE FRONT (1).

404. Le harnachement des chevaux attelés à trois de front directement à l'avant-train ne diffère du précédent que par les points suivants :

Les trois chevaux sont garnis d'un harnais de derrière

---

(1) Attelage du chariot-fourragère et du chariot de parc modèle 1900.

de sous-verge à bricole pour la conduite en guides avec plate-longe légère modèle 1889.

La guide de main comprend :

Un *corps de guide* dont chaque extrémité porte :

Une *branche externe mobile*,

Une *branche interne mobile*.

§ 6. — HARNAIS DE LIMONIÈRE MODÈLE 1878.

105. Le harnais de limonière modèle 1878 est destiné à l'attelage des voitures à deux roues de tous modèles ; il peut aussi servir pour atteler en flèche un deuxième cheval à l'extrémité des bras de limonière ; il suffit pour cela de développer les rallonges de trait.

Le harnais se compose de :

Une *bride modèle 1874*, munie de panurges et d'un mors à branches droites (voir *fig. 83*) ;

Une *guide de main*, sans branches mobiles ;

Un *harnais de sous-verge de derrière, modèle 1861*, dans lequel on a supprimé la plate-longe et le colleron, remplacé la sellette par une *sellette spéciale* (*fig. 88*) et ajouté une *dossière* (*fig. 89*) et deux *courroies de retraite* ;

Un *fouet* pour la conduite en guides.

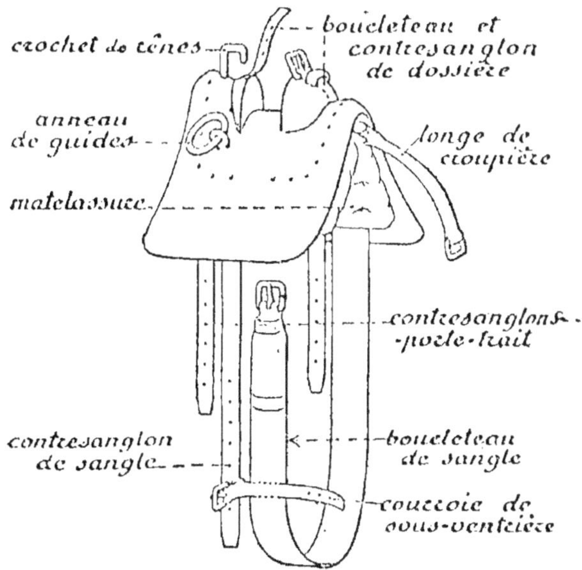

Fig. 88. Sellette.

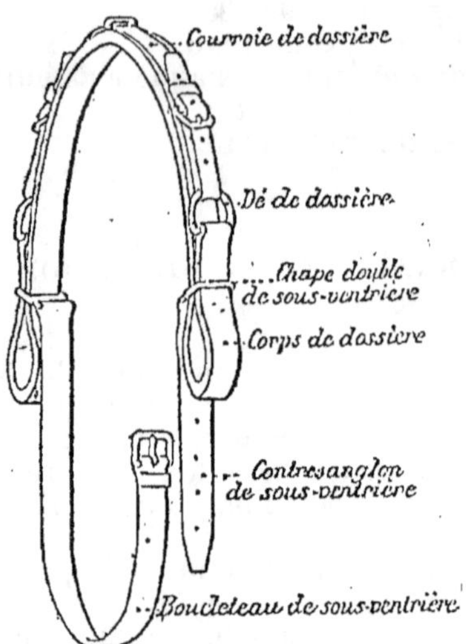

Fig. 89. Dossière.

Courroies de retraite.

Les courroies de retraite portent chacune une boucle et deux passants fixes. Elles sont engagées dans des boucles de l'avaloire par le passant fixe de dessous.

Pour monter le harnais de limonière, on se conforme d'une manière générale à ce qui a été dit à cet égard pour le harnais d'attelage monté.

ARTICLE II.

AJUSTAGE DU HARNACHEMENT.

AJUSTER UNE BRIDE.

106. Le **frontal** doit être ajusté de manière à s'appliquer exactement sur le front du cheval et à maintenir le dessus de tête en arrière des oreilles sans les comprimer.

Les **montants** doivent être ajustés de manière que le mors soit bien placé dans la bouche du cheval.

La **sous-gorge**, sans être trop lâche, ne doit pas être serrée, car alors elle gênerait la respiration du cheval. On doit pouvoir passer la main à plat entre la sous-gorge et la ganache.

Pour que le **mors** soit bien ajusté, il faut :

1° Que les *canons* portent sur les barres (1) sans toucher les dents;

2° Que l'*embouchure* ne soit ni trop étroite ni trop large et que le haut des branches ne comprime pas les joues ;

3° Que la *gourmette* soit mise à plat et de telle sorte que l'on puisse passer très facilement le doigt entre elle et la barbe.

Si les canons portent plus haut qu'il n'est indiqué, ils agissent sur des parties moins sensibles, et leur effet est amoindri ; de plus, le mors du bridon-licol ou du filet comprime la commissure des lèvres et n'a pas le jeu nécessaire à son emploi.

Si les canons portent plus bas, ils butent contre les dents et gênent le cheval.

Si l'embouchure est trop étroite, les branches plissent les lèvres et peuvent les blesser.

Si l'embouchure est trop large, le contact des canons avec les barres n'est plus assuré et le mors est sujet à basculer d'un côté ou de l'autre.

Si la gourmette n'est pas assez serrée, le mors bascule, les branches se placent dans le prolongement des rênes, le bras de levier disparaît et le cheval, moins contenu, obéit avec moins de précision.

Si la gourmette est trop serrée, le contact permanent du mors émousse la sensibilité des barres, la barbe est endolorie, le canonnier ne peut graduer l'effet du mors et le cheval devient sourd aux indications qu'il reçoit.

Avec les chevaux qui ont la bouche sensible, la gourmette doit être très lâche.

Pour adoucir l'action de la gourmette sur les chevaux qui ont la barbe trop sensible, on peut placer un morceau de feutre ou de cuir entre la gourmette et la barbe.

Le *mors de filet* agit sur la commissure des lèvres ; il doit être placé au-dessus de l'embouchure de manière à ne pas gêner les effets du mors de bride, sans toutefois comprimer la commissure des lèvres.

Le *mors de sous-verge* doit porter sur le milieu des barres. Les *rênes* ne doivent pas être flottantes. La *longe* doit reposer à plat et du côté de la chair sur la barbe du cheval.

Le **collier** (garniture de tête modèle 1874) doit être tenu assez lâche pour ne pas gêner la respiration du che-

---

(1) Les barres s'entendent de la partie libre de dents de la mâchoire inférieure du cheval.

val et cependant assez serré pour ne pas permettre au cheval de s'en dégager.

AJUSTER UNE SELLE.

407. Placer la selle sur le dos du cheval sans couverture et sans panneaux, afin de bien voir si elle se rapporte à la conformation du dos du cheval, puis faire monter un homme afin de juger comment la pression se répartit.

Les **bandes**, au moins à deux travers de doigt de la colonne vertébrale, doivent porter bien à plat, sans comprimer les côtes, de manière que la pression se répartisse le plus possible sur l'ensemble et non sur une portion de ces bandes.

L'**arcade** ne doit pas gêner le garrot, soit en le pinçant latéralement, soit en le comprimant dans sa partie supérieure.

Le **troussequin** doit être assez dégagé pour laisser une grande liberté aux reins.

Le **siège** doit être bien tendu, afin que l'homme ne produise pas de pression sur l'épine dorsale du cheval.
Si l'arçon est trop large, les bandes baissent du devant, la pression est irrégulière, l'épine dorsale du cheval peut être touchée.
Si l'arçon est trop étroit, les bandes sont relevées du devant et elles produisent promptement des cors sur la partie des côtes qu'elles compriment.

Les **panneaux** doivent être suffisamment rembourrés, la matelassure répartie régulièrement, mais sous une plus forte épaisseur vers le milieu des panneaux qu'à leurs extrémités et de façon à laisser complètement libre le logement de la colonne vertébrale.
Si le cheval est bas du devant ou du derrière, on donne plus d'épaisseur aux panneaux en avant ou en arrière pour remédier à ce vice de conformation.

La **selle** doit être placée de manière à reposer sur la partie la plus forte de la ligne du dos, c'est-à-dire sur la partie voisine du garrot, mais sans gêner le mouvement de l'épaule, et pour cela la pointe antérieure de la bande doit être à trois doigts en arrière de la partie postérieure de l'épaule. La *croupière* ne doit pas être tendue pour ne pas blesser le cheval sous la queue ou le faire ruer.

La **sellette** doit être placée d'aplomb sur le dos du cheval dans la partie voisine du garrot. La croupière ne doit pas être tendue.

AJUSTER LES HARNAIS.

108. Pour que la **bricole** soit bien ajustée, il faut qu'elle soit à peu près horizontale, son bord inférieur étant de quelques centimètres au-dessus de la pointe de l'épaule ; on se règle sur la conformation du cheval.

Si la bricole est trop descendue, elle gêne le mouvement des épaules du cheval ; si elle est trop remontée, elle peut comprimer les voies respiratoires surtout lorsque le cheval baisse la tête pour monter ou pour tirer dans un terrain difficile.

Le bord inférieur du feutre de la bricole qui pose sur le poitrail doit toujours dépasser le bord extérieur, afin que l'épaule ne soit pas coupée par le tranchant du cuir.

La **sous-ventrière** doit être bouclée de manière que l'on puisse passer un doigt entre elle et la sangle.

Le **colleron** doit être ajusté de manière que, le cheval étant attelé, le timon soit horizontal.

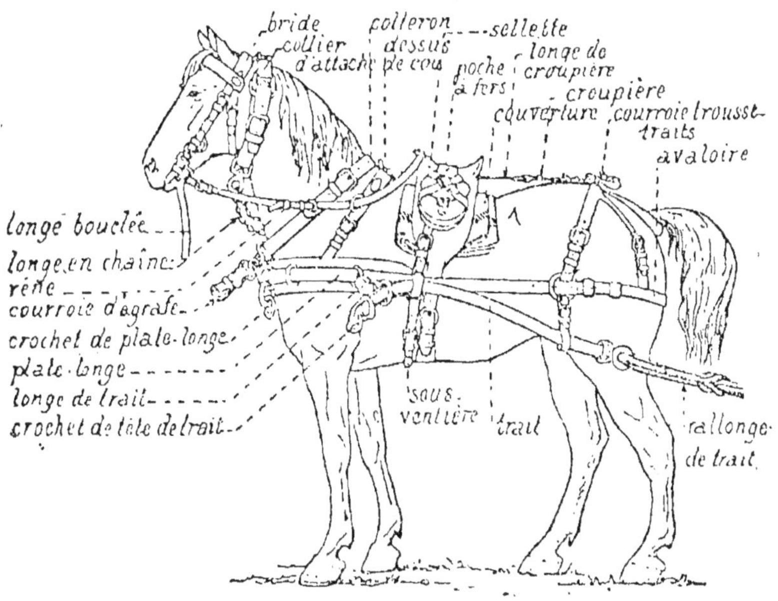

Fig. 90. Sous-verge de derrière.

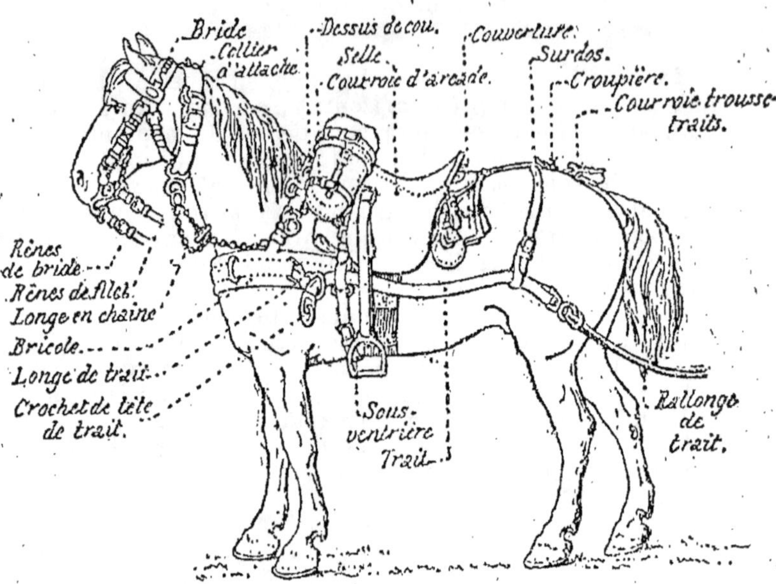

Fig. 91. *Porteur de devant.*

Pour que **l'avaloire** soit bien ajustée, il faut que le bras du bas soit placé normalement à la partie du cheval située immédiatement au-dessous de la pointe de la fesse.

Si le bras du bas de l'avaloire est trop descendu, le cheval a moins de force pour arrêter ou pour faire reculer la voiture ; s'il est trop remonté, il passe facilement au-dessus de la pointe de la fesse, blesse le cheval à la queue, le fait ruer et n'est d'aucune efficacité dans les arrêts et dans les reculs.

La plate-longe doit être bouclée à l'avaloire, de manière à laisser au cheval une aisance suffisante dans ses mouvements.

ARTICLE III.

ENTRETIEN DU HARNACHEMENT.

409. Les harnais en service doivent être maintenus dans un état constant de propreté et de souplesse. Ils sont à cet effet l'objet de soins journaliers et de soins hebdomadaires.

SOINS JOURNALIERS.

On se conforme aux prescriptions données au n° 392 (soins à l'arrivée au gîte).

SOINS HEBDOMADAIRES.

Chaque samedi, les divers effets de harnachement sont visités et nettoyés à fond.

Toutes les parties en cuir sont lavées s'il est nécessaire avec une éponge légèrement humide, puis frottées avec une pièce enduite de graisse Dubbing.

Les harnais en cuir noir sont cirés.

Les parties en fer, qui ne sont ni vernies ni étamées, doivent être tenues propres et exemptes de rouille.

Les fleurons en cuivre et les bossettes sont nettoyés avec du tripoli.

Indépendamment des soins que l'on vient de décrire, les harnais en cuir fauve sont graissés à l'aide de la graisse Dubbing aussi souvent que l'exige leur état. Quatre graissages complets par an sont généralement suffisants.

Les harnais en cuir noir sont graissés à l'huile de pied de bœuf, quatre fois par an, aux époques indiquées par les chefs de corps.

ARTICLE IV.

MANIERE DE PLACER LES HARNAIS DANS LES SELLERIES.

416. Dans les selleries où les chevilles sont disposées verticalement par trois, les harnais, en commençant par celui du sous-verge, sont suspendus à la cheville supérieure par la bricole et le colleron bouclé, toutes les autres parties tombant librement.

Placer la sellette du sous-verge sur la cheville intermédiaire puis, sur cette sellette, disposer les dessus de cou de champ, celui du sous-verge en dessus. Soutenir les avaloires en appuyant le bras du haut sur la cheville inférieure et laisser pendre la croupière du sous-verge en avant des chevilles. Replier les traits sur eux-mêmes afin qu'ils ne traînent pas sur le sol, et accrocher la dernière maille de la chaîne de bout de trait au crochet de tête de trait. La selle du porteur est placée sur la cheville supérieure et posée sur la bricole.

On agit de la même manière pour placer les harnais de devant; ils n'exigent pas l'emploi de la cheville inférieure.

Les selles des chevaux de selle sont placées dans une partie de la sellerie réservée à cet usage (1).

CHAPITRE IX

GÉNÉRALITÉS SUR LES VOITURES.

TIRAGE DES VOITURES.

411. On appelle **tirage** la force à exercer sur une voiture pour la maintenir en mouvement.

Le tirage est proportionnel au poids de la voiture.

Le tirage augmente avec le frottement des fusées d'essieu dans les boîtes de roues ; on diminue beaucoup ce frottement en maintenant toujours les roues suffisamment graissées.

Le tirage diminue quand le diamètre des roues augmente.

Le tirage varie aussi avec la façon dont le chargement est placé sur la voiture. L'expérience a montré que, dans les voitures à deux roues, le chargement devait être placé au-dessus de l'essieu et que, dans les voitures à quatre roues l'essieu de derrière devait être plus chargé que l'essieu de devant.

Le tirage varie enfin avec la nature et la pente du sol. Dans les terrains glaiseux, le tirage augmente par suite de l'enfoncement des roues dans le sol. Sur des terrains raboteux, coupés d'ornières, le tirage augmente par suite des chocs que supporte la voiture ; la présence de ressorts qui amortissent ces chocs diminue sensiblement le tirage.

Dans les montées, le tirage augmente d'autant plus que la pente est plus forte.

Dans les descentes, au contraire, le tirage diminue ; il peut arriver que les chevaux n'aient plus à exercer aucun effort de traction et même qu'ils soient obligés de faire effort pour retenir la voiture. On peut diminuer cet effort et même le supprimer au moyen d'un frein.

Pour mettre une voiture en marche, il faut exercer sur elle un effort plus grand que pour la maintenir en mouvement. L'effort peut être très considérable si la voiture doit passer brusquement de l'arrêt au trot ou au galop. Il y a donc intérêt, pour la conservation des chevaux, à éviter les départs et les arrêts brusques et à

---

(1) Dans le cas où, pour l'instruction, les sacoches ont été enlevées des selles, elles sont garnies d'un bottillon de paille et toujours entretenues bien graissées.

On les dispose sur la cheville intermédiaire et sur la cheville inférieure en les faisant reposer par la partie du chapelet comprise entre les recouvrements de sacoche.

S'il y a du harnachement sur ces chevilles, on place une paire de sacoches sur la cheville intermédiaire en arrière de la sellette et deux paires sur la cheville inférieure en arrière du bras du haut des avaloires.

passer progressivement de l'arrêt au mouvement et inversement.

VOIE ET STABILITÉ DES VOITURES (1).

112. La **stabilité** des voitures dépend en partie de la largeur de la **voie**, c'est-à-dire de la distance des deux roues d'un même essieu, mesurée sur le sol parallèlement à l'essieu, du milieu du cercle de l'une des roues au milieu du cercle de l'autre. Plus la voie est large, moins la voiture est exposée à verser. On donne la même voie aux deux trains ; les roues de derrière passant ainsi dans les mêmes ornières que les roues de devant, le tirage est diminué.

La voie du canon est de 1^m,56, celle du caisson de 1^m,52.

La vitesse et le mode de suspension influent aussi sur la stabilité ; une voiture au trot verse plus facilement qu'une voiture au pas ; une voiture munie de ressorts verse plus facilement en terrain accidenté qu'une voiture non suspendue.

TOURNANT DES VOITURES.

113. Le **tournant** d'une voiture est l'espace qui lui est nécessaire pour faire un demi-tour.

Il est de dix mètres pour le canon non attelé.

Il y a tout avantage à ce que le tournant soit aussi restreint que possible ; on diminue ainsi les circonstances où les changements de direction sont impossibles.

Le tournant est diminué quand l'avant-train possède des roues basses pouvant s'engager sous le corps de la voiture (fourgon) ou quand la largeur de la flèche ou du corps de voiture est réduite ; c'est pour cette raison que les flasques de l'affût de campagne vont en se rapprochant dans le voisinage de la crosse.

Quand on tourne trop court avec une voiture de ce dernier type, les roues de devant viennent rencontrer la flèche de l'arrière-train ou le corps de la voiture, et, si l'on continue à tourner dans ces conditions, le timon peut être brisé. Les points de la flèche où les roues viennent frotter sont protégés par des *appuis* ou des *plaques d'appui de roue* en fer.

MODE DE RÉUNION DES DEUX TRAINS.

114. Dans toutes les voitures, les deux trains ne sont pas réunis de la même façon. Pour un certain nombre d'entre elles (canons, caissons, chariots de batterie, forges, etc.), la lunette de bout de crosse ou de flèche reçoit un crochet cheville-ouvrière placé en arrière et au-dessous de l'essieu.

L'arrière-train est réellement suspendu à l'avant-

---

(1) Une voiture est d'autant plus stable qu'elle a moins de tendance à verser par suite des inégalités ou de l'inclinaison du sol.

train. Ils sont indépendants l'un de l'autre ; c'est ainsi qu'une roue de l'arrière-train passant sur une pierre ne fait pas soulever l'avant-train. Le timon tomberait s'il n'était soutenu par les branches de support quand la voiture est attelée, par la servante quand elle est dételée. Ce mode de réunion constitue le **système à suspension.**

Dans d'autres voitures, au contraire (chariot-fourragère, fourgons), l'avant-train porte une bande circulaire dont le centre est marqué par la cheville-ouvrière, et l'extrémité de la flèche de l'arrière-train repose sur toute l'étendue de cette bande. Les deux trains sont ainsi solidaires l'un de l'autre et la voiture est plus exposée à verser que dans le cas du système précédent ; d'autre part, le poids de l'arrière-train suffit pour maintenir le timon horizontal sans qu'il y ait besoin de servante ou de branches de support. Ce mode de réunion constitue le **système à contre-appui.**

Le système à suspension présente sur le second plusieurs avantages :

1° Les deux trains sont indépendants, ce qui permet de franchir facilement les obstacles ;

2° Il est plus facile de réunir l'arrière-train à l'avant-train, le crochet cheville-ouvrière étant plus bas ;

3° Le timon tendant à s'abaisser vers le sol, le conducteur n'est pas exposé à en recevoir des coups.

Il a l'inconvénient de faire supporter aux chevaux de derrière le poids du timon, disposition qui entraîne pour eux un surcroît de fatigue et même parfois des blessures.

Ce système est employé dans toutes les voitures appelées à traverser aux allures vives des terrains difficiles.

SYSTÈME D'ATTELAGE.

415. Le mode de réunion des trains adopté dans l'artillerie de campagne, en France, a pour conséquence le système d'attelage dit **traits sur traits**, dans lequel les traits des chevaux qui sont en avant sont accrochés directement sur les traits de ceux qui les suivent.

Ce système présente quelques inconvénients : les traits des chevaux de derrière supportent tout l'effort du tirage et peuvent être tendus par les chevaux de devant, sans que les chevaux de derrière et du milieu participent à la traction de la voiture. Cette disposition nécessite de la part des chefs de voiture une surveillance attentive pour s'assurer, d'après la position relative de la longe de trait et du crochet de tête de trait, que les chevaux de derrière et du milieu participent bien au tirage.

Lorsque le chariot de parc modèle 1900 est attelé à cinq chevaux, les deux chevaux de renfort s'attellent respectivement à un palonnier mobile fixé au bout de chacun des deux timons.

Ce mode d'attelage dont l'emploi n'est qu'exceptionnel dans l'artillerie de campagne est dit **attelage à l'allemande**. Il a l'avantage d'assurer l'indépendance des attelages de devant et de ceux de derrière.

CHAPITRE X.

CONDUITE EN GUIDES.

Tenue des guides (1).

116. La leçon sur la tenue des guides peut être donnée sans atteler. Les guides étant accrochées par les porte-guides, les canonniers sont exercés à les passer dans la main gauche, à les tenir dans les deux mains, à les ajuster, etc., et à exécuter les divers mouvements de main que comporte la conduite en guides. L'instructeur exige que ces mouvements soient toujours faits avec calme et sans à-coup, de manière à ne jamais surprendre le cheval.

Tenir les guides dans la main gauche, également tendues et séparées par les deux premiers doigts, la guide

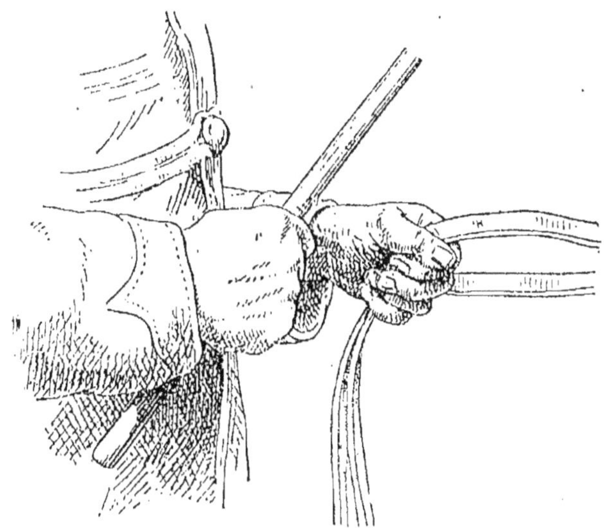

Fig. 92. Conduire d'une main.

gauche à plat sur l'index et maintenue par le pouce, la guide droite sous le médius, l'une et l'autre guide la

---

(1) La tenue des guides, et les leçons qu'elle comporte, sont les mêmes que l'on attelle à deux ou à trois chevaux.

fleur du cuir en dessus, les doigts bien fermés, l'extrémité des guides sortant du côté du petit doigt.

Tenir à pleine main le fouet dans la main droite à
0^m,15 environ de l'extrémité inférieure de la poignée,
le manche dans une direction oblique de droite à gauche
et un peu incliné en avant.

La position détaillée ci-dessus, les deux guides dans une
seule main, n'est jamais prise que pour un temps très court,
quand le canonnier veut conduire avec la main gauche seule
pour avoir la main droite libre et se servir du fouet.

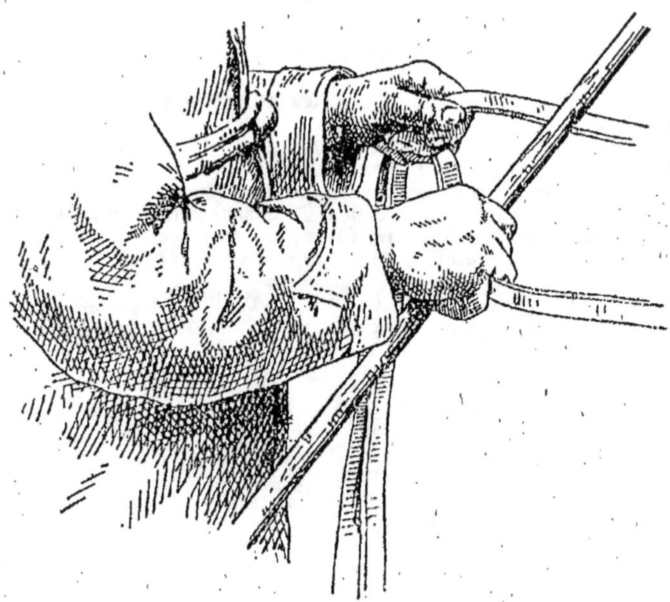

Fig. 93. Conduire des deux mains.

417. Pour conduire des deux mains, le canonnier prend
la guide droite dans la main droite.

Les guides et le fouet étant tenus, comme il est prescrit n° 416, saisir la guide droite, près de la main gauche, avec les trois premiers doigts de la main droite,
les ongles en dessous, le pouce allongé sur la guide, faire
glisser cette guide dans la main gauche d'environ 0^m,15
et rapprocher la main droite à 0^m,10 environ de la gauche, les guides restant également tendues.

Ce mouvement de la main droite s'appelle faire le
carré. La position du carré est le point de départ de
tous les mouvements qui constituent le maniement des
guides. Dans cette position, les pouces doivent être en
face l'un de l'autre, les mains à la même hauteur et à la
même distance du corps et un peu plus haut que les cou-
des, les poignets moelleux, un peu ployés de dehors en
dedans et de haut en bas.

Ajuster les guides.

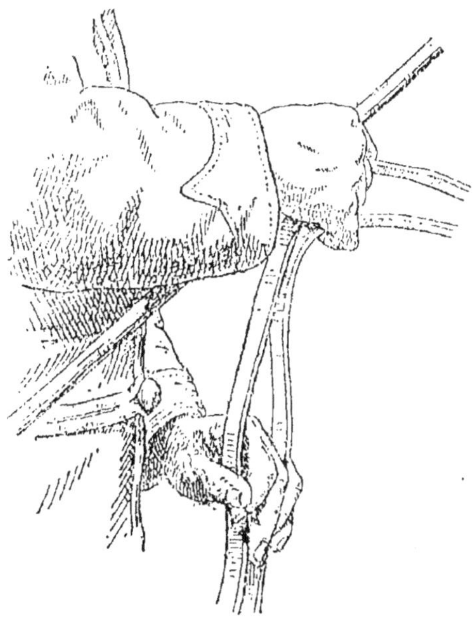

Fig. 94. *Ajuster les guides (1er mouvement)*.

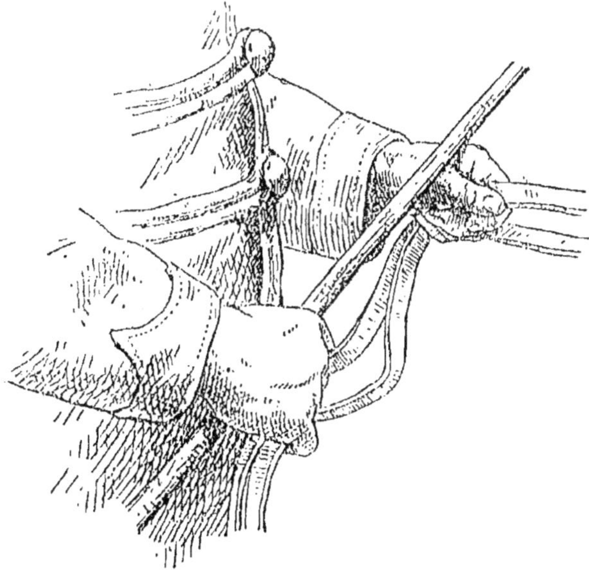

Fig. 95. *Ajuster les guides (2° mouvement)*.

118. 1° Porter la main gauche en arrière de la droite en laissant couler la guide gauche de la longueur du carré ; ouvrir la main droite, la paume en dessus, pour recevoir la guide gauche sous le médius, tout en maintenant la guide droite à l'aide du petit doigt, et refermer la main droite en laissant sortir les bouts des guides du côté du petit doigt ;

2° Abandonner les guides de la main gauche, les reprendre de la même main à 0^m,05 en avant de la main droite, les guides séparées par les deux premiers doigts, comme il est prescrit n° 416.

Ajuster les guides en les tendant également avec la main droite que l'on descend de 0^m,20 environ ; fermer la main gauche sur les guides ;

3° Prendre la guide droite avec la main droite qui fait le carré.

En ajustant les guides, le canonnier a soin de tenir le fouet verticalement en évitant de toucher la croupe du cheval.

Atteler.

119. Le conducteur attelle d'abord ses chevaux comme il est prescrit au n° 392 de la 1re partie du Règlement, avec cette différence qu'il n'y a pas de branches de support à accrocher, ni de servante à relever. Il dispose ensuite les guides comme il est dit ci-après :

ATTELAGE A DEUX. Le conducteur déboucle les courroies de paquetage de derrière du panneau de porteur, déploie les guides, les égalise et les engage sur une longueur de 1 mètre environ, à partir du milieu, dans les courroies de paquetage de derrière du panneau, le milieu des guides tombant à gauche du porteur. Il place le corps de guides et la branche mobile de chaque côté sur l'encolure du cheval correspondant et les engage dans les anneaux de dessus de cou, le corps de guides dans l'anneau du dehors, la branche dans l'anneau du dedans.

Il boucle ensuite les corps de guides et les branches mobiles aux anneaux des mors de porteur et de sous-verge.

Avec certains chevaux à bouche trop peu sensible, on boucle les guides dans les mortaises pratiquées à l'extrémité inférieure des branches de mors. Cette disposition exceptionnelle ne doit être employée que sur l'ordre de l'instructeur.

Les branches mobiles doivent être ajustées de telle sorte que la tête des chevaux ne soit attirée ni en dedans ni en dehors, lorsque les guides sont également tendues.

ATTELAGE A TROIS. Pour atteler l'attelage à trois,

commencer par le cheval du milieu et terminer par celui de droite.

Les guides sont passées dans les anneaux de dessus de cou et fixées aux anneaux du mors conformément aux indications de la figure 96.

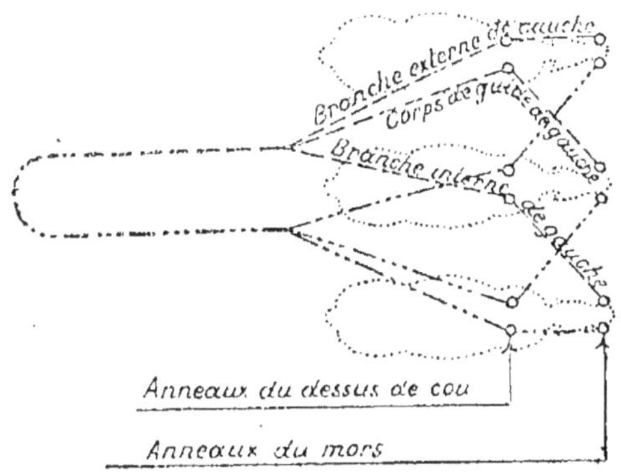

Fig. 96. Attelage à trois (MONTAGE DES GUIDES).

Prendre les guides et monter sur le siège.

120. Les guides étant placées sur le porteur, le conducteur, à gauche de ses chevaux, prend les guides et les place dans la main gauche qui les tient comme il est prescrit n° 416 ; il prend ensuite le bout des guides avec la main droite et le passe sur le petit doigt de la main gauche.

Il recule jusqu'à hauteur du siège en laissant couler les guides dans la main gauche sans produire aucune action sur le mors et en évitant qu'elles ne traînent à terre, monte sur le siège, s'assied, saisit le fouet dans le porte-fouet et prend la position du conducteur sur le siège :

Le haut du corps soutenu, les genoux rapprochés, les jambes demi-tendues, les pieds bien appuyés sur le marche-pied, les guides dans les deux mains et le fouet tenu comme il est prescrit n° 416.

Principales règles de la conduite en guides.

121. L'appel de langue et le fouet sont les moyens d'impulsion que la main régularise.

Il doit exister entre la bouche des chevaux et la main du conducteur un rapport constant permettant à ceux-ci de prendre un appui léger et moelleux. C'est en relâchant plus ou moins les doigts ou les poignets que l'on modifie ce rapport et que l'on donne plus de liberté aux chevaux ; c'est en ajustant les rênes ou en resserrant les doigts que l'on marque des arrêts ou des demi-arrêts qui régularisent leur mouvement.

L'appel de langue est une aide qui doit précéder l'action du fouet, et qui, au bout de peu de temps d'exercice, suffit presque toujours pour déterminer le mouvement et l'accélérer.

Le *fouet* doit être manié avec souplesse et sans brusquerie.

Lorsque les chevaux n'obéissent pas au simple toucher du fouet, on le leur fait sentir d'une manière plus énergique, de préférence à l'épaule.

Marcher.

122. Pour marcher, avertir les chevaux, puis rendre doucement la main et faire un appel de langue, activer au besoin avec le fouet successivement chacun des deux chevaux ou seulement celui qui est hésitant ou plus froid au départ. Lorsque les chevaux se sont mis en mouvement, replacer la main droite à la guide droite.

Le plus sûr moyen de maintenir les chevaux sur la ligne droite est de leur donner un appui suffisant sur la main, en ayant soin d'exercer une tension des guides bien égale.

Dans les marches, il faut prendre le pas aux montées, et rendre en laissant couler les guides dans les mains, mais sans cesser de soutenir les chevaux ; faire la reprise des guides à la fin de la montée. Si la montée est fort raide et suffisamment large, la gravir en suivant une ligne sinueuse.

Soutenir aux descentes ; à cet effet, commencer par raccourcir les guides en faisant une reprise des guides. Le soutien ne consiste pas à tirer sur les guides, mais à les tendre juste de la quantité nécessaire. Serrer le frein si la voiture en possède un et si la descente est rapide ; à cet effet, passer le fouet dans la main gauche entre le pouce et les deux doigts suivants. Observer le plus ou moins de tension ou de relâchement des traits pour régler le serrage, ne desserrer que lorsque la descente est entièrement franchie et desserrer progressivement.

Arrêter.

123. Pour arrêter, avertir les chevaux, puis rapprocher les poignets du corps en les élevant plus ou moins, suivant la sensibilité des chevaux.

Dans les marches, quand on doit arrêter et qu'une autre voiture suit, la prévenir en élevant le fouet en l'air.

A gauche, à droite.

124. Pour tourner, avertir les chevaux, rendre un peu la main et faire un appel de langue pour déterminer les chevaux à se porter en avant ; agir progressivement sur la guide du côté où l'on veut tourner en élevant le poignet de ce côté pour faire parcourir au cheval intérieur un arc de cercle de 4^m,50 de rayon, activer en même temps le cheval extérieur au moyen du fouet. En terminant le mouvement, diminuer progressivement l'effet de la guide intérieure et soutenir fortement de la guide opposée pour ne pas tourner trop court.

Si le manque d'espace l'exige, on peut exécuter le tourner en diminuant l'arc de cercle et même en faisant pivoter la voiture sur les roues de derrière. A cet effet, on augmente l'action de la guide du dedans et l'on active au moyen du fouet le mouvement du cheval du dehors.

Lorsque l'arrière-train de la voiture est dans la direction convenable, le conducteur redresse l'attelage s'il y a lieu.

Reculer.

125. Pour reculer, même principe que pour arrêter, en observant, dès que les chevaux obéissent, de diminuer et de cesser l'action des guides.

Si les chevaux se jettent à droite, augmenter l'effet de la guide gauche ; si, au contraire, ils se jettent à gauche, augmenter l'effet de la guide droite en se servant au besoin du fouet pour contenir les hanches et modérer le mouvement.

Le mouvement terminé, cesser de reculer et faire tendre les traits.

Dételer.

126. Pour dételer l'attelage à deux, descendre de voiture et engager les guides dans les courroies de paquetage du panneau de porteur ; se porter à la tête des chevaux, déboucler les guides, les dégager des mors du porteur et du sous-verge et des anneaux du dessus de cou ; plier les guides en huit et les replacer sur le panneau du porteur.

Pour dételer l'attelage à trois, commencer par le cheval de droite et terminer par celui du milieu.

Le reste du mouvement s'exécute comme il est prescrit au n° 393 de la 1re partie du Règlement, avec cette différence qu'il n'y a pas de branches de support à décrocher, ni de servante à abattre.

CHAPITRE XI.

CONCOURS DE CONDUITE DE VOITURES.

127. Des concours de conduite de voitures sont organisés chaque année dans les corps de troupe de l'artillerie, vers la fin des manœuvres des batteries attelées.

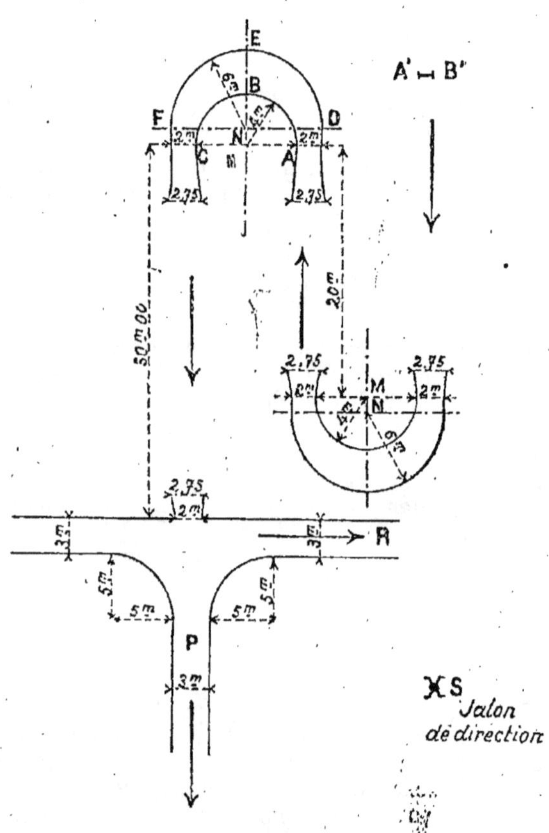

Fig. 97. Tracé de la piste.

A cet effet, chaque capitaine commandant désigne, parmi les canonniers de sa batterie, les trois conducteurs qu'il juge les plus adroits.

Des prix sont décernés, à raison de 10 francs par batterie prenant part au concours. Il est attribué un nombre de prix égal à la moitié du nombre de batteries ayant pris part au concours (à la moitié de ce nombre moins un s'il est impair). La valeur des prix va en décroissant suivant une progression fixée par le chef de corps.

Le concours s'exécute avec des caissons chargés attelés à six chevaux.

Chaque voiture doit parcourir une piste de 2 mètres de large, conforme à la figure 97 ; les demi-tours et le parcours du reculer sont tracés à l'aide de piquets espacés de 0^m,50 et légèrement inclinés en dehors ; des jalons placés en S, en T et en V servent de point de direction dans la ligne droite.

L'épreuve consiste :

1° A parcourir au trot cette piste, arrêter en arrivant au point P, exécuter un reculer à droite et sortir en R ;

2° A exécuter au trot le mouvement *Amener l'avant-train face en avant* (n° 431 de la 1re partie du Règlement).

Une commission, dont les membres sont désignés par le chef de corps, est chargée d'arrêter le classement et de régler les points qui donneraient lieu à contestation, tels que : ralentissement d'allure, tâtonnements dans le reculer, etc...

Les voitures sont classées par ordre de mérite, en raison inverse du nombre de piquets abattus par leurs conducteurs, augmenté des points que la commission aura jugé à propos d'ajouter pour les imperfections dans l'exécution des mouvements, notamment de ceux d'avant-trains.

128. Le concours de conduite des voitures peut, si le temps et les circonstances le permettent, comprendre un exercice de célérité, dans lequel peuvent intervenir divers incidents de route et la façon d'y remédier :

Prendre des chevaux nus, garnir, atteler et se mettre en marche ; changer un timon, une roue, remplacer un attelage, changer un trait, etc.

Dans ce cas, la voiture est commandée par son chef, et les servants qu'elle porte viennent en aide aux conducteurs. Le calme dans les opérations, la régularité dans le harnachement, l'observation des allures réglementaires sont les meilleures bases d'appréciation.

Ce concours de célérité sera exécuté au trot seulement et, sous aucun prétexte, il ne devra aboutir à une mise en batterie suivie du départ d'un coup de canon tiré à blanc.

TITRE VI.

SERVICE DE L'ARTILLERIE EN CAMPAGNE.

ARTICLE Iᵉʳ.

RECONNAISSANCES TOPOGRAPHIQUES.

129. L'instruction sur la lecture des cartes doit être faite le plus simplement possible et dégagée de toute considération scientifique ; elle est donnée aux sous-officiers dans chaque batterie par un officier, et elle est dirigée de telle sorte qu'un sous-officier puisse faire une reconnaissance de chemins, et être en mesure de conduire une colonne par les chemins qu'il aura reconnus.

Cette instruction devra porter sur les points suivants :

Étude des signes conventionnels relatifs à la planimétrie et adoptés pour la carte de France ;

Représentation du terrain : courbes, hachures, cotes ;

Lecture des cartes au 1/80000 et au 1/320000 ;

Comparaison de la carte au terrain ; reconnaissance d'une route, d'un cours d'eau ;

Orientation de la carte sur le terrain dans les cas les plus simples.

130. Reconnaissances. — Les cartes topographiques, même les plus détaillées, ne peuvent donner tous les renseignements dont on a besoin à la guerre : les indications qu'elles contiennent doivent donc être complétées au moyen de reconnaissances spéciales qui font l'objet de rapports succincts.

Les officiers et les sous-officiers doivent être exercés à ce genre de travaux. Dans les reconnaissances de route, ils relateront le mode de construction de la route : pavée, empierrée, en remblai, en déblai ; la largeur totale et celle de la partie pavée ou empierrée ; l'état d'entretien, les pentes, les embranchements ; les objets remarquables que l'on rencontre : villages, fermes, châteaux, maisons isolées, bois, ouvrages d'art, etc...

Dans les reconnaissances de cours d'eau ou de canaux, ils indiqueront la direction, la largeur, la profondeur, la nature des rives et leur commandement, les ponts, gués, bacs, les écluses, digues, barrages, etc...

Dans les reconnaissances de terrains, la nature du sol (praticable ou non à l'artillerie), la nature des cultures, les dimensions des bois, les pentes du terrain, les chemins, leur viabilité, la route à suivre pour aborder une position, en restant défilé, et les travaux à faire pour l'occuper ; consolidation des ponts, fossés à combler, murs à abattre, etc...

L'officier chargé de diriger ces travaux ne devra pas oublier qu'il importe, avant tout, d'encourager par tous les moyens les efforts des sous-officiers et que les renseignements rapportés par eux à la suite des reconnaissances ne doivent être donnés que sous forme de notes prises sur le terrain, le but de l'instruction n'étant ni de leur apprendre à dessiner, ni de leur faire faire des rapports, mais bien de les exercer à lire une carte et à rendre compte de ce qu'ils voient dans ces reconnaissances.

481. Procédés d'orientation. — Si l'on peut reconnaître sur la carte le point où l'on se trouve, ainsi que certains points remarquables qu'on aperçoit dans la campagne (ponts, clochers, arbres isolés, fermes, etc.), ces renseignements suffisent généralement pour orienter la carte.

On peut encore orienter approximativement la carte si l'on connaît la direction du Nord. Cette direction s'obtient le jour par la position du soleil à telle heure de la journée, la nuit au moyen de l'étoile polaire ou, en tout temps, avec la boussole.

Au moyen du soleil. Pour reconnaître la direction du Nord, au moyen du soleil, on tourne à midi le dos au soleil; le prolongement sur l'horizon de l'ombre projetée par le corps donne la direction du Nord.

En regardant le Nord, on a le Sud derrière soi, l'Est à sa droite, l'Ouest à sa gauche.

Le soleil est à l'Est à 6 heures du matin, au Sud à midi, à l'Ouest à 6 heures du soir.

A une heure quelconque du jour, on peut reconnaître facilement la direction du Nord au moyen d'une montre. Si on calcule, à une heure donnée, le nombre d'heures qui se sont écoulées depuis minuit, et si on place dans la direction du soleil le numéro du cadran de la montre correspondant à la moitié de ce nombre, la ligne VI-XII du cadran indique la direction « Sud-Nord ».

Il est encore plus simple de placer la petite aiguille exactement au-dessus de son ombre ; la direction Nord-

Sud est alors donnée par la bissectrice de l'angle que forment les lignes VI-XII et la petite aiguille (1).

Au moyen de l'étoile polaire. La nuit, quand les étoiles sont apparentes, on s'oriente à l'aide de l'étoile polaire, qui donne constamment la direction du Nord. Cette étoile se trouve sur le prolongement des deux étoiles de derrière de la Grande Ourse.

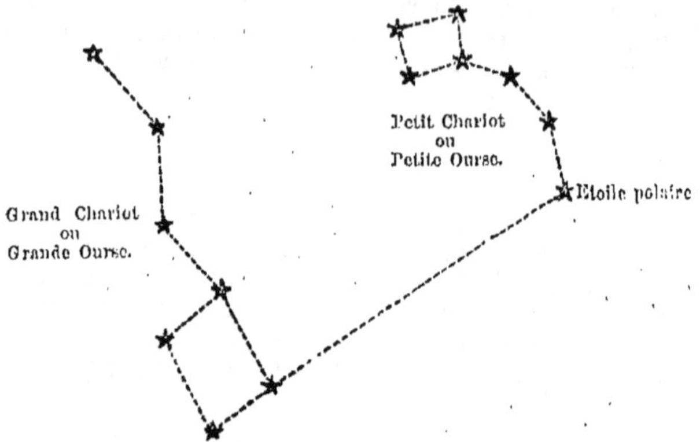

Au moyen de la boussole. L'aiguille aimantée de la boussole donne sensiblement la direction Nord-Sud, la pointe bleue de l'aiguille étant toujours tournée vers le Nord.

ARTICLE II.

DETAILS SUR LES INSTALLATIONS DES ABRIS, CUISINES ET FEUILLEES.

432. Installation des hommes. — Si la troupe est pourvue de tentes et si l'ordre a été donné de les dresser, elles sont établies sur une ligne parallèle au front de bandière, à 15 mètres des cordes à chevaux et,

---

(1) En effet, si on place une montre de manière que la ligne VI-XII soit orientée : Sud-Nord, on voit que le soleil, se levant à l'Est dans la direction III et se couchant à l'Ouest dans la direction IX, aura parcouru en douze heures le demi-cadran tandis que la petite aiguille l'aura parcouru tout entier.

Par suite, dans le même temps, la direction du soleil effectue un trajet moitié moindre que la petite aiguille. A 2 heures de l'après-midi, par exemple, soit 14 heures après minuit, la direction du soleil sera donnée par 14 : 2 ou 7 heures.

Ce procédé ne s'applique d'une manière précise que dans les journées moyennes où le soleil se lève à 6 heures du matin pour se coucher à 6 heures du soir. Mais on peut l'utiliser à toute époque.

dans chaque section, en arrière de l'emplacement occupé par les voitures et les chevaux de cette section.

Un intervalle de deux mètres est ménagé entre deux sections voisines. Les sous-officiers occupent la première tente de leur section; l'adjudant, la dernière tente de la quatrième section ; le maréchal des logis chef, la dernière tente de la première section.

Les officiers ont leur tente à 20 mètres en arrière des hommes ou de la ligne des cuisines ; ils ont leurs chevaux à côté d'eux.

Si la troupe n'a pas de tentes, les sous-officiers et les hommes s'installent sur les mêmes emplacements et dans le même ordre.

323. Les *fourrages* sont réunis dans chaque section et placés sur une même ligne, chaque tas dans le prolongement de la ligne de chevaux correspondante.

324. Les *cuisines* sont installées à 10 mètres des tentes ou de l'emplacement affecté aux hommes (1).

Ce sont des foyers constitués par deux ou quatre pierres adossées, quand on le peut, à un mur et sur lesquelles reposent des marmites.

A défaut de pierres, on creuse dans le sol de simples rigoles assez étroites pour que les marmites puissent reposer en travers sur les bords, et juste assez profondes pour que l'on puisse y placer le bois.

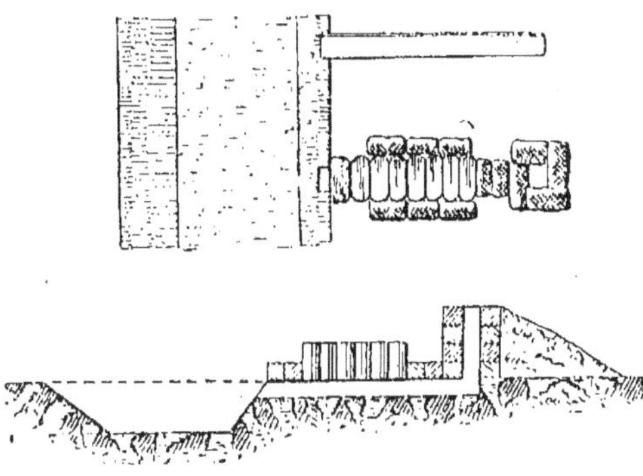

La longueur de la rigole est calculée d'après le nombre de marmites qu'elle doit recevoir. Le feu est mis du

---

(1) Quand la direction et la force du vent le rendent utile et quand on le peut, on place les cuisines à droite ou à gauche du bivouac, de manière qu'on soit gêné le moins possible par la fumée.

côté d'où vient le vent. De ce côté, afin de faciliter le travail des cuisiniers, on creuse une tranchée de 0 m. 50 environ de profondeur, si l'on n'a pas pu profiter d'un fossé existant ou d'une disposition favorable du terrain. Il est bon, quand on a le temps, de faire à l'extrémité de chacune de ces rigoles une cheminée en gazon d'une hauteur de 0 m. 50 environ, que l'on consolide avec les terres de la tranchée ; on garnit en gazon les bords des rigoles, le long des marmites, et l'entrée de chaque fourneau. Si, par la disposition du sol, ces rigoles risquent d'être envahies par l'eau de pluie, il vaut mieux établir les cuisines en saillie.

Quand l'ordre en est donné, des *feux* sont allumés sur la ligne des cuisines ou dans l'espace compris entre cette ligne et l'emplacement affecté aux hommes. Les hommes s'y construisent des abris si cela est possible.

La *forge*, quand elle doit être allumée, est placée près de la ligne des feux, sous le vent du bivouac.

435. Abris. — Les abris consistent en deux piquets plantés en terre et réunis à leur sommet par une perche horizontale, à laquelle on fait supporter une espèce d'appentis fait avec de menus branchages ou avec de la paille disposée les épis en bas, ou en clayonnage. On leur donne quelquefois une forme circulaire en enveloppant complètement, sauf d'un seul côté (celui où va

la fumée), un espace libre au milieu duquel on dispose le foyer.

Si le sol est détrempé, il est bon de construire des claies pour isoler les hommes du sol.

436. Feuillées. — Les feuillées sont placées à 60 mètres de la ligne des feux ; on les établit de façon que le vent n'amène pas leurs émanations sur le campement et qu'elles soient suffisamment éloignées des prises d'eau, que leur voisinage pourrait infecter. La feuillée consiste en une série de sillons parallèles de 1 mètre de longueur, espacés de 1 m. 50, n'ayant pas plus de largeur que le fer de la pelle réglementaire et aussi profonds que la pioche permet de les creuser. La terre de déblai est rejetée à 30 centimètres à droite et à gauche du sillon, qui doit être assez étroit pour qu'un homme mettant les pieds l'un à droite, l'autre à gauche, soit comme à cheval sur la fosse ; les parois de la tranchée doivent être taillées à pic.

On creuse autant de ces sillons que l'effectif le rend nécessaire et on les prolonge de jour en jour s'il en est besoin.

Deux fois par jour, le matin et au coucher du soleil, on jette dans les fosses une couche de terre ; on y ajoute les cendres des foyers et l'on y verse autant que possible une solution composée de 25 grammes de sulfate de fer et de 250 grammes d'eau (par homme et par jour), ou bien un lait de chaux (25 grammes de lait de chaux par homme et par jour).

Quand les sillons sont à moitié remplis, on les comble et l'on foule fortement la terre de remplissage ; avant de quitter le campement, on comble la feuillée complètement et l'on place à ses deux extrémités des branchages ou des pierres faisant saillie, afin qu'une troupe de passage ne vienne ni stationner ni fouiller le sol en cet endroit.

On entoure les feuillées de feuillage. Il est en outre avantageux de disposer au-dessus des feuillées un léger clayonnage qui protège les hommes contre l'ardeur du soleil ou contre la pluie, et qui leur permette de trouver facilement pendant la nuit l'emplacement des sillons ; la nuit, d'ailleurs, une lanterne indique cet emplacement.

ARTICLE III.

SITUATIONS ET RAPPORTS A FOURNIR.

137. Situation de prise d'armes. — La situation de prise d'armes (modèle n° 1) (1) a pour objet de faire connaître chaque matin au commandement la situation des combattants, des vivres et des munitions.

Les corps et les détachements l'établissent chaque jour dans la soirée, à la date du jour, et la remettent, dans la matinée du lendemain, au général sous les ordres duquel ils sont directement placés, soit d'une façon normale, soit momentanément.

138. Situation-rapport des cinq jours. — La situation-rapport des cinq jours (modèle n° 2) (2) a pour objet de faire connaître le nombre des hommes et des chevaux présents à l'armée. Elle renseigne le com-

(1) Voir page 257.
(2) Voir page 258.

mandement sur les variations d'effectifs, sur les mutations des officiers, l'état sanitaire, la situation des vivres, des munitions, etc.

Les chefs de corps et de détachement les établissent dans la soirée à la date du jour ; ils les transmettent, le plus tôt possible, par la voie hiérarchique, aux dates des 1ᵉʳ, 6, 11, 16, 21 et 26 de chaque mois.

139. Rapports à fournir après un combat. — Après un engagement, chaque commandant d'unité, chaque commandant de groupe ou d'échelon de sections de munitions ainsi que chaque officier supérieur commandant une artillerie divisionnaire, une artillerie de corps ou un parc, établit, dès qu'il le peut, un rapport sommaire sur la journée.

Ce rapport est destiné à faire connaître la relation sommaire de la part que chaque unité a prise au combat, la conduite du personnel, les pertes en hommes et en chevaux et la consommation des munitions.

Les officiers signalent les hommes qui se sont distingués ; par contre, ceux qui auraient manqué à leur devoir sont toujours l'objet de rapports spéciaux.

Lorsqu'un militaire paraît avoir mérité une mention particulière pour sa belle conduite, il devient l'objet d'un rapport d'après lequel le commandant en chef décide s'il doit être cité à l'ordre de l'armée et, de plus, dans le bulletin des opérations ; cette dernière mention ne peut être obtenue sans la première.

Les rapports relatifs à la belle conduite d'un militaire sont rédigés et signés par l'officier supérieur ou autre, même sans troupe, sous les yeux duquel le fait s'est passé.

A ces rapports sont joints :

1° Les états de pertes (modèle n° 3) (1) ;

2° Les états des militaires ennemis faits prisonniers, s'il y a lieu ;

3° L'état de situation des munitions d'artillerie ;

4° S'il y a lieu, l'état de situation des munitions pour armes portatives ;

5° Les rapports spéciaux, s'il y a lieu.

Tous les rapports établis après le combat sont adressés par la voie hiérarchique, le plus rapidement possible, aux généraux commandant les divisions, en ce qui concerne l'artillerie de ces divisions, et au général commandant l'artillerie du corps d'armée, en ce qui concerne l'artillerie de corps et le parc de corps d'armée.

---

(1) Voir page 259.

ARTICLE IV.

FANIONS, LANTERNES, BRASSARDS.

FANIONS ET LANTERNES.

446. En campagne, il est attribué aux autorités militaires et aux services énumérés ci-après des fanions et des lanternes destinés à indiquer leur emplacement de jour et de nuit.

Général commandant en chef un groupe d'armées. — Fanion tricolore en forme de pavillon avec cravate blanche à franges d'or, nouée au fer de lance de la hampe. Le fer de lance et la hampe jusqu'à la partie inférieure du pavillon sont dorés (I de la planche) ;
Lanterne à quatre faces planes garnies d'un verre blanc, sur lequel se trouve dessinée une étoile bleue inscrite dans une bande circulaire rouge.

Major général d'un groupe d'armées. — Fanion tricolore en forme de pavillon, bordé sur trois de ses côtés (celui de la hampe excepté) par une bande blanche et par une bande écarlate, cravate tricolore nouée au fer de la hampe (II). — Lanterne avec verre blanc ou incolore.

Général commandant d'armée. — Fanion tricolore en forme de pavillon avec cravate tricolore (III). — Lanterne avec verre blanc ou incolore.

Général commandant un corps d'armée. — Fanion tricolore en forme de pavillon (IV). — Lanterne avec verre blanc ou tricolore.

Général commandant la 1re division d'infanterie d'un corps d'armée. — Fanion écarlate en forme de pavillon, divisé sur son milieu et verticalement par une bande blanche (V). — Lanterne avec verre rouge.

Général commandant la 2e division d'infanterie d'un corps d'armée. — Fanion écarlate en forme de pavillon, divisé verticalement par deux bandes blanches (VI). — Lanterne avec verre rouge.

Général commandant la 3e division d'infanterie d'un corps d'armée. — Fanion écarlate en forme de pavillon, divisé verticalement par trois raies blanches (VII). — Lanterne avec verre rouge.

Général commandant une division d'infanterie non comprise dans un corps d'armée. — Fanion écarlate divisé horizontalement par une raie blanche (X). — Lanterne avec verre rouge.

Général commandant la brigade d'artillerie d'un corps d'armée. — Fanion en forme de flamme, mi-partie écarlate et bleu de ciel ; l'écarlate au sommet, le bleu de ciel à la base (VIII). — Lanterne avec verre de couleur verte.

Général commandant la brigade de cavalerie d'un corps d'armée. — Fanion en forme de flamme, mi-partie bleu de ciel et blanc, le bleu au sommet, le blanc à la base (IX). — Lanterne avec verre de couleur verte.

Général commandant un corps de cavalerie. — Fanion en forme de pavillon, écarlate et blanc, assemblés en diagonale, l'écarlate au sommet (XI). — Lanterne avec verre blanc ou incolore.

Général commandant une division de cavalerie. — Fanion en forme de pavillon, bleu de ciel et blanc assemblés en diagonale, le bleu au sommet, le blanc à la base (XII). — Lanterne avec verre rouge.

Sections de munitions d'infanterie ; Caissons de bataillons. — Fanion en forme de pavillon, de couleur jaune (XIII). — Lanterne avec verre jaune.

Sections de munitions d'artillerie. — Fanion en forme de pavillon, de couleur bleue (XIV). — Lanterne avec verre bleu.

Ambulances et hôpitaux de campagne. — Deux fanions en forme de pavillon, l'un tricolore, l'autre fond blanc bordé écarlate, avec croix de même nuance en son milieu (XV). — Deux lanternes, dont une à verre blanc et l'autre à verre rouge.
Les hôpitaux de campagne temporairement immobilisés, destinés à l'isolement et au traitement des hommes atteints de maladies contagieuses ou épidémiques, sont signalés par un fanion jaune.

Postes télégraphiques. — Fanion en forme de pavillon, fond blanc bordé bleu ciel avec un T de même nuance en son milieu (XVI). — Lanterne avec verre blanc portant un T bleu et une bordure de même couleur.

Service de la poste aux armées. — Fanion en forme de pavillon, fond blanc, bordé de vert olive, avec un P vert olive sur son milieu (XVII). — Lanterne carrée avec verre blanc, portant un P vert olive et une bordure de même couleur.

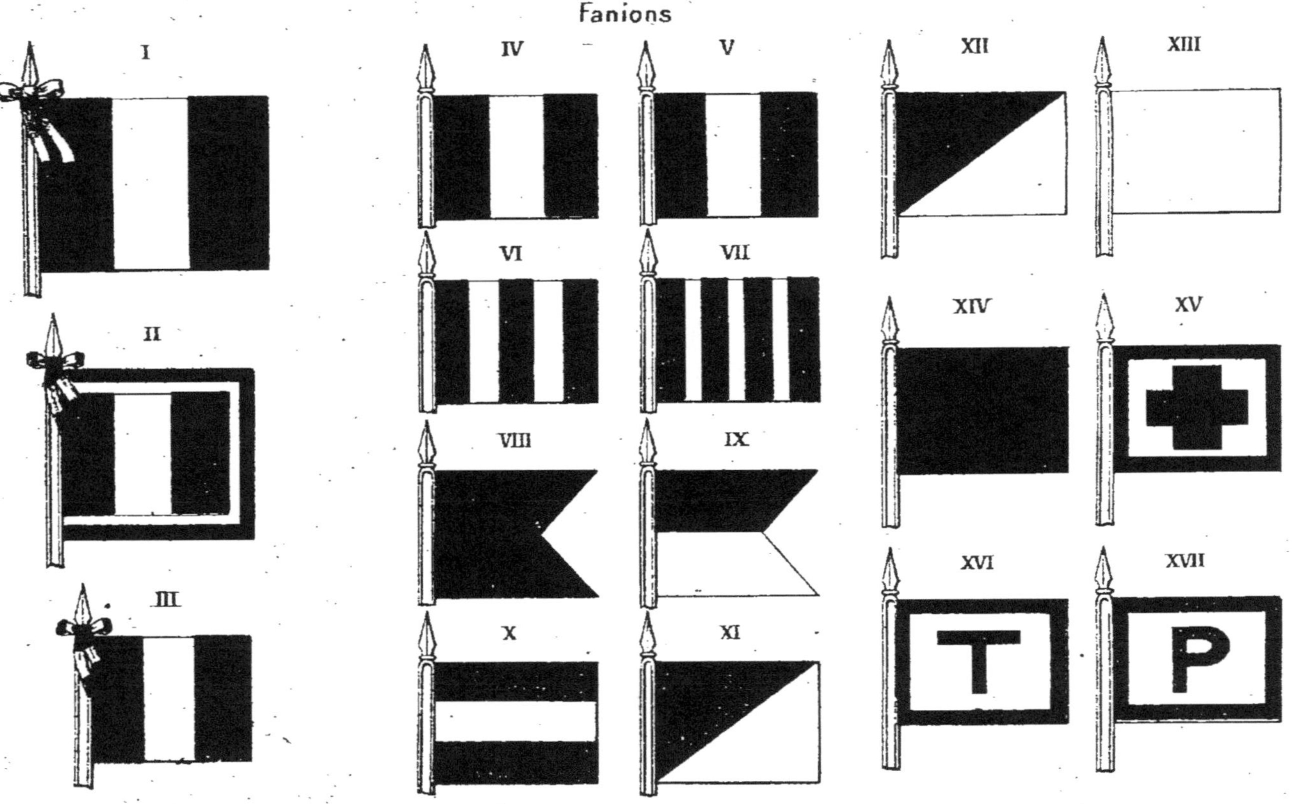

Fanions

BRASSARDS.

Officiers du service d'état-major.

441. État-major particulier du Président de la République. — Tricolore avec foudres, le bleu en haut.

État-major particulier du Ministre de la guerre. — Blanc avec foudres.

État-major de l'armée. — Blanc et rouge, avec foudres (le blanc en haut).

État-major général de l'armée. — Blanc et rouge, avec foudres (le blanc en haut).

État-major de corps d'armée. — Tricolore, avec foudres et numéro de corps d'armée (le bleu en haut).

État-major de division d'infanterie. — Rouge, avec grenade et numéro.

État-major de division de cavalerie. — Rouge, avec étoile et numéro.

État-major de brigade d'infanterie. — Bleu, avec grenade et numéro.

État-major de brigade de cavalerie. — Bleu, avec étoile et numéro (en chiffres arabes pour les brigades de cavalerie de corps, en chiffres romains pour les brigades des divisions de cavalerie).

État-major de l'artillerie d'un corps d'armée. — Bleu, avec canons croisés et numéro de corps d'armée.

État-major du génie d'un corps d'armée. — Bleu, avec cuirasse surmontée d'un casque et numéro du corps d'armée.

État-major des gouverneurs de place forte. — Rouge ou bleu (suivant que le gouverneur est général de division ou général de brigade), avec foudres.

Vélocipédistes.

Ils portent tous deux vélocipèdes cousus au revers du collet de la vareuse.

Ils ont en outre un brassard en drap du fond de la vareuse avec numéros ou attributs :

Garance...... {
Chiffres romains pour les quartiers généraux de corps d'armée.
Chiffres arabes pour les corps de troupe d'infanterie.
Chiffres arabes (surmontés du numéro de corps d'armée en chiffres romains) pour les divisions et brigades d'infanterie. Pot en tête et cuirasse pour le génie.

Bleu de ciel pour la cavalerie. {
Chiffres romains surmontés d'une étoile pour les divisions ; attributs spéciaux des subdivisions d'armes en dessous.
Chiffres arabes surmontés des attributs spéciaux des subdivisions d'armes pour les régiments.
Les brigades de corps ont une étoile surmontée du numéro de corps d'armée en drap garance.

Jonquille..... {
Chiffres arabes pour les chasseurs à pied.

Infirmiers régimentaires et tout le personnel, militaire ou non, de toutes les formations sanitaires. — Brassard blanc à croix rouge (avec timbre du ministère de la guerre, numéro d'ordre et lettre spéciale à chaque société pour les sociétés civiles).

Conducteurs de voitures régimentaires et d'état-major. — Brassard en drap du fond avec passepoil distinctif et attributs de l'arme.

Brancardiers des corps de troupe. — Brassard en drap du fond avec croix de Malte en drap blanc.

Personnel du service de la trésorerie et des postes. — Brassard en drap gris de fer avec passepoil garance portant l'inscription : Trésorerie et Postes.

Conducteurs d'animaux et de voitures de réquisitions, hommes employés dans le service d'alimentation. — Brassard cachou avec plaque métallique, portant l'inscription : Réquisitions militaires.

Garde des voies de communication. — Brassard en toile bleue, avec l'inscription : G. C.

Personnel des commissions de réception du service de ravitaillement. — Brassard vert.

° ARMÉE.

° CORPS D'ARMÉE.

° DIVISION.

° BRIGADE.

CORPS :

SITUATION

DE PRISE D'ARMES

le

MODÈLE N° 1.

Art. 28 de l'instruction sur le service des états-majors.

OFFICIERS (1) (tant).	(Infanterie) (2). Hommes...	(tant).
	(Cavalerie) (3). Sabres......	
	(Artillerie) (4). Pièces......	

VIVRES (5).

MUNITIONS (6).

Le Chef de corps,

(1) Sont compris dans le chiffre des officiers tous les officiers combattants marchant avec la troupe; n'y sont pas compris les officiers marchant avec les trains régimentaires, les médecins, les vétérinaires.

(2) Sont compris dans le chiffre des hommes tous les sous-officiers, caporaux, soldats, clairons, tambours marchant avec la troupe; n'y sont pas compris les soldats marchant avec les trains régimentaires.

(3) Sont compris dans le chiffre des sabres tous les sous-officiers, brigadiers, cavaliers en état de combattre à cheval; n'y sont pas compris les conducteurs de chevaux de main, de chevaux indisponibles, les hommes à pied, les cavaliers marchant avec les T. R.

(4) Sont compris dans le nombre des pièces toutes les pièces suffisamment attelées et servies pour pouvoir être utilisées.

(5) Vivres (infanterie et artillerie), tant de jours (de sac ou de jour); (cavalerie), assurés ou non pour la journée.

(6) Munitions, au complet, ou tant de cartouches par homme, ou tant de coups par pièce.

MODÈLE N° 2.

(Art. 29.)

(*Recto.*)

SITUATION RAPPORT DES CINQ JOURS.

Situation à la date du

UNITÉS CONSTITUTIVES	RATIONNAIRES PRÉSENTS.			OBSERVATIONS.
	Officiers.	Troupe.	Chevaux et mulets.	

(*Verso.*)

RAPPORT SOMMAIRE.

1° Variations d'effectifs. — Mutations d'officiers.
2° Approvisionnements en vivres.
3° Approvisionnements en munitions.
4° État sanitaire.
5° Divers.

A   , le

MODÈLE N° 3.

• ARMÉE.

◦ CORPS D'ARMÉE.

• DIVISION.

• BRIGADE.

CORPS OU SERVICE.

MODÈLE N° 3.

(Corps ou services.)

Art. 30 de l'instruction sur le service des états-majors.

ÉTAT des officiers, sous-officiers et soldats tués (ou blessés) au combat de   le

NUMÉROS matricules.	NOMS.	PRÉNOMS.	GRADE.	LIEU de NAISSANCE.	OBSERVATIONS et RENSEIGNEMENTS particuliers.
1	2	3	4	5	6

A   , le

Le

NOTA. — Il est établi, dans chaque corps ou service, des états distincts pour les militaires tués et pour les militaires blessés. Ces états sont transmis hiérarchiquement à l'état-major général de l'armée, qui les fait parvenir au Ministre. Des états analogues sont établis et transmis pour les militaires tombés au pouvoir de l'ennemi et pour les militaires disparus.

TABLE DES MATIÈRES.

2ᵉ PARTIE.

TITRE I.
BASES GÉNÉRALES DE L'INSTRUCTION.

CHAPITRE Iᵉʳ.

TITRE II.
ARMES PORTATIVES.

CHAPITRE Iᵉʳ. — Armement.

Paris et Limoges. — Imp. milit. Henri CHARLES-LAVAUZELLE.

BIBLIOTHEQUE NATIONALE DE FRANCE
3 7502 01494833 7